BAJO UNA NUEVA GESTIÓN

David Burkus

BAJO UNA NUEVA GESTIÓN

Cómo las empresas líderes están cambiando la forma de hacer negocios

Argentina – Chile – Colombia – España
Estados Unidos – México – Perú – Uruguay – Venezuela

Título original: *Under New Management – How Leading Organizations Are Upending Business as Usual*
Editor original: Houghton Mifflin Harcourt, Boston, New York
Traducción: Sergio Lledó Rando

1.ª edición Junio 2017

Aribau, 142, pral. – 08036 Barcelona
www.empresaactiva.com
www.edicionesurano.com

ISBN: 978-84-92921-70-6
E-ISBN: 978-84-16990-26-9
Depósito legal: B-11.584-2017

Fotocomposición: Ediciones Urano, S.A.U.
Impreso por Romanyà Valls, S.A. – Verdaguer, 1 – 08786 Capellades (Barcelona)

Impreso en España – *Printed in Spain*

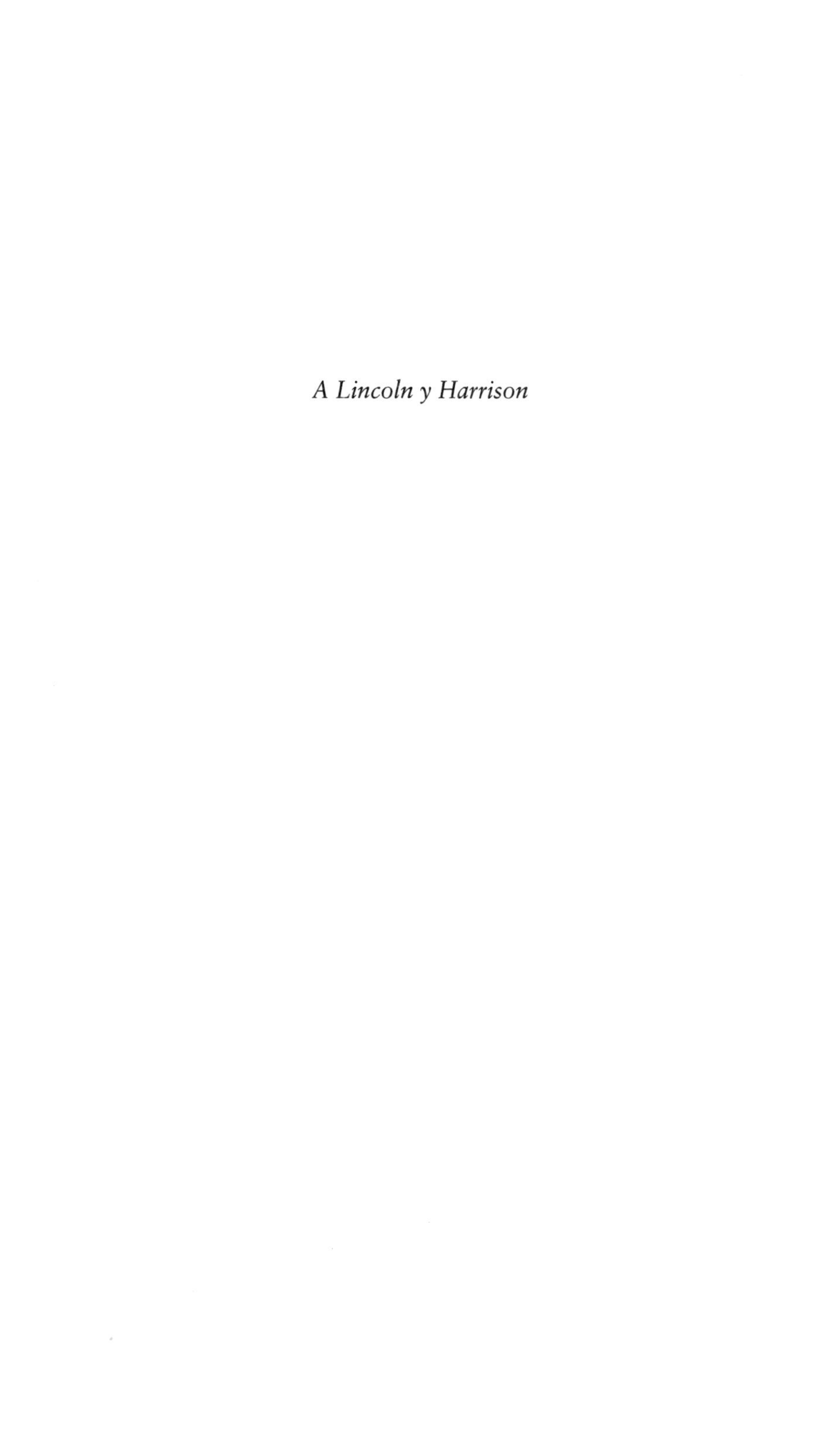

A Lincoln y Harrison

ÍNDICE

EPÍLOGO:

INTRODUCCIÓN:
LA GESTIÓN NECESITA UNA REFORMA

En 1898 la siderúrgica Bethlehem Iron Company se encontraba en apuros. La empresa se enfrentaba a una competencia cada vez más feroz y perdía terreno por momentos. Aparte de que el equívoco nombre de la compañía hacía referencia al hierro y en realidad producían acero, un grupo numeroso de empresas asentadas en Pittsburgh estaba quedándose con su porción del mercado de proveedores de la industria del ferrocarril, entre ellas la Carnegie Steel Company.

En un intento de revertir esa situación, los líderes de la Bethlehem Iron Company contrataron a un intelectual de mediana edad con un pasado singular. Había estudiado en la renombrada escuela preparatoria Phillips Exeter Academy, con la intención de acceder a la Universidad de Harvard. Pero una vez que hubo superado con creces el examen de ingreso, decidió no hacerlo. En lugar de eso, tuvo la inesperada osadía de hacerse maquinista y empezar desde abajo en una fábrica hasta llegar a capataz. Estudiaba ingeniería mecánica por la noche mientras continuaba trabajando durante el día, tanto de peón como de capataz. En 1898 ya había comenzado a compaginar sus conocimientos intelectuales con su experiencia como obrero y decidió comenzar su labor como asesor.

Su nombre era Frederick Winslow Taylor.

Taylor llevó a la Bethlehem Iron un conjunto de herramientas nuevo para maximizar la eficacia de la planta siderúrgica. Su método consistía en estudiar sistemáticamente cada una de las tareas realizadas en el sistema de producción y después eliminar las labores innecesarias y enseñar a los peones a ejecutar cada tarea de manera precisa y específica. Tras perfeccionar el sistema y las labores individuales, Taylor procuró pulir a los peones en sí mismos por medio de la eliminación de la paga por horas y la asignación de un sueldo específico para el segmento de trabajo del que cada uno de ellos era responsable individualmente.

Este sistema de «pago por obra y servicio» se consideró una forma de incrementar la velocidad de la producción y disminuir la holgazanería entre los trabajadores. El propio Taylor repetía incesantemente que no hay peón «que no dedique gran parte de su tiempo a estudiar la lentitud exacta a la que puede trabajar para seguir convenciendo a su jefe de que va a buen ritmo».[1] El trabajo de Taylor como asesor era investigar si ese ritmo era realmente bueno.

Taylor también estudiaba las herramientas de producción. En cierta ocasión realizó su famosa observación por la que afirmaba que, aunque la carga más efectiva que un trabajador podía llevar en su pala era de 9,75 kilogramos, siempre solían usar las mismas para todo tipo de materiales, por lo que el peso de la carga que transportaban era variable. Taylor encontró o diseñó nuevas palas para que cada carga recogida fuera de 9,75 kilogramos independientemente del material transportado. Para Taylor el descubrimiento de esos niveles de eficiencia estaba fuera del alcance intelectual de cualquier obrero común. Él veía al trabajador ideal como un simple engranaje sin preparación que funcionaba como

1. Nikil Saval, *Cubed: A Secret History of the Workplace*, Doubleday, Nueva York, 2014.

parte de una máquina superior y al que se adiestraba para realizar una sola tarea y se recompensaba cuando cumplía su función de manera óptima. Taylor aseguraba que la aceleración de la producción podía realizarse «solo a partir de una estandarización forzosa de los métodos, una cooperación forzosa y una adopción forzosa de las mejores herramientas y condiciones de trabajo. Y quienes tienen que hacer que se cumplan estos estándares y se fuerce esta cooperación son los jefes y nadie más que ellos.[2] En suma, Taylor no necesitaba las mentes de los obreros, simplemente sus cuerpos.

No es de extrañar que los propios trabajadores no aceptaran sus ideas con facilidad. Sin duda, los rígidos métodos de Taylor aumentaban la producción, pero también originaron conflictos entre trabajadores y patrones que estaban acostumbrados a otra manera de trabajar. En 1901 Taylor fue despedido de Bethlehem Iron tras disputas con otros de los jefes. Pero no abandonó sus principios de «gestión científica». En lugar de eso, comenzó a expandir sus ideas tan lejos como pudo y acabó consiguiendo que se adoptaran fácilmente.

El concepto de gestión científica de Taylor llegó justo en el momento adecuado. Antes de encarar el siglo XIX apenas había necesidad de contar con jefes inteligentes para supervisar grandes grupos de trabajadores sin preparación. En 1790 el 90 por ciento de la población laboral estadounidense vivía en granjas y producía su propia comida, pero también su ropa, muebles, jabón y velas.[3] La escasa manufactura comercial existente era realizada por

2. Frederick Winslow Taylor, *Los Principios del Management Científico*, 42 Links, edición Kindle, 2013.

3. Thomas W. Malone, *The Future of Work: How the New Order of Business Will Shape Your Organization, Your Management Style and Your Life*, Harvard Business Review Press, Boston, 2004.

artesanos industriosos que trabajaban en pequeñas tiendas que a menudo hacían las veces de viviendas.

La revolución industrial cambió este panorama. A medida que se inventaban nuevas máquinas y se descubrían nuevos medios para hacerlas funcionar se aceleró la velocidad de producción de multitud de tareas.

En Estados Unidos los índices de productividad por hora prácticamente se quintuplicaron entre 1890 —justo antes de que Taylor empezara a trabajar para Bethlehem Iron— y 1958, y han seguido aumentando a gran ritmo desde entonces.[4] Aquellos productos que antes eran creados por artesanos solitarios se empezaron a producir en masa en las grandes fábricas. Esas fábricas necesitaban empleados. Sus empleados necesitaban jefes. Y los jefes necesitaban herramientas de trabajo.

Frederick Winslow Taylor proporcionó las herramientas necesarias para dirigir al personal de esas fábricas. Sus ideas incrementaron drásticamente la velocidad y eficiencia de la producción y ayudaron a las empresas a crecer. Hay incluso quien dice que el asombroso crecimiento económico del siglo XX deriva en gran parte de las herramientas de gestión de Taylor y las ideas que inspiraron. A medida que la mayoría de la población pasó de trabajar en granjas a hacerlo en fábricas, ese estilo de gestión que propulsó tal crecimiento se convirtió en un estándar incuestionable, una guía universal. Con el tiempo, vendrían otros que contribuirían a su trabajo y aportarían nuevas herramientas basadas en sus ideas, algunas de las cuales se postulaban como recambios para estas, convirtiéndose en parte del arsenal usado para administrar empresas a gran escala. Incluso aquellas ideas que se alejaban más de los conceptos originarios de Taylor se-

---

4. Gary Hamel con Bill Green, *El futuro del Management*, Paidós, Barcelona, 2008.

guían siendo concebidas para el uso de jefes y líderes de empresas industriales a gran escala.

Las conferencias de Taylor acabaron publicándose en forma de libros. La más popular, *Los Principios del Management Científico,* salió a la luz en 1911 y se vendió rápidamente en todo el país y en el extranjero, incluso en Japón.[5] (El nieto de Taylor dice que, cuando visitó Japón, los directores de muchas empresas insistían en fotografiarse con él.) Taylor inspiró a un grupo de líderes de mentalidad práctica que emprendieron una revista mensual llamada *System*, en la que aparecían artículos sobre la maximización de la eficiencia en todos los aspectos del trabajo.[6] *System* alcanzó grandes cotas de popularidad y acabaría recibiendo el nuevo nombre de *Businessweek.*

Las universidades iniciaron programas de estudios empresariales en los que enseñaban a los jefes o futuros gestores a usar las herramientas de la gestión científica para maximizar la producción y minimizar los costes. Taylor participó incluso en uno de ellos, trabajando como profesor de la Tuck School of Business, en la prestigiosa Universidad de Dartmouth.[7] Algunas empresas comenzaron a evaluar sus prácticas mediante la comparación del uso que daban a esas herramientas los líderes de la industria. Por sorprendente que parezca, muchos de esos elementos básicos de la gestión siguen enseñándose en las escuelas de negocios y los jefes continúan usándolos como punto de referencia. Al fin y al cabo, si hemos llegado hasta aquí ha sido gracias a ellos.

---

5. Saval, *Cubed,* p. 52.

6. *Ibid.* p. 56.

7. Richard A. D'Aveni, «*On Changing the Conversation: Tuck and the Field of Strategy*», *Tuck Today* (invierno del 2003), Tuck School of Business de Dartmouth, http://web.archive.org/web/20070804050415/ http://www.tuck.dartmouth.edu/faculty/publications/voices_rad.html (visitada el 22 de mayo del 2015).

Pero la verdad es que el punto en el que estamos actualmente dista mucho de aquel momento en el que Frederick Winslow Taylor se presentó en la planta de la siderúrgica Bethlehem Iron allá por el siglo XIX. La idiosincrasia del trabajo cambió drásticamente a lo largo del último tramo del siglo XX para un gran número de personas. Las empresas ya no necesitaban el trabajo manual que supone la realización de tareas rutinarias para manufacturar productos en masa, sino que cada vez requerían más trabajo mental: tomar decisiones respecto al rediseño de productos, nuevas formas de introducirlos en el mercado, diseñar sistemas informáticos o encontrar nuevas fuentes de financiación. El volumen de trabajo intelectual, o «trabajo de conocimiento», como pasaría a denominarse, ha continuado creciendo a un ritmo vertiginoso. Sin embargo, la administración de empresas sigue basándose en las herramientas del pasado, como un peón de una fábrica que usa la misma pala independientemente del material que carga con ella.

Ya en la década de 1950 quedó patente que las herramientas del «taylorismo» no funcionarían en ese nuevo mundo del trabajo. William Whyte, periodista de la revista *Fortune,* publicó en 1956 una crítica mordaz en un texto llamado «*The Organization Man*».[8] En su opinión, la estructura corporativa y las herramientas de gestión diseñadas por Taylor para su aplicación a los trabajadores de las fábricas asfixiaba por completo la creatividad y la iniciativa individual que tenían los trabajadores del conocimiento. Los jefes seguían pidiendo lo que Taylor exigía de la cadena de montaje: uniformidad y conformidad. Como resultado de ello, tanto las empresas como la sociedad en general sufrían de «pensamiento grupal», una expresión inventada por el propio Whyte que Irving Janis popularizaría para expresar la

8. William H. Whyte, *El hombre organización,* FCE, México, 1961.

tragedia de la conformidad, que destruye la creatividad y pone en peligro la toma de decisiones.[9] Aunque a los lectores las observaciones de Whyte les parecieron convincentes y los jefes simpatizaban con los pobres diablos a los que se describía en su libro, la cosa no cambió mucho.

«Como sociedad hemos tenido cientos de años para trabajar en la dirección de empresas industriales —dice Reed Hastings, el alborotador en serie que fundó Netflix—. Apenas empezamos a aprender a gestionar empresas creativas, algo completamente diferente».[10] Hastings no es el primer líder en reconocer que las herramientas de gestión tradicionales fueron diseñadas para unos sistemas que prácticamente no tienen presencia alguna en la economía contemporánea. Los estudiosos del comportamiento humano y de la administración de empresas hace tiempo que descubrieron el abismo que hay entre lo que la ciencia dicta como la mejor forma de liderar y gestionar los recursos humanos y lo que dictaminan las mejores prácticas. «Somos prisioneros de una forma de trabajar tradicional herencia de la era industrial —dice Julian Birkinshaw, profesor de estrategia y empresa en la London Business School—. Hay que preguntarse si se pueden encontrar mejores formas de trabajar para el futuro».[11]

Por fortuna, esto es posible.

---

9. Vean Irving Lester Janis, *Groupthink: Psychological Studies of Policy Decisions and Fiascoes*, Houghton Mifflin, Boston 1982. Hay traducción al español en *Revista de Psicología Social*, vol. 2, 1987, pp. 126-180.

10. Patty McCord, «How Netflix Reinvented HR», *Harvard Business Review* 92, n.º 1-2 (pp. 74-75).

11. Declaraciones de Julian Birkinshaw durante una entrevista personal con el autor el 26 de mayo del 2015.

Encontrar mejores formas de gestión

No cabe duda de que las ideas que se presentan en este libro asombrarán a muchos. La mayoría de ellas son nuevas, radicales, e incluso revolucionarias. Y tenéis todo el derecho a rechazarlas si os parecen demasiado estrafalarias para que puedan funcionar.

Pero la cuestión es esta: como veréis en cada uno de los capítulos, estos conceptos «radicales» ya están funcionando en numerosas corporaciones de vanguardia bien posicionadas y la verdad es que no solo funcionan, sino que las empresas que los usan prosperan gracias a ello.

El propósito de este libro es desafiaros a vosotros y a vuestras empresas a preguntaros si ha llegado el momento de revisar algunos de los conceptos más fundamentales de la administración de empresas a día de hoy. Recordad que el negocio de los negocios se basa principalmente en cambiar y estar a la última moda. Os presento la oportunidad de ver por vosotros mismos qué tipo de cambios de gestión deberíais tener en cuenta.

Los líderes de las multinacionales, empresarios y psicólogos del mundo organizacional han estado trabajando para crear un nuevo juego de herramientas que se adecue al tipo de gestión que los jefes necesitan actualmente. Están cuestionando las ideas que dábamos por sentado, desafiando a la tradición y abandonando eso que conocemos como mejores prácticas. Aunque no todos los intentos de crear algo nuevo hayan funcionado, muchas de esas ideas son prometedoras y seguramente las herramientas de gestión rediseñadas que se presentan en este libro más que la mayoría. Pueden parecer raras, pero son efectivas. Y décadas de investigaciones en psicología relacional nos revelan el motivo: funcionan porque son diferentes y mejores. Sin duda, que sean diferentes no hace sino acentuar nuestra necesidad de reinvención.

Para empezar, el capítulo uno se centra en uno de los mayores obstáculos para la productividad: el correo electrónico. A pesar de que el correo haga que muchas personas se sientan más productivas, los líderes de muchas empresas de todo el mundo están descubriendo que prohibir o limitar su uso aumenta la productividad de su plantilla en lugar de reducirla. Estas experiencias cuadran con los últimos descubrimientos en investigación que afirman que, contrariamente a la creencia popular, el correo electrónico perjudica más de lo que ayuda.

En el capítulo dos se examina un movimiento igualmente radical instigado por un grupo de líderes globales: para ofrecer un mejor servicio al cliente hay que pensar en las necesidades de los empleados antes que en las de los clientes. Han invertido la regla tradicional por la que el cliente siempre es lo primero y han decidido decantarse por otro modelo de prácticas de eficacia comprobada en el que la satisfacción del cliente se alcanza a través de la felicidad del empleado.

El capítulo tres analiza la tradicional política de vacaciones. En la era industrial los jefes necesitaban limitar las vacaciones del empleado para que siempre hubiera el personal necesario para asegurar el funcionamiento de la fábrica. Pero a medida que el trabajo industrial perdió peso respecto al trabajo de conocimiento, muchos líderes de preguntaron si esas restricciones vacacionales eran necesarias. Suena revolucionario, sin duda, pero esperad a ver lo bien que funcionan algunas de las nuevas políticas vacacionales.

En el capítulo cuatro exploramos la práctica de incentivar la marcha de los empleados (pagándoles literalmente una indemnización por despido), algo que realmente merece la pena, aunque parezca paradójico. Estas prácticas han sido poularizadas por empresas como Zappos y Amazon, pero antes ya se habían investigado fenómenos como los costes irrecuperables o el sesgo de confirmación que demuestran que las indemnizaciones por despido funcionan, independientemente de que los empleados las acepten o no.

El capítulo cinco se cuestiona si hay que hacer públicos los salarios de los empleados. Compartir esta información podría crear problemas de privacidad, pero mantenerlos en secreto puede ser incluso más perjudicial para vuestros empleados. Los estudios indican que la nómina secreta provoca una bajada general en los salarios y crea más tensiones y angustia en el entorno laboral que la transparencia. Los líderes de empresas como Whole Foods Market y SumAll hicieron públicas las nóminas de sus empleados tras sufrirlo en sus propias carnes.

El capítulo seis examina otra área que las multinacionales creyeron tradicionalmente que había que mantener en secreto, pero que en realidad puede resultar costoso para la empresa, la obligatoriedad de firmar una cláusula de no concurrencia en los contratos de los empleados. Hay nuevas pruebas procedentes de diferentes campos que sugieren que esta práctica tan arraigada no solo daña a los empleados que salen de la empresa, sino también a aquellos que permanecen en ella, e incluso a la compañía en sí. Leed este capítulo y decidid después respecto a la utilidad de la cláusula de competitividad.

El capítulo siete habla sobre la posibilidad de acabar con otra práctica tradicional que podría estar haciendo más daño que bien. La evaluación del rendimiento ha sido considerada desde hace tiempo como una labor de vital importancia en la dirección. Pero cada vez hay más empresas que entienden que las estructuras de gestión rígidas respecto a la actuación del trabajador acaban impidiendo que los empleados mejoren su productividad. Por ejemplo, empresas muy conocidas como Microsoft, Adobe Systems y Motorola han abandonado la tradicional revisión de rendimiento anual y han creado otros sistemas basados en datos comprobables que mejoran tanto el rendimiento de la compañía como el del empleado.

El capítulo ocho describe la revolución y reorganización que están emprendiendo las empresas respecto al proceso de selección de personal. En la mayoría de las empresas, los directores contratan en base a lo que ven en el currículum y por medio de la realización de varias entrevistas individuales con los candidatos. Pero en la práctica, la mayoría de los jefes se encuentran con que un alto porcentaje de los empleados contratados no rinden tan bien como en las entrevistas. Muchos líderes han aprendido que la mejor práctica para ponerle solución es que el propio equipo con el que el candidato va a trabajar en un futuro realice la selección del personal. Los miembros del equipo hacen uso de la sabiduría colectiva y tienen más capacidad para dilucidar si el candidato seleccionado encajará bien entre ellos.

En el capítulo nueve se reflexiona sobre otra «gran» práctica muy extendida, el llamado organigrama de empresa. A pesar de que crear unas jerarquías rígidas entre los empleados y circunscribirlos a una estructura fija pudo funcionar en industrias antiguas como la del ferrocarril, la naturaleza cambiante del trabajo actual exige un organigrama que pueda adaptarse a esos cambios con rapidez. Hoy día los grandes líderes escriben su organigrama a lápiz y permiten que los mejores equipos fluyan y se formen en base a los problemas y productos a tratar, independientemente de las «divisiones» a las que pertenecieran tradicionalmente. Es más, hay pruebas que indican que trabajamos mejor en equipos que varían su composición con cierta frecuencia.

El capítulo diez reconsidera el entorno laboral en el que trabajan los equipos. Los jefes suelen justificar la reciente moda de las oficinas diáfanas como algo necesario para inspirar la colaboración, pero los últimos estudios y experiencias nos muestran que los beneficios del diseño de una oficina abierta quedan oscurecidos por la multiplicidad de distracciones. El entorno laboral afecta indudablemente a tu forma de trabajar y los mejores líderes están dando una respuesta diferente al debate entre oficinas abiertas y despachos cerrados.

El capítulo once investiga otra reacción diferente, en este caso a la cuestión del agotamiento. Resulta que los grandes líderes empresariales están encontrando la manera de regalarse largos descansos o períodos sabáticos, tanto a ellos como a sus empleados. Han descubierto que la mejor forma de mantenerse productivos todo el tiempo es dedicar una buena parte a ser improductivos de manera deliberada. Los descubrimientos de los investigadores, muchos de los cuales se tomaron un año sabático en la universidad, respaldan la experiencia de estos líderes.

El capítulo doce reflexiona sobre la pregunta del millón más intrigante del mundo de la administración de empresa actual: ¿Son necesarios los jefes? Algunos líderes han optado por eliminarlos completamente, en tanto que otros se las han ingeniado para conseguir que algunas de las funciones de gestión sean cubiertas por los propios empleados. Hace décadas que los estudiosos descubrieron que los empleados son más productivos y se implican más cuando controlan su propio destino, sin importar el número de jefes que haya en la empresa.

El capítulo trece examina un aspecto que raras veces se tiene en cuenta en la gestión del personal: la despedida. A medida que disminuye el tiempo de permanencia de los empleados en una misma empresa (o incluso en una mismo sector de actividad económica), los líderes tienen que decir adiós a sus mejores colaboradores con mayor frecuencia. La forma que tienen de hacerlo, ya sea celebrando una despedida o repudiándolos de por vida, afecta tanto a los que se van como a los que se quedan.

A primera vista, el conjunto de ideas expuestas en este libro puede parecer extraño en comparación con lo que hemos hecho durante toda la vida, pero lo cierto es que los negocios ya no son lo que eran antes.

Es posible que nuestras herramientas estén anticuadas, pero hay espacio para la esperanza. Gary Hamel, uno de los pensadores del mundo empresarial más influyentes durante las últimas décadas, lo expresa de este modo: «Si el ser humano fue capaz de inventar la organización de la industria moderna, también será capaz de reinventarla».[12] Las ideas que han puesto a prueba los psicólogos que estudian el mundo empresarial y los propios líderes de las organizaciones podrían representar la reinvención que realmente necesita el director de una empresa.

Estas herramientas podrían parecer raras o contraproducentes, pero volvamos a lo mismo, pensemos en lo extrañas que debieron de parecer las ideas de Frederick Winslow Taylor a los directores de la Bethlehem Iron Company. O en lo extraña que resultaría la fabricación en masa a los artesanos y granjeros del siglo XIX. Gracias a los viejos métodos los negocios han llegado muy lejos, pero bajo una nueva gestión podremos ir más allá, incluso en este mundo tan cambiante.

DAVID BURKUS
Otoño del 2015

12. Hamel y Breen, *El futuro del Management*.

1
PROHIBID EL CORREO ELECTRÓNICO

Los líderes corporativos de todo el mundo están descubriendo que prohibir o limitar el acceso de sus empleados al correo electrónico aumenta su productividad en lugar de reducirla. Sus experiencias coinciden con los resultados de los últimos estudios, que afirman que el correo electrónico puede ser más perjudicial que beneficioso.

Enviamos unos cien mil millones de correos electrónicos al día.[13] Y la mayoría de ellos tienen que ver con el trabajo.

Podría decirse que ese aluvión de información electrónica es un símbolo del progreso tecnológico, pero Thierry Breton, el CEO de la empresa de tecnología Atos SE, instalada en Francia, no lo ve de ese modo. Él considera que tal volumen de correos electrónicos equivale a polución. Cuando Breton se percató de que ese torrente constante de correos los distraía a él y a sus empleados, tomó las medidas necesarias para eliminar lo que le parecen efectos negativos para la productividad de su empresa.

---

13. Sara Radicati, ed., «Email Statistics Report, 2014-2018» The Radicati Group (abril del 2014), http://www.radicati.com/wp/wp-content/uploads/2014/01/Email-Statistics-Report-2014-2018-Executive-Summary.pdf (visitada el 4 de marzo del 2015).

En febrero del 2012 Breton anunció que iba a prohibir el correo electrónico. Quería que Atos se convirtiera en una empresa con una política de «cero correos electrónicos» en un período máximo de tres años. «Producimos datos a una escala tan enorme que contaminan rápidamente nuestro entorno laboral e incluso se inmiscuyen en nuestras vidas personales —dijo Breton en un comunicado público que emitió a través de la página web de Atos—. Estamos tomando medidas para revertir esta tendencia, del mismo modo que las empresas decidieron emprender acciones para reducir la polución medioambiental tras la revolución industrial».[14]

Esta declaración es sorprendente por numerosas razones. Especialmente, porque Atos no es precisamente una compañía que esté en contra de la tecnología, sino una empresa líder en el sector de la informática. Y tampoco se trata de una pequeña *start-up*. En el momento de realizar ese anuncio contaban con más de 70.000 empleados en las cuarenta oficinas que tienen en todo el mundo. Pero Breton pensaba que el tamaño de Atos era la razón de ese atasco en la comunicación. «El volumen de correos electrónicos que enviamos y recibimos es insostenible para el negocio —dijo—. Los directivos emplean entre cinco y veinte horas semanales en la lectura y escritura de correos». Del mismo modo, Breton no es precisamente la viva imagen del rebelde que ha fundado una empresa emergente y prueba nuevos métodos de trabajo. Es un hombre de mediana edad que ha sido ministro de Economía francés y profesor en la Harvard Business School. Huelga decir que se lo ha pensado mucho antes de asegurar que «el correo electrónico ha dejado de ser la mejor forma de dirigir una empresa y hacer negocios».

---

14. «Atos Origin Sets Out Its Ambition to Be a Zero Email Company Within Three Years» (comunicado de prensa), Atos Global Newsroom, 9 de febrero del 2011, http://atos.net/en-us/home/we-are/news/press-release/2011/pr-2011_02_07_01.html (revisado el 2 de marzo del 2015).

De hecho, Breton adoptó él mismo esa filosofía de cero correos antes de anunciarla para su empresa. Dejó de usar el correo interno casi cinco años antes, cuando trabajaba para el gobierno francés, porque descubrió que no le ayudaba a realizar bien su trabajo.[15] Después, se percató de que sucedía algo similar entre sus empleados, aunque no pudieran encontrar una solución inmediata. Atos realizó un muestreo en 300 empleados y monitorizó el volumen de correos electrónicos. En una sola semana esos empleados enviaron o recibieron unos 85.000 mensajes.[16] La empresa evaluó a los empleados y averiguó que la mayoría de ellos no podía llevar su bandeja de entrada al día, que el tiempo que empleaban en intentarlo era un desperdicio y que el esfuerzo por seguir ese ritmo de comunicaciones no les permitía lidiar con tareas más importantes. Breton advirtió que sus empleados llegaban a la misma conclusión que había alcanzado él años atrás. Así que prohibió el correo electrónico sin más.

Obviamente, Atos no prohibió las comunicaciones, ni siquiera las que se circunscribían al ámbito electrónico. Lo que hizo fue intentar encontrar una mejor herramienta para gestionar la comunicación interna. Compraron otra empresa de software llamada BlueKiwi y usaron su tecnología para generar una red social propia para toda la compañía. Esta red se organizó a través de unas 7.500 comunidades abiertas a las que podían unirse sus empleados. Las comunidades representaban productos, programas internos y multitud de proyectos diferentes en los que era preciso colaborar. Eran totalmente transparentes, al contrario que el correo

15. Thierry Breton, «Atos Boss Thierry Breton Defends His Internal Email Ban» *BBC News*, 8 de marzo del 2012, http://www.bbc.com/news/technology-16055310 (revisado el 2 de marzo del 2015).

16. Paul Taylor, «Atos' 'Zero Email Initiative' Succeeding», *Financial Times*, 7 de marzo del 2013.

electrónico, de modo que los nuevos empleados podían acceder a todas las comunicaciones respecto a un tema en particular. Estaban estructuradas a través de hilos, igual que el correo electrónico, para que la comunidad pudiera ver el historial de cualquier discusión. Pero esas conversaciones no eran enviadas directamente a las bandejas de entrada de los empleados, con la interrupción de la concentración en el trabajo que eso supone, sino que cada empleado escogía si quería entrar o no en la conversación.

La red social sirvió también para facilitar el acceso a los especialistas que necesitaban los empleados, para compartir conocimientos en cualquier ámbito de la empresa y, lo que es más importante, mejorar la colaboración. Además, el nuevo sistema sirvió para reducir drásticamente los correos electrónicos internos. Atos incluso creó programas de orientación para más de 5.000 jefes con el objeto de enseñarles a dirigir sus proyectos y departamentos en un entorno de «tolerancia cero» ante el correo electrónico.

La iniciativa parece estar dando resultados. Aunque Atos no cumplió con su objetivo, un estudio realizado en el 2014 por una empresa ajena mostró que los esfuerzos de reducción de los correos electrónicos llevados a cabo por Atos progresaban muy adecuadamente. Para finales del 2013 Atos había certificado 220 programas de «tolerancia cero» ante el correo electrónico y reducido el 60 por ciento del volumen global de sus correos, pasando de una media de cien correos semanales a menos de 40.

Y lo que es más importante, los empleados declaran ser mucho más productivos y colaborativos. La red social interna ha potenciado la colaboración entre la plantilla, que ya no se distrae al recibir esos mensajes en sus bandejas de entrada y dispone de una plataforma más adecuada para la comunicación en grupo. Los empleados de Atos realizan unas 300.000 comunicaciones mensuales en las comunidades internas de la empresa y estos mensajes reciben casi dos millones de visitas al mes. Y lo mejor es que tdas han sido creadas por iniciativa propia.

Estos esfuerzos por reducir los correos electrónicos también han sido beneficiosos para la empresa: el margen de beneficios de Atos ha pasado del 6,5 al 7,5 por ciento en el año 2013, los beneficios por acción ascendieron a más del 50 por ciento y los costes administrativos se redujeron del 13 al 10 por ciento. Obviamente, no todas estas mejoras son debidas a la prohibición del correo electrónico, pero sí tienen mucha relación con ella. Y hay pruebas que lo demuestran.

La revolución contra el correo electrónico

Thierry Breton no es el único líder del sector tecnológico que critica abiertamente el correo electrónico. Phil Libin, el CEO y fundador de Evernote, piensa que el problema con el correo electrónico no es solo el volumen, sino cómo se maneja ese volumen. «El concepto de bandeja de entrada es pernicioso. Tu bandeja de entrada es una lista de cosas que te quedan por hacer ordenada de forma incorrecta. No es esa la manera en la que uno quiere trabajar —dijo Libin—. El correo electrónico está bien si recibes dos o tres al día. Nunca fue concebido para el volumen que manejamos actualmente».[17]

Jay Simons, presidente de la empresa de software Atlassian, con sede en Australia, también opina que si el correo electrónico es perjudicial es porque se usa mal y con demasiada frecuencia.[18]

---

17. Andrew Cave, «Evernote Takes on Microsoft and Google», *The Telegraph*, 26 de mayo del 2015, http://www.telegraph.co.uk/finance/newsbysector/mediatechnologyandtelecoms/11629237/Evernote-takes-on-Microsoft-and-Google.html (visitado el 28 de mayo del 2015).

18. Andrew Cave, «Why Silicon Valley Wants Email to Die», *Forbes*, 26 de mayo del 2015.

«Lo usamos en muchas cosas para las cuales no es realmente apropiado. El correo electrónico funciona muy bien como notificador de directrices —dijo—. No es el mejor foro para llevar a cabo discusiones profundas».

Thierry Breton y Atos ni siquiera son los únicos que han prohibido el correo electrónico. Cristian Rennella, cofundador de la página sudamericana comparadora de viajes el Mejor Trato (eMT), descubrió que, aunque su equipo fuera muy bueno respondiendo al correo electrónico, este no dejaba de distraerlos. De modo que lo prohibió, al menos de manera interna. Al principio sus empleados se resistían, pero al cabo de tres meses en período de pruebas todos se unieron a la propuesta. «No pensamos volver a usar el correo electrónico en absoluto —dijo Rennella—. Hemos conseguido ser eficientes[19].» Su empresa es mucho más pequeña que Atos, pero la logística necesaria para prohibir el correo electrónico fue seguramente más difícil de implementar, ya que carecen de oficinas y todos sus empleados trabajan virtualmente. eMT también creó su propia red interna, que usa para dirigir sus proyectos y comunicaciones. Y del mismo modo que en el sistema de Atos, tampoco ellos reciben notificaciones o alertas que interrumpan la concentración en el trabajo.

Numerosos estudios diferentes realizados recientemente confirman que el correo electrónico no es la mejor herramienta para ser productivos y estar libres de estrés. Muchos estudios muestran que la mayoría de los empleados de otras empresas viven experiencias similares a las de los trabajadores de Atos. En 2014 se enviaron y recibieron más de 108.000 millones de correos electró-

---

19. Rebecca Greenfield, «Inside the Company That Got Rid of Email», *Fast Company*, 25 de septiembre de 2014, http://www.fastcompany.com/3035927/agendas/inside-the-company-that-got-rid-of-email (visitada el 28 de mayo de 2015).

nicos al día.[20] El correo ocupa un 23 por ciento de media en la jornada laboral del empleado promedio, que revisa sus mensajes 36 veces por hora.[21]

Hay un estudio reciente que incluso apoya la suspensión del correo interno propuesta por Breton. Los investigadores Gloria Mark y Stephen Voida, de la Universidad de California en Irvine, y Armand Cardello, del Ejército de Estados Unidos, restringieron el uso del correo electrónico a trece trabajadores civiles del ámbito de la información y midieron de diversas formas los efectos de esa restricción.[22] Primero los investigadores sometieron a los participantes a un período de referencia de tres días durante el cual los entrevistaron y observaron, tanto visualmente como a través de programas de monitorización informática. Mark y sus colegas incluso midieron las pulsaciones de los participantes para calcular sus niveles de estrés. Después cerraron el grifo del correo electrónico. Lo que hicieron concretamente fue activar un filtro en sus servidores para archivar todos los mensajes entrantes, leerlos posteriormente y eliminar las notificaciones de su bandeja de entrada. (Los participantes tenían permiso para acceder a los correos recibidos en fechas anteriores al día en que se estableció dicha restricción).

Esta restricción de correos continuó durante cinco días, a lo largo de los cuales los investigadores continuaron observando a los participantes, observaron el uso que hacían de sus ordenadores y midieron sus pulsaciones. Al no tener acceso al correo, los

---

20. Radicati, «Email Statistics Report», 2014-2018.

21. Gloria J. Mark, Stephen Voida y Armand V. Cardello, «A Pace Not Dictated by Electrons: An Empirical Study of Work Without Email», en *Proceedings of the SIGCHI Conference on Human Factors in Computing Systems* (2012), p. 555-564, https://www.ics.uci.edu/~gmark/Home_page/Research_files/CHI%202012.pdf.

22. *Ibid.*

participantes cambiaron sus hábitos, empezaron a comunicarse con más frecuencia cara a cara y por teléfono. Los investigadores también advirtieron que prácticamente todos ellos pasaban más tiempo usando otros programas informáticos, un dato indicativo de que estaban más concentrados en la tarea a la que se dedicaban y menos distraídos por sus intentos de simultanear el uso del correo con el proyecto laboral en el que participaban. También experimentaban mucho menos estrés que durante el período que se había tomado como referencia. En resumen, que *cuando no podían usar el correo electrónico los participantes mostraban mayor concentración y menores niveles de estrés*. Los participantes también se percataron de este efecto. Todos ellos afirmaban sentirse más relajados y concentrados, y también más productivos, cuando tenían desactivado el programa de correo que en circunstancias normales.

El descubrimiento referente a la productividad es particularmente interesante. Solemos sentirnos más productivos cuando hemos despejado nuestra bandeja de entrada, a pesar de no haber realizado ninguna tarea valiosa para nuestra organización. Las averiguaciones de los invesigadores sugieren, sin duda, que la política de tolerancia cero ante el correo electrónico tuvo un efecto positivo en la productividad y los beneficios de su empresa.

Gloria Mark cree que su efectividad podría deberse precisamente al hecho de convertirlo en política de empresa. «Se trata realmente de un mandato organizacional, porque cualquier individuo que intentara saltarse las comunicaciones de correo electrónico por su cuenta sería castigado y quedaría al margen de los demás», dijo.[23]

---

23. Lisa Evans, «You Aren't Imagining It: Email Is Making You More Stressed Out», *Fast Company*, 24 de septiembre de 2014, http://www.fastcompany.com/3036061/the-future-of-work/you-arent-imagining-it-email-is-making-you-more-stressed-out (visitada el 4 de marzo de 2015).

Shayne Hughes recreó el experimento con sus propios empleados sin saber nada sobre las investigaciones de Mark. Hughes, presidente de Learning as Leadership, una empresa asesora para el desarrollo organizacional con sede en California, prohibió en 2012 las comunicaciones por correo electrónico interno durante una semana.[24]

Al principio sus empleados mostraron cierto escepticismo y se preguntaban cómo podrían llevar a cabo su trabajo sin usar el correo electrónico como herramienta de colaboración. Algunos creyeron que la empresa sería un caos o que la maquinaria se detendría por completo. Pero a medida que avanzaba la semana se percataron de que el correo electrónico resultaba una herramienta muy poco precisa. Los métodos a la antigua usanza, como las conversaciones cara a cara y telefónicas, resultaban mucho más útiles. «Prohibir los correos internos durante una semana nos puso ante la disyuntiva no solo de realizar nuestras tareas de manera más racional, sino también de pensar más en lo que comunicábamos y con quién», recordó Hughes.[25]

Hughes también descubrió que durante esa semana se redujeron los niveles de estrés en la compañía y aumentó la productividad. «En cuanto dejamos de enviarnos correos entre nosotros, dejamos de tocarnos las narices —recordaba Hughes—. El descenso del estrés se hizo evidente de un día para otro. Y también el incremento en la productividad», como habrían previsto las investigaciones de Mark. «Comunicarnos entre nosotros, ya fuera por la confianza que se generaba cuando dos miembros de equipos diferentes trabajaban para solucionar un conflicto, o por la inesperada creatividad a la que accedíamos al abordar un proble-

24. Shayne Hughes, «I Banned All Internal E-mails at My Company for a Week», *Forbes*, 25 de octubre de 2012.

25. *Ibid.*

ma en común, nos hizo reconectar con el despreciado poder de la interacción humana».

Poner límites al correo electrónico

Aunque la investigación de Gloria Mark ofrece un apoyo indudable a la política de tolerancia cero ante el correo electrónico de Atos y a la semana sin correos de Shayne Hughes, ella prefiere soluciones menos drásticas. «Creo que deberíamos evitar revisar continuamente los correos electrónicos y restringir su lectura a momentos concretos del día», dijo.[26] En lugar de eliminar el correo electrónico por completo, le parece más razonable usarlo con moderación. Resulta interesante que otros estudios sugieran que limitar la revisión del correo a ciertos momentos es prácticamente tan efectivo como prohibirlo por completo. Una política de moderación en el uso podría ser suficiente para disminuir los niveles de estrés y aumentar la productividad en la misma medida.

Investigadores de la Universidad Colombia Británica diseñaron un experimento de dos semanas de duración en el que los sujetos alternaban entre revisar los correos a voluntad y restringir el número de veces que lo miraban.[27] Los investigadores asignaron a los voluntarios a uno de los dos grupos al azar. Los del primer grupo tenían instrucciones de revisar su correo cuanto pudieran (lo que recibió el adecuado nombre de «acceso ilimitado»). Los del segundo grupo podían revisar su correo solo tres veces y debían desactivar el programa de correo durante el resto del día (lo cual calificaron también de manera muy apropiada como «acceso limitado»).

---

26. Evans, «You Aren't Imagining It».

27. Kostadin Kushlev y Elizabeth W. Dunn, «Checking Email Less Frequently Reduces Stress», *Computers in Human Behavior* 43 (2014):, 220-228.

Cuando se cumplió una semana del experimento ambos grupos recibieron instrucciones para intercambiar sus papeles y seguir el dictado contrario. Cada día de la investigación a las cinco de la tarde, aproximadamente cuando concluía la jornada laboral, todos los participantes recibían un enlace para rellenar una encuesta con diferentes parámetros de medición diseñados para evaluar sus niveles de distracción, estrés, emociones positivas y negativas, bienestar, conectividad social, calidad del sueño e incluso sensación de realización vital. Los resultados de la investigación fueron similares al estudio en el que se eliminó el correo por completo, mostrando que los participantes declaraban estar menos estresados cuando trabajaban con un régimen limitado de correos.

Los participantes también afirmaron distraerse menos y tener mayor capacidad de concentración. Aunque el propio estrés era el único efecto vinculado directamente con la reducción del acceso al correo, los informes de bajadas en los índices de estrés estaban conectados con otros resultados positivos, como la capacidad de relacionarse, la calidad del sueño e incluso encontrar sentido a la vida. Resulta interesante apuntar que el acceso restringido al correo tenía un efecto igual de beneficioso para el estrés que muchas de las técnicas de relajación más comunes, como respirar profundamente o imaginar escenarios tranquilos. En otras palabras, tal vez limitar el uso del correo no transporte a nadie hasta la isla de sus sueños, pero sí reduce los niveles de estrés tanto como estar allí.

Los investigadores creen que restringir el acceso al correo rebaja los niveles de estrés y hace que aumente la productividad porque disminuye la distracción y la multifunción. «El correo acentúa la dispersión —dice Kostadin Kushlev, director del estudio sobre la limitación en el uso del correo—. Divide nuestra atención y contribuye a crear la sensación de que hay demasiadas cosas por hacer y muy poco tiempo para realizarlas.[28] Hay una cantidad significativa de estudios que indican que cuando dos tareas requieren el mismo nivel de recursos cognitivos (memoria en funcionamiento) no pueden realizarse simultáneamente. Debido a los niveles de atención y reflexión que precisan no pueden realizarse al mismo tiempo, con lo que hacemos malabarismos para intentar alternar entre una y otra. Esto explica por qué muchos de nosotros podemos conducir mientras escuchamos la radio pasivamente, pero hablar por teléfono, enviar mensajes o escribir correos perjudica nuestra capacidad de conducción casi tanto como conducir ebrio.[29]

Ejecutar dos tareas al mismo tiempo supone una mayor carga cognitiva para la memoria, cuya capacidad, además, se satura al tener que alternar entre una y otra. Y para empeorar las cosas, ciertas teorías sugieren que a medida que vamos alcanzando el límite de nuestra memoria funcional nos distraemos más, por lo que las probabilidades de aumentar la carga cognitiva se multiplican. El diseño de las bandejas de entrada, en las que recibimos notificaciones cada vez que llega un nuevo correo, es perfecto para incitarnos a alternar tareas. Es más, en la mayoría de ellas, los usuarios pueden visualizar tanto el correo al que se accede como una lista con otros que siguen esperando nuestra atención. Y lo que es peor, muchas personas dejamos el programa abierto, con lo cual nuestra atención se aleja del resto de programas que usamos en el ordenador y vuelve a la bandeja de entrada una y otra vez. Al llevarnos a la alternancia entre tareas, el correo elec-

28. Stephanie Vozza, «The Science Behind Why Constantly Checking Your Email Is Making You Crazy», *Fast Company*, 6 de enero del 2015, http://www.fastcompany.com/3040361/work-smart/the-science-behind-why-constantly-checking-your-email-is-making-you-crazy (visitada el 5 de marzo del 2015).

29. Michael Austin, «Texting While Driving: How Dangerous Is It?», *Car and Driver*, junio del 2009.

trónico, además de aumentar nuestros niveles de estrés, empeora la calidad de nuestro trabajo global. Eso explica por qué los participantes de ambos estudios que restringieron o eliminaron el correo electrónico por completo en su jornada laboral dieron muestras de sentirse más productivos. «La polivalencia suele ser emocionante y puede transmitirnos la impresión de estar realizando mucho trabajo —dice Kushlev—, pero esta sensación subjetiva es una ilusión».[30]

Además de reducir nuestra habilidad para concentrarnos en la labor que tenemos entre manos, los correos de trabajo pueden afectar a nuestra capacidad para concentrarnos en casa, descompensando todo esfuerzo que hagamos por mantener el equilibrio entre vida y trabajo. De modo que, aunque haya pocas empresas que han dado el salto de Thierry Breton en Atos, muchas de ellas han tomado medidas para restringir el uso del correo a la jornada laboral.

En 2011, pocos meses después de que Atos hiciera efectiva la política de tolerancia cero ante el correo electrónico, el fabricante de automóviles Volkswagen accedió a prescindir de la comunicación por correo electrónico fuera del horario de oficina.[31] La compañía configuró sus servidores para que dejaran de enviar o recibir correos de los miembros de la plantilla alemana treinta minutos después del fin de la jornada laboral y para que se reconectaran treinta minutos antes del comienzo de la siguiente. Los empleados de Volkswagen pueden seguir usando sus teléfonos para hacer llamadas o conectarse a Internet, pero no reciben nuevos

---

30. Vozza, «The Science Behind Why Constantly Checking Your Email Is Making You Crazy».

31. Tom de Castella, «Could Work Emails Be Banned After 6pm?», *BBC News*, 10 de abril del 2014, http://www.bbc.com/news/magazine-26958079 (visitada el 5 de marzo del 2015).

correos y si escriben uno no podrán enviarlo hasta el día siguiente. Esta política de restricción solo afecta a los empleados que están adscritos al convenio del sindicato, pero no a sus superiores. Poco después de que Volkswagen adoptara esta política, el ministro de Trabajo alemán la aplicó a su propia plantilla y recomendó esta práctica al resto de las empresas o, cuanto menos, que se establecieran unas directrices para el uso que los empleados hacían del correo.[32] Volkswagen da un buen ejemplo al poner de moda estas limitaciones a la utilización del correo, incluso ahora que otras de sus actitudes se consideran engañosas.

Algo después de que llegaran estas noticias desde Alemania, se supo que los sindicatos franceses más importantes habían firmado un acuerdo con los empleados de las industrias de la tecnología y la consultoría. El acuerdo afectaba a unos 250.000 «empleados autónomos» y en él se especificaba la obligación de desconectar las herramientas de comunicación para que los empleados no fueran interrumpidos durante sus horas de descanso fuera de la oficina. Estos empleados no disfrutaban de la jornada laboral francesa estándar de treinta y cinco horas semanales, de modo que trabajaban los fines de semana y a veces realizaban jornadas de trece horas. El acuerdo concretaba que los empleados debían contar al menos con un día libre a la semana sin recibir comunicaciones por correo electrónico durante el tiempo de descanso.[33]

Tal vez la estrategia anticorreo más novedosa sea la que pusieron en práctica en la fábrica de automoción alemana Daimler. Los rivales de Volkswagen no se centraron en el uso del correo fuera

32. «Living Offline: Minister Halts After-Hours Contact for Staff», *Der Spiegel*, 30 de agosto del 2013.

33. S.P., «France's 6pm E-mail Ban: Not What It Seemed», *The Economist*, 14 de abril del 2014.

de la jornada laboral, sino en el período vacacional. En el 2014 la empresa instaló un nuevo programa en sus servidores que permitía a los usuarios seleccionar una opción de respuesta automática de «Correo de vacaciones» cuando estaban fuera de la oficina.[34] Como en otros programas similares tradicionales, cuando el empleado recibía un correo se enviaba automáticamente un mensaje al remitente advirtiéndole de que la persona en cuestión se encontraba fuera de la oficina y no regresaría hasta cierta fecha. Sin embargo, al contrario que con otros programas, se notificaba al remitente que borrarían el correo enviado y se le informaba de que debía reenviarlo en la fecha de regreso del empleado, o remitirlo a una persona específica que se encontrara en la oficina. Así, los empleados que están de vacaciones se ahorran tener que ver y pensar en los correos durante su período de descanso y a su regreso suelen encontrar la bandeja de entrada vacía. Se trata de un programa que es opcional, pero está a la disposición de 100.000 empleados en toda Alemania.

Aunque la prohibición del correo en horas de descanso parezca simplemente una iniciativa para mantener el equilibrio entre el trabajo y la vida, los estudios indican que puede servir a un propósito mayor, el de que los empleados mantengan el nivel de compromiso y estén satisfechos con sus empleos. Una investigación reciente dirigida por Marcus Butts, William Becker y Wendy Boswell muestra que las personas que reciben correos fuera del trabajo tienden a enfadarse más, un disgusto que afecta a sus vidas personales.[35]

---

34. Megan Gibson, «Here's a Radical Way to End Vacation Email Overload», *Time*, 15 de agosto del 2014.

35. Marcus Butts, William J. Becker y Wendy R. Boswell, «Hot Buttons and Time Sinks: The Effects of Electronic Communications During Nonwork Time on Emotions and Work-Nonwork Conflict», *Academy of Management Journal* 59, n.º 3 (2015), 763-788.

Los investigadores evaluaron a 341 trabajadores adultos durante siete días seguidos para saber qué sensaciones tenían cuando recibían correos de trabajo fuera de la jornada laboral. Cada día se les enviaba un correo entre las cinco y las seis de la tarde con un enlace para realizar la evaluación. Se les pedía que rellenaran la encuesta pensando en el último correo que hubieran recibido fuera de la jornada laboral y que no la completaran en caso de no haber recibido ninguno. Se los evaluaba según varios criterios, desde su percepción del tono con que estaba escrito el correo al tiempo que tenían para responderlo, las emociones que sentían y si afectaban o no a su vida personal. Al principio del estudio también se los evaluaba sobre aspectos como su grado de sensibilidad al abuso de sus superiores y sus preferencias a la hora de conciliar la vida profesional con su vida diaria.

Al analizar los datos que habían recopilado, Marcus Butts y sus colegas descubrieron que cuando los empleados recibían un correo fuera del horario de trabajo cuyo tono les parecía negativo, había más posibilidades de que se enojaran por ello, entristecieran y afectara a sus vidas personales. Cuando recibían correos en un tono que les parecía más positivo aumentaban las posibilidades de felicidad, pero se trataba de una sensación pasajera. Independientemente del tono, si responder a ese correo requería mucho tiempo, había muchas probabilidades de que el empleado se enfadara. «Los correos fuera de horario laboral afectaban enormemente a las vidas personales de esos trabajadores», dijo Butts.[36] Además de demostrar que los correos fuera de horas de trabajo interferían con las vidas personales de los empleados, los investigadores también descubrieron una relación entre la percepción que tenían los

---

36. Universidad de Texas en Arlington, «Employees Become Angry When Receiving After-Hours Email, Texts», *Science Daily*, 27 de febrero del 2015, www.sciencedaily.com/releases/2015/02/150227131010.htm (visitada el 9 de marzo del 2015).

trabajadores de que sus supervisores realizaban prácticas abusivas o eran demasiado controladores y las probabilidades de que se enfadaran al leer el correo.

En resumen, el uso del correo fuera del horario laboral puede interferir no solo en las vidas personales, sino también en las relaciones entre los trabajadores, especialmente mediante la acentuación de tensiones previas entre los empleados y sus jefes. Los investigadores sugieren que los directores se tomen estos descubrimientos en serio y redacten con cautela los correos fuera del horario de trabajo, y también que los empleados que se enfaden al recibir correos cuando están de descanso se planteen marcharse a trabajar a una empresa que tenga una política de restricción en el uso del correo (como Atos, el Mejor Trato, Learning as Leadership o Daimler).

Independientemente de que los directores de la empresa decidan limitar el uso del correo electrónico, las horas de visionado o prohibirlo completamente, tanto los estudios como las experiencias recientes de estas compañías sirven como buen ejemplo de que el correo no es la herramienta de comunicación más efectiva. Además de interferir en el equilibrio de tu vida personal, también puede tener efectos perniciosos para tu productividad. Despejar la bandeja de entrada de tu programa de correo puede hacerte sentir muy bien, como si fueras ultraproductivo. Pero a menos que tu trabajo consista en borrar correos, lo más probable es que estés perdiendo el tiempo.

2

EL EMPLEADO SIEMPRE TIENE LA RAZÓN

Algunos líderes corporativos han descubierto que para servir mejor a sus clientes deben pensar primero en sus empleados. Lo que han hecho ha sido básicamente invertir la jerarquía e introducir en sus compañías un modelo de satisfacción del cliente muy bien documentado que se genera a través de la felicidad del empleado.

En febrero del 2006 Vineet Nayar, presidente y CEO de HCL Technologies, realizó un sorprendente anuncio en una reunión global con los clientes más importantes de la empresa.[37] Para abreviar, informó a sus clientes de que atender a sus necesidades ya no era la prioridad principal de la empresa. De hecho, HCLT había decidido incluso prescindir de algunos de ellos.

Lo que Nayar anunció específicamente era una reorganización en la estructura y las prioridades de HCLT en torno a una nueva estrategia a la que llamó «Primero los empleados, los clien-

---

37. Vineet Nayar, *Primero los empleados, los clientes después,* Bresca, e-book, 2012.

tes después». Esta noticia debió de resultar chocante a esa asamblea de 300 clientes, la mayoría de los cuales pertenecían a las cúpulas directivas de sus respectivas compañías. Sin embargo, la decisión de Nayar era el resultado de un largo período de pensamiento y reflexión llevado a cabo junto a su propio equipo de directivos. HCLT necesitaba cambiar para seguir siendo competitiva y el atrevido plan de Nayar era centrarse menos en competir por clientes a corto plazo y más en servir a sus empleados para ganar a largo plazo.

Nayar había ocupado el cargo de CEO tras un largo período en la empresa. Entró en la compañía en 1985 cuando aún era una *start-up* con ventas por 10 millones de dólares. Acabaría fundando una empresa subsidiaria del grupo HCLT llamada Comnet que crecería rápidamente, al mismo ritmo que el resto de la compañía. En 2000 HCLT se había convertido en uno de los proveedores de servicios informáticos más importantes de India, con 5.000 millones en ingresos, gran parte de los cuales procedía de HCL Technologies.

Sin embargo, entre 2000 y 2005 la empresa empezó a perder terreno respecto a sus competidores. A pesar de que como compañía seguía creciendo un 30 por ciento al año, sus competidores crecían a un ritmo más rápido, al 40 o 50 por ciento, y HCLT estaba cayendo a la zona baja de los rankings. En el año 2005, cuando pusieron a Nayar al mando de la empresa, seguían estancados en la zona media de la clasificación y se enfrentaban a muchos problemas, entre ellos la moral baja de los empleados y una tasa de rotación de personal del 17 por ciento, mucho más alta que las de sus competidores.

El impulso para esa transformación procedía de dos interacciones características similares que Nayar había tenido con clientes diferentes. En ambas se había reunido con el cliente en cuestión junto a varios empleados de HCLT. El primer encuentro fue con el director de sistemas de una multinacional para la cual HCLT había completado un importante proyecto en un tiempo récord. Cuando entró a la reunión Nayar se percató de que sus empleados y el CIO (Chief Information Officer) ya habían empezado la reunión.

Para su sorpresa, el ejecutivo no le dedicó la menor atención. «Yo esperaba una amplia sonrisa y un apretón de manos, estaba dispuesto a aceptar una palmada en la espalda y oír cómo se descorchaban las botellas de champán», recordaba Nayar. Pero en lugar de eso, el CIO centraba toda su atención en los empleados. Alabó su gran esfuerzo, la calidad de su servicio y lo que disfrutaba trabajando con ellos como equipo. Entonces se dirigió brevemente a Nayar para comentarle que podía sentirse muy afortunado de contar con esos empleados en HCLT. «Me sorprendí y emocioné al oír la sinceridad con la que lo decía».[38]

En la otra reunión Nayar también estaba reunido con sus empleados y uno de sus clientes de una multinacional, pero en esta ocasión se trataba de informar sobre un proyecto fallido. Nayar tenía la intención de disculparse, explicar por qué habían surgido los fallos y trazar un plan para corregir los errores. Pero antes de que pudiera hacerlo su cliente tomó la palabra, mirando a Nayar directamente a los ojos. «Vineet, tus empleados han hecho todo lo que han podido. El problema es que no han recibido el apoyo adecuado de tu organización. Estoy seguro de que si lo hubieran tenido habrían cumplido nuestros objetivos».[39] A Nayar le sorprendió lo enfadado que estaba su cliente con él y con HCLT, pero le extrañó mucho que no sintiera animosidad alguna hacia el equipo con el que había estado trabajando.

---

38. *Ibid.*

39. *Ibid.*

Estas dos memorables interacciones, junto a un sinfín de otras experiencias con clientes y empleados, hicieron que Nayar se replanteara la forma en la que HCLT generaba valor y se apropiaba de él. Nyar empezó a reflexionar sobre algo que llamó la «zona de valor», el lugar desde el que se generaba valía al cliente. Si HCLT era realmente un negocio que se basaba en los servicios que prestaba, su zona de valor tenía que estar en la primera línea, allí donde los empleados interactuaban directamente con los clientes. Esos empleados eran quienes jugaban un papel más importante a la hora de aportar valía a los clientes, con lo cual el resto de HCLT debía tener una «función capacitadora».

HCLT, como muchas otras organizaciones, ha ido cambiando su enfoque a medida que iba creciendo. Cuando la compañía pasó de facturar 10 millones de dólares a 5.000 millones, tuvieron que crear escalafones y jerarquías para gestionar una empresa mayor. Se crearon funciones de apoyo para ayudar a que los empleados que atendían al cliente dieran lo mejor de sí. Sin embargo, como suele suceder, la jerarquía y los elementos de apoyo acabaron acaparando el poder de los empleados que interactuaban con los clientes. Dado que el poder estaba en manos de los jefes, los empleados de primera línea tenían que actuar como subalternos de unos directivos cuya función primigenia era la de ayudarles. Empezaron a recibir menos información, al tiempo que aumentaban sus responsabilidades. Si HCLT quería volver a concentrarse en la zona de valor tenía que revertir esta dinámica. Tenía que desmontar por completo su sistema de jerarquías.

Esta transformación requería que los jefes rindieran cuentas ante los empleados y asegurarse de que aquellos que cumplían funciones de apoyo (finanzas, formación, recursos humanos y demás) les ayudaran realmente, en lugar de insistir en que se siguiera el rígido sistema de jerarquías. Poner patas arriba una organización formada por 55.000 personas e invertir la pirámide para que sus 100 directores ejecutivos desciendan a la base no es moco de pavo. Nayar se centró en dos áreas para asegurarse de que la dirección y las funciones de apoyo permanecían al servicio de los empleados: revertir las responsabilidades y generar transparencia.

Procuró invertir el sistema, asegurándose de que la jerarquía fuera responsable de la primera línea de empleados y no al contrario. Nayar quería que toda la cadena de mando, desde él mismo hasta el CEO, apoyaran a los empleados que daban la cara, en lugar de darles órdenes y controlarlos. Esta estrategia de revertir las responsabilidades se extrajo directamente del sistema de atención al cliente que existía ya en HCTL. Este llamado «servicio de atención inteligente» funcionaba mediante la creación de un informe por cada incidencia con el cliente que se usaba para seguir su evolución en el sistema de la empresa hasta que se encontraba la solución.

HCLT creó un sistema similar para los empleados de la primera línea. Siempre que tuvieran un problema, o simplemente necesitaran más información, podían redactar un informe de apoyo que se enviaba al departamento o función de apoyo pertinentes. Es posible que el informe de apoyo tuviera que viajar a través de múltiples departamentos, pero cada movimiento quedaba registrado en el sistema. Y lo más importante, solo el empleado que había abierto la incidencia tenía autoridad para cerrarla. HCTL incluso cambió la forma de medir el rendimiento de sus funciones de apoyo para incluir el número de incidencias que se abrían, cuántas se cerraban y el tiempo que se tardaba en resolverlas. Además de asegurarse de que los empleados de la primera línea obtenían los recursos que necesitaban, este sistema de apoyo por incidencias enviaba un mensaje claro y directo, tanto a la primera línea como a la línea de apoyo, respecto a quién se responsabilizaría del buen funcionamiento del trabajo.

El objetivo de Nayar a la hora de generar transparencia era rasgar el velo existente entre los empleados de la primera línea y los jefes. Estos tenían acceso a todo lo referente a los empleados, pero la información no fluía en el sentido contrario. Nayar creó un sistema de evaluaciones de trescientos sesenta grados. HCLT, como muchas otras empresas, ya usaba un sistema de evaluación abierto, pero como también sucede en muchas compañías, ese proceso tenía un ámbito limitado y solo los jefes podían ampliarlo. Los directores eran evaluados por un pequeño grupo de personas que pertenecía a su propio círculo de influencia (informes directos, compañeros del equipo de dirección y sus propios superiores). «En otras palabras —explicaba Nayar—, esa revisión del trabajo era llevada a cabo por un club de amiguetes». Como tenían que evaluar su trabajo mutuamente, se apoyaban unos a otros, se ponían buenas notas, decían solo cosas bonitas e ignoraban los problemas».[40]

Nayar cambió este proceso, permitiendo que todo aquel que hubiera tenido una interacción significativa con un jefe pudiera tomar parte en la evaluación. «Cualquier empleado tenía la posibilidad de evaluar abiertamente a cualquier jefe que hubiera supuesto una influencia en el desarrollo de su trabajo, ya fuera positiva o negativa». Es más, los resultados de esas evaluaciones eran públicos. «Decidimos que todo aquel que realizara un informe sobre un jefe pudiera ver los resultados que este había obtenido en conjunto».

El cambio tardó un tiempo en ser aceptado por los más de 2000 jefes que trabajaban en HCLT, quienes tuvieron la opción inicial de hacer públicas sus evaluaciones. Durante el primer año solo lo hicieron Nayar y unos pocos directores ejecutivos, pero al final la mayor parte de los jefes decidieron aceptar la propuesta.

---

40. *Ibid.*

«Si no lo hacían, daban la impresión de estar ocultando algo».[41] Al hacer públicas sus evaluaciones los jefes declaraban públicamente que aceptaban los resultados y se comprometían a cambiar, todo ello al servicio de un mejor apoyo a los empleados de la primera línea.

Además de realizar evaluaciones transparentes, Nayar también quería que las discusiones sobre estrategia salieran de la sala de juntas para que los empleados formaran parte de ellas. Esto comenzó como una serie de discusiones informales con los empleados y evolucionó hasta generar una serie regular llamada «Direcciones». Antes de que sucediera todo esto, Nayar y su equipo de dirección crearon un video delineando la estrategia de la empresa. Tras esto el equipo cogió la carretera y pasó dos semanas reuniéndose con los empleados. El objetivo de Direcciones era asegurarse de que todos los empleados estuvieran al tanto de los objetivos de la compañía y en qué medida su trabajo contribuía a cumplirlos. Además de esto, Direcciones se aseguraba de que todos los empleados supieran de qué se hablaba y tuvieran la oportunidad de que se respondiera personalmente a sus preguntas. Para que la conversación siguiera fluyendo, Nayar creó un foro donde los empleados podían publicar cualquier pregunta que quisieran y recibir una respuesta personal del propio Nayar.

Revertir el sistema de responsabilidades y generar transparencia tomó su tiempo y mucha concentración, pero al final las cosas empezaron a cambiar. HCLT no solo había conseguido invertir la jerarquía, sino que había revertido la situación por completo. En el 2009 fue clasificada como la mejor empresa para el empleado en India. Y ese reconocimiento estuvo acompañado de grandes beneficios: los ingresos anuales de HCLT se triplicaron y su capi-

41. Vineet Nayar, «How I Did It: A Maverick CEO Explains How He Persuaded His Team to Leap into the Future», *Harvard Business Review* 88, n.º 6 (2010), 112.

talización de mercado se duplicó. En el año 2013 Nayar abandonó la dirección de HCLT, pero el concepto de primero los empleados, después los clientes continúa siendo el núcleo principal de la filosofía de gestión de la empresa. Y sigue alimentando el éxito de HCLT. En el 2014 la empresa obtuvo unos ingresos de casi 5.700 millones de dólares.[42]

Los beneficios de pensar antes en tus empleados que en tus clientes

Esa idea que tuvo Nayar de anteponer las necesidades de sus empleados a las de los clientes era novedosa para su compañía y para la industria tecnológica, pero en realidad no era algo completamente nuevo. Unos treinta años antes, un grupo de profesores de empresariales de la Universidad de Harvard había trabajado sobre un modelo que habría previsto exactamente el mismo resultado que vivió Nayar. James Heskett, Thomas Jones, Gary Loveman, W. Earl Sasser y Leonard Schlesinger estaban comparando resultados de sus propios estudios y sintetizando otros para construir un modelo que explicara el sorprendente éxito de las empresas de servicios con mayores beneficios.[43]

Todo empezó con la investigación que llevó a cabo Sasser en compañía de su exalumno Fred Reichheld.[44] La pareja centró sus

---

42. HCL Technologies Ltd., 2013–2014 Annual Report, http://www.bseindia.com/bseplus/AnnualReport/532281/5322810614.pdf (visitada el 18 de febrero del 2015).

43. James L. Heskett, W. Earl Sasser Jr. y Leonard A. Schlesinger, *The Service-Profit Chain: How Leading Companies Link Profit and Growth to Loyalty, Satisfaction, and Value*, Free Press, Nueva York, 1997.

44. Frederick F. Reichheld y W. Earl Sasser Jr. «Zero Defections: Quality Comes to Services», *Harvard Business Review* 68, n.º 5 (1990), 105-111.

objetivos en un dictado asumido desde hacía mucho tiempo en los negocios: la cuota de mercado es el principal impulsor de la rentabilidad. La idea consistía en que si una empresa podía ampliar su cuota de mercado aumentaría las ventas y al mismo tiempo se aprovecharía de la economía de escala para abaratar costes e incrementar así los beneficios. Sin embargo, cuando la pareja de investigadores examinó varias empresas y los estudios realizados al respecto, descubrieron que aunque la cuota de mercado es un factor de la rentabilidad, hay otro que explica mejor el éxito de las mayores empresas: la fidelidad del cliente. Sasser y Reichheld estimaron que un mero incremento del 5 por ciento en la fidelidad podía incrementar la rentabilidad entre un 25 y un 85 por ciento. Este descubrimiento puso las bases para que esos cinco profesores de Harvard buscaran qué motivaba la fidelidad de los clientes. Tras analizar decenas de compañías e investigar a destajo, crearon un modelo que analizaba los orígenes de la fidelidad del cliente. Lo llamaron la «Cadena de Servicio-Beneficio».

La cadena de servicio-beneficio une varios elementos del modelo de negocio en una relación lineal: los beneficios y el crecimiento están ligados a la fidelidad del cliente. Esta fidelidad está determinada por la satisfacción del cliente. La satisfacción es estimulada por una alta percepción del valor del servicio. Ese valor es el resultado de la productividad del empleado. Esta productividad procede de la satisfacción del empleado.

Para decirlo de manera más simple: *los beneficios derivan de la fidelidad del cliente, la fidelidad del cliente deriva de la satisfacción del empleado y la satisfacción del empleado deriva de pensar antes en ellos que en los clientes.*

La satisfacción del empleado se genera cuando las compañías se centran en crear una alta «calidad de servicio interna» (el término que usan los profesores de Harvard para explicar el diseño del puesto de trabajo, el desarrollo organizacional, la formación, las recompensas y todo aquello que Nayar habría llamado «pensar antes en el empleado». En el núcleo de su «cadena de servicio-beneficio» estaba el concepto de valor. En un modelo de negocio basado en el servicio, el valor depende tanto de la percepción que se tiene del servicio recibido como de la calidad del producto. Así pues, los profesores teorizaron que un empleado satisfecho y productivo estaba mejor capacitado para asegurar que hubiera unas interacciones de gran calidad con los clientes que llevaran a una mejora de la percepción del valor. La cadena de servicio-beneficio predice que al anteponer el empleado al cliente, este recibirá una mejor atención, será más fiel y mejorará el rendimiento de la empresa, que es exactamente lo que experimentó Nayar en HCTL.

El concepto de cadena de servicio-beneficio generó mucha discusión cuando se publicó el estudio. Se trataba de un modelo teórico basado en diversas investigaciones que llevó a una oleada mayor de estudios que querían fortalecer el vínculo entre empleados satisfechos y clientes satisfechos y rentables. Steven Brown y Son Lam, de la Universidad de Houston, sintetizaron décadas de investigación en un reciente estudio para establecer ese vínculo con firmeza.[45]

Brown y Lam recopilaron veintiocho estudios que relacionaban la satisfacción del empleado y la percepción que el cliente tenía de la calidad del servicio. La investigación examinaba a un total de 6.600 empleados y clientes. Los resultados mostraban que en todos los estudios la satisfacción del cliente y su percepción de la calidad del servicio estaba relacionada con un alto nivel de satisfacción del empleado. Los empleados que trabajan de cara al

45. Steven Brown y Son K. Lam, «A Meta-analysis of Relationships Linking Employee Satisfaction to Customers' Responses», *Journal of Retailing* 84, n.º 3 (2008), 243-255.

público proporcionan un mejor servicio cuando se sienten apoyados y están satisfechos en su trabajo.

Dado que Brown y Lam sintetizaron una amplia gama de estudios que procedían de diferentes industrias, resulta interesante destacar que pudieron analizar la relación entre el empleado y el cliente en dos tipos de negocio diferentes: aquellos en los que existía una relación establecida (como la consulta de un médico o empresas de consultoría informática) y esos otros en los que la interacción tenía lugar en una sola ocasión, como los restaurantes de comida rápida o las tiendas de minoristas. Asumieron que, ya que las relaciones establecidas incluían una interacción más frecuente entre empleado y cliente, el efecto de la satisfacción del empleado en la percepción de la calidad y la satisfacción sería mayor en ese tipo de negocios. Sin embargo, descubrieron que este efecto no cambiaba significativamente en función del tipo de negocio o del nivel de interacción que se tuviera con el cliente. La satisfacción del empleado parecía tener el mismo efecto en los clientes, independientemente de que los empleados interactuaran una sola vez o de manera frecuente y permanente. Estos resultados eran calcados a la experiencia que había vivido HCLT al anteponer las necesidades de sus empleados y confiar en que ellos se ocuparan de los clientes.

Otras investigaciones apoyan también las ideas de Nayar de invertir el organigrama de la empresa. Un reciente estudio demuestra que los jefes juegan un papel fundamental en la satisfacción de los empleados y la cadena del servicio-beneficio.[46] Tres investigadores liderados por Richard Netemeyer, de la Universidad de Virginia, recogieron datos de una sola cadena de minoris-

46. Richard G. Netemeyer, James G. Maxham III y Donald R. Lichtenstein, «Store Manager Performance and Satisfaction: Effects on Store Employee Performance and Satisfaction, Store Customer Satisfaction, and Store Customer Spending Growth», *Journal of Applied Psychology* 95, n.° 3 (2010), 530.

tas que incluía a 306 encargados de tienda, 1.615 interacciones entre empleados y clientes y 57.656 clientes en total. Los investigadores estaban evaluando los efectos del rendimiento de los encargados y la satisfacción de los empleados, con lo que medían la satisfacción de los clientes y la productividad general de los encargados de tienda.

Descubrieron que no cabía duda de la relación entre la actuación de los encargados, la satisfacción del cliente y el rendimiento económico de las tiendas. Estos resultados apoyan el argumento de que el apoyo de la dirección a los empleados contribuye significativamente a lo que Heskett y sus colegas de Harvard llamaban la calidad del servicio interno, el primer eslabón de la cadena de servicio-beneficio. Los resultados de la investigación de Netemeyer y su equipo también sugieren que dar la vuelta al organigrama organizacional, como hicieron Nayar y su equipo, funciona realmente. Es esencial que los jefes comprendan que su papel es contribuir a la satisfacción del empleado, sobre todo porque el éxito de esta tarea tiene un gran impacto en el rendimiento económico de su empresa.

Múltiples formas de pensar en tus empleados

Tal como sugiere el estudio, los significativos efectos de la satisfacción del empleado no solo son visibles en el sector de los servicios, donde se desarrolla una relación a largo plazo con el cliente, sino también en áreas donde las interacciones son poco frecuentes, o incluso únicas, como en la venta al por menor. Poniendo a los clientes en un segundo plano, así fue como la familia Wegman creó y desarrolló una de las cadenas de alimentación más respetadas de Estados Unidos, Wegmans Food Markets. Se trata de un negocio familiar con más de ochenta supermercados en los que existe una base de clientes fieles que se sustenta en un grupo de empleados más sólido incluso.

La compañía, fundada en 1916 por John y Walter Wegman, está dirigida ahora por el nieto de este último, Danny Wegman, cuyas dos hijas trabajan también en la empresa. La familia Wegman traspasa de generación en generación esa firme dedicación a sus empleados, una confianza que se traslada en igual medida a sus clientes.[47]

Wegman muestra su compromiso con los empleados de varias formas. La más clara es la política antidespido que tienen desde tiempos inmemoriales. El principal requisito que la empresa tiene en cuenta a la hora de contratar personal es el interés por la alimentación, y rechazan a aquellos candidatos que no demuestran una pasión por aprender más acerca de la comida. Una vez que Wegman encuentra personas apasionadas, invierte una cantidad significativa de tiempo y dinero en prepararlos. Los nuevos empleados que trabajarán de cara al cliente tienen que cumplir unas prácticas iniciales de cincuenta y cinco horas antes de pisar la tienda.[48]

Los cajeros, por ejemplo, no reciben permiso para hablar con los clientes hasta haber recibido cuarenta horas de preparación básica.[49] La empresa cuenta incluso con un programa de formación continua que envía a algunos de sus trabajadoress al extran-

---

47. Souha R. Ezzedeen, Christina M. Hyde y Kiana R. Laurin, «Is Strategic Human Resource Management Socially Responsible? The Case of Wegmans Food Markets, Inc.», *Employee Responsibilities and Rights Journal* 18 (2010), 295-307.

48. S. Regani y S. George, *Employees First, Customers Second: Wegmans' Work Culture,* ICMR Center for Management Research, Hyderabad, India, 2007.

49. David Rohde, «The Anti-Walmart: The Secret Sauce of Wegmans Is People», *The Atlantic*, 22 de marzo del 2012.

jero.[50] Un empleado de la sección de quesos puede viajar a Italia para aprender el proceso de elaboración del Parmesano, y a uno de panadería pueden mandarlo a Francia para aprender el estilo tradicional de horneado. Wegman invierte toda esta preparación en sus empleados para que transmitan sus conocimientos en las interacciones que tienen con los clientes y puedan aconsejarlos en todos los aspectos, desde el maridaje de alimentos a la mejor forma de servir y cocinar una comida. Además del conocimiento, Wegman también otorga poder a sus empleados. Todos ellos tienen la confianza y el poder para hacer lo necesario para que los clientes se vayan contentos de la tienda.

El hecho de que la empresa confíe plenamente en sus trabajadores hace que estos le devuelvan esa confianza. Wegmans ofrece seguros de vida y salud a todos los empleados que tienen jornada completa al cabo de noventa días y a los que tienen contrato a tiempo parcial cuando han cumplido un año. Al principio la compañía pagaba el cien por cien de los costes de estas ventajas. Cuando se elevaron demasiado, los jefes y aquellos que ganaban a partir de cierta cantidad fueron los primeros a los que se pidió una contribución, en un movimiento que simbolizaba cuáles eran las prioridades de Wegman. Al final, dado que los costes continuaban elevándose, se pidió a todos los empleados que pagaran una pequeña parte de estas primas.

Además, Wegman también ofrece ayudas para ampliar estudios. Tanto los empleados a tiempo parcial como a tiempo completo pueden beneficiarse del pago de matrículas y becas siempre que trabajen un cierto número de horas y saquen buenas notas. Cada año la empresa paga unos 4 millones de dólares en gastos de educación para sus trabajadores y los empleados no se aprovechan de ello para marcharse de allí. Permanecen en Wegmans.

50. Regani y George, *Employees First, Customers Second.*

Muchos de los empleados de larga duración empezaron trabajando de cara al público. La tasa de rotación de personal anual es la mitad de la que tienen que afrontar otros supermercados.[51]

Es más, Wegman ha obtenido cada año grandes resultados en la lista Fortune de las mejores empresas en las que trabajar desde su fundación, y en el año 2005 fue elegida como la número uno. Como se trata de un lugar estupendo para trabajar, sus empleados hacen de él un lugar estupendo para comprar. Las ventas de la empresa por metro cuadrado son el 50 por ciento más altas que las de sus competidores.[52] Por añadidura, la oficina central recibe cada año miles de correos electrónicos y cartas de sus clientes, rogándoles que abran una nueva tienda en su vecindario para poder comprar incluso más en Wegmans. La empresa, no obstante, tiene el compromiso de crecer a un ritmo más lento del que les gustaría a sus clientes. Normalmente, abre solo dos o tres establecimientos al año, un ritmo que la empresa cree conveniente para permitir la inversión necesaria en nuevos empleados y asegurarse de que la cultura Wegmans no quede descafeinada.

Wegmans no es el único ejemplo de una empresa con una interacción esporádica con sus clientes que se beneficia de pensar primero en los empleados. Danny Meyer, restaurador y fundador de Union Square Hospitality Group, lleva unos treinta años anteponiendo los intereses de sus empleados a los de los clientes. Lo que Meyer llama el «círculo virtuoso de la hospitalidad ilustrada» se parece enormemente a la cadena se servicio-beneficio. «Cuando entro por primera vez en un restaurante o negocio, puedo adivinar inmediatamente en qué tipo de experiencia me veré envuelto, simplemente percibiendo si el personal parece estar concentrado

51. Rhode, «The Anti-Walmart».

52. Regani and George, *Employees First, Customers Second.*

en su trabajo, apoyarse unos a otros y disfrutando de la compañía mutua», dice.[53]

La estrategia del círculo virtuoso de Meyer ha funcionado en todas partes, desde el original Union Square Café a la cadena de hamburgueserías multinacional Shake Shack. Meyer cree que para satisfacer a sus clientes ha de ponerlos en un segundo plano. «Los intereses de nuestros propios empleados deben anteponerse a los de nuestros invitados, porque la única manera de generar buenas críticas continuamente, de que los clientes repitan y de desarrollar vínculos de fidelidad con nuestros invitados es asegurarse primero de que nuestro equipo se sienta encantado de venir al trabajo». Meyer también opina que para satisfacer a sus inversores tiene que tenerlos como su última prioridad. «Pero no porque no quiera ganar mucho dinero —dice—. Al contrario, creo firmemente que subvertir las prioridades convencionales del negocio acaba llevando a conseguir un éxito financiero mayor y más duradero».[54]

Meyer y Union Square piensan en las necesidades de sus empleados de diversas formas. Aparte de asegurarse de que sus necesidades económicas estén cubiertas mediante altos salarios y ayudas, la empresa también pide la opinión de sus trabajadores y les hace saber que tienen voz en todos los aspectos, desde asesorar a encargados individualmente a hacer críticas sobre su propio restaurante o cualquier otro de la compañía. La empresa toma frecuentemente medidas contra encargados que no promueven los parámetros de hospitalidad establecidos, llegando incluso a despedirlos. Meyer también ofrece a algunos encargados la oportunidad de convertirse en propietarios, permitiendo

53. Danny Meyer, *Setting the Table: The Transforming Power of Hospitality in Business*, HarperPerennial, Nueva York, 2006, p. 240.

54. *Ibid.*, p. 238.

que adquieran o ganen participaciones de los restaurantes que dirigen. En 2015, justo antes de que la cadena de hamburgueserías Shake Shack empezara a cotizar en bolsa, todos los encargados de los establecimientos tuvieron acceso garantizado a las opciones de compra.[55] Además, los trabajadores a tiempo completo e incluso los que hacían media jornada tuvieron la posibilidad de comprar acciones en el momento previo a la oferta pública de venta a un precio de 21 dólares, algo que rindió importantes beneficios al día siguiente, cuando el precio se elevó hasta el 150 por ciento, a 45,90 dólares.

Wegmans y Union Square Hospitality Group son el ejemplo de que todos ganan cuando los líderes crean una cultura en la que se piensa primero en las necesidades de los empleados y los jefes rinden cuentas ante ellos, ya que están ahí para servirles. Cuando los jefes no les dedican atención y se crea una cultura plana, los empleados que tratan con los clientes no se dedican a ellos, y estos acaban marchándose a otra empresa.

Cuando la empresa tiene éxito y crece rápidamente es mucho más fácil caer en este error. Esa fue la lección que aprendieron Howard Schultz y Starbucks en 2007, cuando la cadena había crecido tan rápidamente que el rendimiento de los establecimientos se vio afectado. Schultz había sido una figura clave en Starbucks prácticamente desde los inicios. Aunque técnicamente no fuera uno de sus fundadores, sí fue el responsable de la creación de la apreciada cadena de cafeterías y también se ocupó de devolverla a sus orígenes, dedicándole menos atención al plan de crecimiento y más a sus «*partners*» (el término que usa Starbucks para referirse a sus empleados).

---

55. Hayley Peterson, «The Amazing Reward All Shake Shack Employees Got Today» *Business Insider*, 30 de enero del 2015, http://www.businessinsider.com the-amazing-reward-all-shake-shack-employees-got-today-2015-1 (visitada el 26 de mayo del 2015).

Schultz, nacido en 1953, creció en un barrio de viviendas de protección oficial de Brooklyn.[56] Sus experiencias de infancia tendrían un efecto crucial en su firme creencia en la importancia de los empleados. Su padre desempeñó varios trabajos manuales, sin seguro sanitario. A la edad de siete años Schultz presenció el inmenso sufrimiento al que se vio abocada su familia cuando su padre se rompió el tobillo y perdió su empleo de camionero. La familia tuvo que esforzarse para que la comida siguiera llegando a la mesa mientras su padre se recuperaba y él nunca olvidó esos tiempos difíciles. Esto acabaría influyendo enormemente en su labor de liderazgo.

Tras finalizar la universidad con una beca deportiva, Schultz trabajó como representante de ventas para Xerox y prosperó tan rápido que a la edad de veintiséis años fue captado para trabajar como vicepresidente y director general de Hammarplast, una empresa subsidiaria americana de la manufacturera sueca de artículos para el hogar Perstop AB. Uno de los productos de Hammarplast era una máquina de café expreso que tenía entre sus mejores clientes a una empresa de torrefacción de café de Seattle llamada Starbucks.

Schultz viajó hasta esa ciudad para visitar la empresa y decidió trasladarse allí y unirse a la compañía cafetera como socio accionario y jefe de marketing. Solo permaneció allí cuatro años: un viaje a Italia lo convenció de que Starbucks tenía que llevar el modelo de cafetería italiano a Estados Unidos, pero no pudo persuadir a sus socios, de modo que decidió montar un negocio propio. Años después, cuando se enteró de que sus antiguos socios querían vender Starbucks, adquirió la compañía, fusionándola con su propia empresa.

---

56. «Howard Schultz: Starbucks' First Mate», *Entrepreneur*, 9 de octubre del 2008, http://www.entrepreneur.com/article/197692 (visitada el 23 de febrero del 2015).

Schultz, como nuevo líder, creía que la mejor manera de prosperar era mejorar la experiencia del cliente y que para hacer eso había que implicar a quienes trabajaban de cara al público. «Estábamos convencidos de que la mejor forma de cumplir y superar las expectativas de nuestros clientes era contratar empleados inmejorables y formarlos —dijo Schultz—. Invertimos en empleados que mostraran una gran pasión por el buen café».[57] Schultz creó programas de formación continua diseñados para invertir en el negocio y formar trabajadores a los que les encantara trabajar tras una barra y relacionarse con los clientes.

Influido en parte por su infancia y en parte para subrayar la importancia de los empleados que trabajaban de cara al público, Schultz empezó a ofrecer un seguro sanitario completo a todos sus trabajadores, incluso a los que hacían una media jornada que superase las veinte horas semanales. Gracias al liderazgo de Schultz y a la inversión que la empresa hizo en sus *partners*, Starbucks subió como la espuma. En el 2000 Schultz dejó su cargo de CEO, aunque permaneció como presidente de la junta directiva. La compañía ha crecido exponencialmente, y abrió más de 1.000 establecimientos solo durante su último año al mando.[58] No obstante, sin el énfasis que Schultz puso en sus empleados, ese ritmo de crecimiento acabaría generando problemas.

Años más tarde, en el 2007, Schultz empezó a preocuparse por ese ritmo de crecimiento. Había observado que la «experiencia Starbucks» empezaba a desdibujarse, impulsada por multitud de elementos que se habían diluido o mostraban una versión des-

---

57. Howard Schultz y Dori Jones Yang, *Pour Your Heart into It: How Starbucks Built a Company One Cup at a Time*, Hyperion, Nueva York, 1999, p. 245.

58. Nancy F. Koehn, Kelly McNamara, Nora N. Khan y Elizabeth Legris, *Starbucks Coffee Company: Transformation and Renewal*, Harvard Business Publishing, Watertown, 2014.

cafeinada. Las interacciones con los clientes parecían haberse degradado. Por ejemplo, pocos de los baristas parecían recordar los nombres de los clientes habituales. Los encargados de las cafeterías no daban la impresión de estar orgullosos de su trabajo ni de invertir en el establecimiento. Muchos de ellos se centraban demasiado en hacer números y muy poco en los valores de la empresa. «Tenemos una responsabilidad enorme con las personas que nos precedieron y los 150.000 *partners* y sus familias que confían en nuestra gestión», escribió Schultz en una circular que envió a los líderes ejecutivos.

Días después, esta nota se filtraba a la prensa, lo cual originó una oleada de discusiones sobre la marca Starbucks y la viabilidad de la empresa. A finales de año las preocupaciones de Schultz se vieron reflejadas en las cuentas de la empresa. Aunque la comparativa anual de ingresos era positiva, el aumento porcentual era menor a la media. En el año 2008 Starbucks anunció que Schultz regresaría a su puesto de CEO.

Schultz sabía perfectamente cuáles eran sus prioridades para revertir la situación. «Tal vez el paso más importante para mejorar las fallas del negocio en Estados Unidos era volver a implicar a nuestros *partners,* sobre todo a los que atendían al público», recordaba Schultz en sus memorias, *El desafío Starbucks.*[59] Sabía que la gestión había que centrarla en los baristas y los gerentes de los establecimientos, ya que eran quienes interactuaban más con los clientes. Si los jefes podían dar prioridad al desarrollo de sus trabajadores, estos se encargarían de cuidar de los clientes. De modo que en principio centraron sus esfuerzos por revertir la situación en cumplir las necesidades de sus *partners* a través de dos programas. El primero consistía en volver a formar a todos los baristas

---

59. Howard Schultz y J. Gordon, *El desafío Starbucks: cómo Starbucks luchó por su vida sin perder su alma*, Aguilar, Barcelona, 2008.

en la manera de servir el café expreso perfecto. Starbucks cerró temporalmente todas sus cafeterías de Estados Unidos durante el 26 de febrero del 2008 —con un coste de millones de dólares en pérdidas de ingresos e incluso una bajada en el precio de sus acciones— para dedicar ese tiempo a asegurarse de que sus empleados retomaban el arte de hacer café. El segundo programa fue una Conferencia de Liderazgo Starbucks de tres días de duración para retomar la implicación de los gerentes de los establecimientos y demostrar que la empresa volvía a comprometerse con ellos.

Como hemos visto en el estudio, los gerentes de los establecimientos tienen un efecto muy importante en el funcionamiento de la cadena servicio-beneficio para afianzar la fidelidad del cliente y el crecimiento de la empresa. Starbucks envió a 10.000 gerentes a Nueva Orleáns con un coste de 30 millones de dólares. Los eventos programados ayudaron a los gerentes a recordar los valores básicos de la compañía y aprender sobre nuevas tecnologías para mejorar sus trabajos; también participaron en actividades para fomentar el espíritu de equipo, incluyendo un proyecto de voluntariado de un día de duración para servir a los residentes de Nueva Orleáns, que continuaban su proceso de recuperación por los efectos del huracán Katrina. Lo más importante es que se reafirmó a los empleados en la creencia de que su papel era primordial para la experiencia del cliente en Starbucks.

Hubo otro gesto vital para reafirmar el compromiso que la compañía mantenía con sus *partners*. A pesar del aumento en los costes, que ascendía a 300 millones de dólares al año, Schultz se negó a cortar su plan de prestaciones, ni siquiera el seguro sanitario de los trabajadores de media jornada. Schultz se mantuvo firme en su idea de que mantener ese compromiso era lo correcto como parte del compromiso global por el que se pensaba en los empleados antes que en ninguna otra cosa. Durante el proceso de reversión Schultz tuvo que enfrentarse a presiones para dejar de abonar el seguro médico e incluso recibió llamadas personales de accionistas mayoritarios que le decían que nadie lo criticaría si abandonaba el plan del seguro sanitario.

«Podría recortar 300 millones de dólares de muchas cosas, pero ¿queréis acabar con esta compañía y con la confianza en la que se basa?», respondió Schultz a quienes estaban preocupados por los costes que generaba el seguro sanitario.[60] Les dijo que si estaban preocupados de que su planteamiento redundara en una bajada del rendimiento económico de la empresa tal vez deberían vender sus acciones. Incluso cuando se trataba de pensar en el valor de las acciones, Schultz creía en su idea de generar valía primero para los empleados. «No creo que la riqueza de los accionistas sea sostenible si no creáis riqueza para las personas que hacen el trabajo», les comunicó.[61]

Y con el tiempo las personas que trabajaban para Starbucks crearon riqueza para la compañía. Schultz regresó a los orígenes y volvió a poner la empresa al servicio de los empleados, confiándoles el trabajo de servir a los clientes. A pesar de que fueron tiempos duros y de que el plan de Schultz fue muy cuestionado, la moral empezó a mejorar y con ella, el servicio. En 2009 el balance de ganancias volvió a ser positivo por primera vez tras dos años.[62] La empresa había completado el proceso de reforma y seguía avanzando. En el ejercicio fiscal 2014, Starbucks tuvo unas ganancias de 16.400 millones de dólares.[63] O tal vez sea más apropiado decir que los *partners* de Starbucks ganaron 16.400 millo-

60. Howard Schultz, «We Had to Own Our Mistakes», *Harvard Business Review* 88, n.º 7-8 (2010), 112.

61. *Ibid.*, p. 113.

62. Koehn et al., *Starbucks Coffee Company.*

63. Starbucks Corporation, Informe Anual Fiscal del 2014, http://investor.starbucks.com/phoenix.zhtml?c=99518&p=irol-reportsannual.

nes para la empresa que invirtió en ellos y para el líder que abandonó la empresa dos veces, pero siempre volvió para anteponer los intereses de los empleados a los de los clientes.

En teoría, la idea que comparten Vineet Nayar, Danny Meyer y Howard Schultz de invertir la pirámide jerárquica y poner los intereses de sus clientes en un segundo plano es simple, pero en realidad no es fácil ponerla en práctica. La mayoría de las personas ha oído demasiadas veces esa máxima de que «el cliente siempre tiene la razón» para aceptar un cambio repentino como este. Invertir el orden de la organización supone invertir también las lealtades. Estos líderes demostraron que su lealtad estaba primero con sus empleados y confiaron en que los trabajadores serían así más fieles a sus clientes y se preocuparían por ellos. No cabe duda de que se trató de una apuesta arriesgada, pero los resultados hablan por sí solos.

3

ADIÓS A LA POLÍTICA DE VACACIONES ESTÁNDAR

Muchos líderes empiezan a cuestionarse por qué, en oficinas en las que no se registran las horas trabajadas, necesitan contabilizar los días no trabajados. Empresas que han cambiado a una política de vacaciones ilimitadas han descubierto que sus antiguos planteamientos limitaban a menudo el compromiso y rendimiento de sus empleados.

Cuando una compañía empieza a cotizar en bolsa cambian muchas cosas.

Poner las acciones que están en manos de los propietarios, el capital de riesgo y unos cuantos inversores a disposición de quien quiera a través de una oferta pública en el mercado de valores conlleva un gran esfuerzo regulativo que supone cambios en cada uno de los sectores de la empresa. Dicho esto, cuando Netflix cotizó en bolsa en el año 2002, los líderes de la compañía no esperaban acabar cambiando una política vacacional que funcionaba desde sus comienzos.[64] Antes de cotizar en bolsa, la política vaca-

64. Patty McCord, «How Netflix Reinvented HR», *Harvard Business Review* 92, n.º 1-2 (2014), 71-76.

cional de Netflix funcionaba como en la mayoría de las empresas: un número determinado de días libres al año que en caso de no usarse se perdían, renegociaban o se pagaban al final del ejercicio. Este tipo de política vacacional es principalmente un remanente de la era industrial, cuando los encargados de planta necesitaban asegurarse de que todos los turnos estuvieran cubiertos.

En Netflix los empleados disponían de diez días de vacaciones, diez días de fiesta opcionales y varios días de baja por enfermedad. Los empleados se regían por el sistema de la honradez, mantenían el registro de los días que se tomaban y hacían saber a sus jefes cuándo y cómo ejercían su derecho. La libertad y la responsabilidad son muy valorados en la cultura organizativa de Netflix, pero cuando la empresa cotizó en bolsa, esa cultura chocó con la normativa de múltiples formas. El primer desencuentro fue instigado por los auditores de la empresa, que reclamaron que las leyes de Sarbanes-Oxley respecto a las empresas que cotizaban en el mercado de valores exigían que Netflix contabilizara todos los días libres que se tomaban los empleados y que el sistema basado en la honradez era inadecuado como forma de registro.

Entonces, uno de los empleados comentó a Reed Hastings, fundador de la compañía, que la mayoría de los empleados no trabajaban una jornada laboral estándar de ocho horas, ni tampoco simplemente de lunes a viernes.[65]. Los empleados trabajaban horas diferentes dependiendo del puesto que ejercían. Muchos de ellos trabajaban durante las noches y los fines de semana y respondían a los correos a horas intempestivas. Netflix nunca había llevado un registro de los días trabajados por sus empleados, así que este trabajador se preguntaba por qué se les pedía ahora que

---

65. Reed Hastings, «Netflix Culture: Freedom & Responsibility», *SlideShare*, 1 de agosto del 2009, http://www.slideshare.net/reed2001/culture-1798664 (visitada el 21 de abril del 2015).

contabilizaran los días no trabajados. El razonamiento tradicional de que había que cubrir los turnos no era aplicable a su sistema de trabajo.

De modo que cuando los organismos reguladores insistieron a Hastings en que tenía que formalizar su sistema de vacaciones, este dio un giro a su planteamiento. «¿Están obligadas las empresas a otorgar días libres?», se preguntó.[66] Tras investigar sobre este asunto, Hastings descubrió que no había ninguna ley en el estado de California que regulara el tiempo de vacaciones que recibían los asalariados o cómo tenían que tomarse esos días. De modo que en el 2004 Hastings y sus ejecutivos decidieron adoptar un sistema menos formal. De hecho, decidieron eliminar por completo su política vacacional. Actualmente su política de vacaciones es inexistente. Los empleados de Netflix se toman tanto tiempo libre como necesiten e informan a sus superiores cuando están fuera, pero no llevan un registro de los días.

Hastings y sus compañeros redactarían después un manifiesto público acerca de su cultura organizacional y la política de vacaciones. En un PowerPoint de 128 páginas titulado *Reference Guide on Our Freedom and Responsibility Culture,* Hastings y su equipo escribieron: «Nos hemos percatado de que tenemos que centrarnos en el trabajo que consiguen llevar a cabo nuestros empleados y no en cuántos días trabajan. Del mismo modo que no tenemos una jornada laboral de 9 de la mañana a 5 de la tarde, tampoco necesitamos una política vacacional.»[67]

A falta de esta, la compañía sí proporciona cierta orientación sobre cómo actuar responsablemente. Por ejemplo, se conmina a los empleados del departamento de contabilidad y finanzas a que no abandonen su puesto cuando se cierra el trimestre fiscal, ya

66. McCord, «How Netflix Reinvented HR», p. 72.

67. Hastings, «Netflix Culture».

que son momentos en los que todo el equipo permanece ocupado. Cualquier empleado que quiera tomarse más de treinta días seguidos debe tener una reunión con el departamento de Recursos Humanos. Además, se anima a los altos ejecutivos a que se tomen unas vacaciones largas y que lo hagan saber a la empresa. «Que no exista una política vacacional no significa que no haya vacaciones», escribió Hastings».[68]

Netflix quiere que sus empleados descansen bien cuando tienen días libres para que cuando vuelvan lo hagan con las pilas recargadas, pero una vez en el trabajo también dejan claro a sus empleados que confían en ellos y esperan que actúen responsablemente. La ausencia de una política vacacional refuerza esta idea. De hecho, suprimirla ha funcionado tan bien que también han empezado a eliminar o simplificar políticas innecesarias en otras áreas. En el 2015 Netflix anunció que los progenitores primerizos podrían beneficiarse de una baja de maternidad o paternidad ilimitada, permitiéndoles abandonar el trabajo temporalmente, pasar a media jornada, después a jornada completa, e incluso volver a tomarse más días de baja según dicte la situación de cada uno, todo ello sin verse obligados a pedir un subsidio por invalidez temporal y recibiendo el salario habitual.[69]

Los líderes de Netflix también han resumido considerablemente la política de dietas de viaje. En lugar de dictar cuándo y cómo gastarán el dinero y les será rembolsado, han redactado una simple frase de cinco palabras: «Piensa en lo que sea mejor para Netflix»[70]. La idea es la misma que en el caso de las vaca-

---

68. *Ibid.*

69. Netflix, «Starting Now at Netflix: Unlimited Maternity and Paternity Leave», 4 de agosto del 2014, http://blog.netflix.com/2015/08/starting-now-at-netflix-unlimited.html.

70. McCord, «How Netflix Reinvented HR», 73.

ciones, esperar que los empleados se comporten como seres adultos y lidiar con quienes no lo hagan individualmente sin tener que agobiar con ello a la mayoría. «Si se crean unas expectativas claras de comportamiento responsable, la mayoría de los empleados las cumplirán», apuntaba Patty MacCord, que ejercía el puesto de *Chief Talent Officer* cuando se produjeron los cambios.

Lo que es más, MacCord descubrió que simplificar la política de gastos en realidad reducía los gastos, ya que los empleados actuaban responsablemente cuando se confiaba en ellos y no se pagaban tarifas extra a las agencias de viajes corporativas que suelen imponer esas políticas. «Con los años hemos descubierto que si pedimos a las personas que se apoyen en la lógica y el sentido común en lugar de en políticas formales, la mayoría de las veces se obtienen mejores resultados y a un precio menor», comentaba MacCord.[71] Esta es, en resumen, la aseveración de base que realiza Netflix: Cuando otorgas a tus empleados la confianza y libertad para actuar responsablemente, no necesitas tantas reglas. Tal vez Hastings y MacCord lo expresaran mejor en las transparencias que usaron para exponer su cultura organizacional: «En Netflix tampoco tenemos una política respecto a cómo hay que venir vestido, pero que nadie venga al trabajo desnudo».[72]

Ese pase de diapositivas y la eliminación de la política vacacional granjearon a Hasting y Netflix grandes niveles de atención y una respuesta entusiasta. El archivo con las transparencias en sí obtuvo 11 millones de visionados y se escribió acerca de él en los diarios de todo el mundo. Sheryl Sandberg, anterior ejecutiva de Google y actualmente directora de operaciones de Facebook, dijo

71. *Ibid.*, 72.

72. Hastings, «Netflix Culture».

de él que era el documento más importante que había salido jamás de Silicon Valley. Pero tal vez la persona que más haya influido en su visionado sea sir Richard Branson, el millonario fundador del conglomerado de empresas Virgin Group.

La primera vez que Branson vio el documento fue a través de un artículo que su hija le envió por correo. «Papá, mira esto —dice Branson que le escribió su hija—. Estaría muy en la línea de Virgin».[73] Branson leyó el archivo y le encantó el concepto, sobre todo porque era una forma de eliminar o simplificar la línea roja que sofoca a tantas empresas. «Siempre resulta interesante advertir cuánto se usan los adjetivos «inteligente» y «sencillo» para describir las innovaciones más sagaces. Bueno, pues esta es seguramente una de las iniciativas más sencillas e inteligentes que he oído en mucho tiempo», escribió en un artículo en su blog para que lo viera la compañía y el mundo entero.

En ese artículo anunciaba también que Virgin experimentaría con esa misma «ausencia de política» en su centro de operaciones corporativo. Los asalariados de Virgin Group, tanto en Gran Bretaña como en Estados Unidos, pueden tomarse tantos días libres como quieran sin que nadie mantenga un registro de ello. Aunque inicialmente el plan solo ha afectado a 170 empleados, Branson espera que al final esta nueva regla llegue a funcionar en la totalidad del conglomerado empresarial. «Si todo sale como está previsto —escribió Branson—, animaremos a todas las filiales a seguir este camino, lo cual será increíblemente emocionante de observar». «Emocionante» es una buena palabra para describirlo: Virgin tiene aproximadamente 50.000 empleados en todo el mundo si contamos todas las empresas subsidiarias.

73. Richard Branson, «Why We're Letting Virgin Staff Take as Much Holiday as They Want», Virgin, 23 de septiembre del 2014, http://www.virgin.com/richard-branson/ why-were-letting-virgin-staff-take-as-much-holiday-as-they-want_(visitada el 21 de abril del 2015).

La política de Netflix no llamó solo la atención de multimillonarios fundadores de multinacionales con 50.000 personas trabajando para ellos. También hubo empresarios más pequeños propietarios de *start-ups* con pretensiones de alcanzar el tamaño de Netflix. Zac Carman, CEO de la empresa radicada en Tulsa ConsumerAffairs, también tomó nota. Carman adquirió esta firma para la defensa del consumidor y la difusión de noticias a través de Internet en el 2010, cuando contaba con solo ocho empleados dispersos alrededor del mundo. Bajo el liderazgo de Carman, la compañía ha crecido hasta dar trabajo a noventa personas.

Para realizar este rápido ascenso fue esencial asegurarse de que la cultura organizacional estaba preparada para crecer con rapidez. «A medida que crecíamos, necesitábamos trabajar en la definición de nuestra cultura —explica Carman—. Como parte de este proceso pasé de dar ordenes y controlarlo todo a otorgar libertad, responsabilidad y una mentalidad de alto rendimiento». Para Carman, las reglas formales en temas como las vacaciones representaban el tipo de cultura que quería dejar atrás. «La primera vez que leí el documento de Netflix, entendí la manera de formalizar el tipo de cultura que necesitábamos para crecer»[74].

Ofrecer vacaciones ilimitadas o no tener una política vacacional suponía un primer paso para construir lo que Carman quería: una cultura de confianza y libertad que permitiera a los empleados centrarse en ofrecer un rendimiento alto. Así que Carman dio ese paso y eliminó la tradicional política de vacaciones y la cultura de control que representaba para él. Los trabajadores de ConsumerAffairs podían tomarse unas vacaciones tan largas como

74. Zac Carman, en una entrevista personal con el autor (22 de abril del 2015).

quisieran, siempre que trabajaran con los jefes para asegurarse de que no había demasiadas bajas en la plantilla en momentos críticos. «Y funcionó», dijo.

Carman ve ahora esa ausencia de restricciones como algo fundamental para construir una cultura empresarial de alto rendimiento, en la medida en que los empleados y encargados son conscientes de que para gozar de esta libertad el equipo tiene que realizar un trabajo de gran calidad. «En muchas ocasiones las empresas que crean un sistema de orden y control acaban siendo menos disciplinadas en el proceso de selección de una plantilla de calidad. No necesitas confiar en ellos, porque tienes unas reglas que fomentan el comportamiento esperado». Pero cuando confías en que los empleados actuarán responsablemente respecto a los días que se toman, acaban aportando al tiempo trabajado un rendimiento de gran calidad, como descubrieron Carman, Branson y Hastings.

No se trata de otorgar más días libres

Una palabra que utilizan habitualmente los líderes que abogan por la eliminación de las políticas restrictivas es «confianza». Al adoptar estas prácticas dan muestras de depositar una gran confianza en sus empleados. Su esperanza es que los trabajadores responderán positivamente a esa confianza. Pero es precisamente el concepto de confianza lo que hace que tomar decisiones como prescindir de la política vacacional parezca algo vago y ambiguo. ¿Cómo se puede analizar y cuantificar la confianza? Tal vez desconozcamos cómo cuantificar la confianza matemáticamente, pero quizá si podamos describirla a la perfección científicamente. Se ha descubierto que la confianza podría ser un elemento químico.

Ese elemento es la oxitocina.[75] La oxitocina es una cadena peptídica de nueve aminoácidos (algo que también se conoce como oligopéptido) que suele calificarse como la «hormona del amor», debido a su presencia en los humanos cuando las madres dan a luz y crían a sus bebés. El tacto, los baños y la comida también suben los niveles de oxitocina. Es segregada por la glándula pituitaria, desde donde llega al cerebro y llena las sinapsis entre las neuronas, creando una sensación de dicha y bienestar que suele durar unos cinco minutos. Esa sensación aminora el ritmo cardíaco, calma la respiración y reduce las hormonas del estrés, así como la conectividad de las zonas altas del cerebro con la amígdala, conocida por motivar la reacción que nos lleva a luchar o a escapar. Además, la oxitocina influye en la atención, la memoria y la capacidad que tiene nuestro cerebro para identificar errores en el entorno, todo lo cual afecta al proceso de toma de decisiones. Por estos motivos, muchos científicos teorizan que la oxitocina no solo reduce el miedo, sino que también genera la confianza entre los individuos.

El papel que tiene la oxitocina a la hora de generar confianza y su efecto en las decisiones clave que se toman una vez que se ha establecido ese vínculo captaron la atención de Paul Zak.[76] El citado investigador trabaja como profesor adjunto de neurología en la facultad de Medicina de la Universidad Loma Linda, es profesor de economía en la Claremont Graduate University y director del Centro de Estudios Neuroeconómicos de Claremont. La neuroeconomía es una disciplina emergente que estudia la toma de decisiones del ser humano a través del prisma de la economía tradicional, pero también del estudio científico del cerebro. Obvia-

75. Dov Seidman, *HOW: Por qué cómo hacemos las cosas significa todo*, Aguilar, Barcelona, 2013.

76. Paul J. Zak, «Trust», *Journal of Financial Transformation* (2003), 17-24.

mente, un investigador como Zak tenía que verse atraído por la relación entre la oxitocina y el proceso de toma de decisiones.

Para estudiar esta relación llevó a cabo una versión con ligeras modificaciones de un estudio de economía muy arraigado, el «juego de la inversión», bautizado así porque suele usarse sobre todo en el campo de investigación de la economía que responde al nombre de «teoría de juegos». En una versión básica del juego de la inversión hay dos participantes a los que se hace socios de manera anónima y arbitraria y se los coloca en habitaciones separadas con sendos ordenadores para comunicarse entre ellos. El participante A recibe entonces diez dólares y se le comunica que puede quedárselos, o cederlos, totalmente o en parte, a su socio, el participante B. También les informan de que su socio recibirá por triplicado cualquier cantidad que cedan. De modo que si A envía 5 dólares, B en realidad recibirá 15.

Al participante B se le dice que puede devolver a su socio la cantidad que desee, o no devolverle nada en absoluto. Por esto mismo se llama el «juego de la inversión», ya que el participante A invierte en el participante B, con la esperanza de que este le devuelva lo invertido y obtener beneficios de ello. Este juego también mide la confianza que, según predice la teoría económica estándar, será inexistente, ya que los participantes jamás se han visto ni se verán, y no tienen razones para confiar el uno en el otro. Desde una perspectiva estrictamente lógica, la teoría económica predice que el participante A no enviará dinero alguno al participante B. Al fin y al cabo, lo que interesa más al participante B es quedarse con el dinero y el participante A debería anticipar esto y dejar el juego con 10 dólares en el bolsillo. Ambas partes deben actuar según su propio interés e intentar acrecentar al máximo las ganancias.

Pero, por paradójico que parezca, eso no es lo que sucede. En la mayoría de estudios que se basan en el juego de la inversión, alrededor del 50 por ciento de participantes A deciden invertir en su socio y enviarles alguna cantidad de dinero. De entre los participantes B que reciben el dinero, alrededor del 75 por ciento elige corresponderles recíprocamente. A los economistas, que lo encontraban completamente ilógico, les sorprendió este resultado durante muchos años. Zak, no obstante, se preguntaba si ese acto de enviar el dinero sería un gesto de confianza y se dispuso a estudiarlo para averiguarlo. En su versión del juego, cuando los participantes finalizaban el intercambio, eran acompañados al otro lado del pasillo para que les realizaran una extracción de sangre. Zac y su equipo analizaron la sangre de los participantes para medir los niveles de diferentes hormonas, entre ellos la oxitocina. Sorprendentemente, descubrió que existía una correlación entre los niveles de la citada hormona y la decisión que habían tomado en el juego. En otras palabras, cuanto más dinero recibía el participante B de su socio, más ascendían los niveles de oxitocina. «Los niveles de oxitocina se elevan cuando alguien te muestra su confianza —explicaba Zak— y facilitan la credibilidad.[77]

Saber que confían en ti y experimentar con ello un aumento en los niveles de oxitocina motiva una respuesta más generosa y confiada. Cuando alguien te demuestra su confianza respondes de una manera más positiva. Es más, Zak teoriza que, dado que la oxitocina afecta a las zonas del cerebro relacionadas con la memoria, este podría crear recuerdos sobre comportamientos de confianza más poderosos, unos recuerdos que a su vez podrían estimular respuestas de mayor confianza aún durante períodos de tiempo extensos. En resumen, que la confianza genera confianza.

Zak recomienda que las empresas adopten programas y políticas basadas en la confianza. «Si estos programas elevan los niveles establecidos de oxitocina, cuando los empleados estén en el trabajo

---

77. *Ibid.*, p. 23.

aumentará su confianza y productividad», escribió.[78] Uno de esos programas basados en la confianza es la política vacacional ilimitada o la eliminación de tal política. Al simplificar su política vacacional y basarla en la confianza, más que en un mero intercambio económico por el tiempo libre, líderes empresariales como Hastings, Branson y Carman hicieron saber a sus empleados que confiaban en ellos. Y los trabajadores respondieron del mismo modo.

Implementar la ausencia de normas

La confianza puede incluso convertirse en un factor determinante cuando una política de vacaciones ilimitadas no funciona, como se comprueba en esos casos en que los líderes han intentado deshacerse de la política vacacional sin éxito.

En el 2014 Tribune Publishing, la compañía responsable de diarios como el *Chicago Tribune* y *Los Angeles Times*, intentó eliminar su normativa respecto a las vacaciones.[79] Los líderes de la empresa anunciaron que abolirían la política vacacional, como Netflix y Richard Branson. Dijeron que la empresa haría una transición para pasar de la política tradicional de días de fiesta acumulados —sus empleados disponían de un número de días fijo al año que les pagaban en caso de no poder disfrutarlos— a lo que denominaron «Días Libres Ilimitados».

Sin embargo, a Tribune no le fue tan bien. La empresa tardó solo una semana en cancelar su plan para adoptar esta nueva po-

78. *Ibid.*, p. 24.

79. Jim Romenesko, «Tribune Publishing Rescinds Its Discretionary Time Off Policy», JimRomenesko.com, 21 de noviembre del 2014, http://jimromenesko.com/2014/11/21/tribune-publishing-rescinds-its-discretionary-time-off-policy/ (visitada el 24 de abril del 2015).

lítica. El caso se desarrolló como sigue: el 13 de noviembre se hizo llegar una circular a todos los jefes anunciando la política y resumiendo su modo de funcionamiento. El principio del documento estaba plagado de palabras que hacían referencia a la libertad, la confianza y la responsabilidad, pero al final de él había una frase que llamó la atención de los empleados que acabaron teniendo acceso a la carta:

> Todos los días de vacaciones ganados o acumulados en el transcurso de la anterior política de Tribune se conmutarán por días de baja hasta que se agote el devengo adquirido.[80]

Esa última frase lo cambiaba todo para los empleados de *Los Angeles Times*, que alzaron la voz con furia y amenazaron con demandar a la empresa.

En lugar de pasar directamente a una política de vacaciones ilimitada verdadera para toda la compañía, Tribune decía a sus empleados que podrían conseguir tantos días libres como quisieran siempre que se desentendieran de esos días de fiesta trabajados que se habían ganado por derecho propio. Según su política tradicional esos días se pagaban, con lo que los empleados entendían que tendrían que haberles sido liquidados en el momento del cambio de política.

Ese sencillo anexo a la nueva regulación hacía que el cambio no pudiera considerarse un acto de confianza, sino un simple intercambio económico. Cuando no existe tal confianza, el intercambio consiste sencillamente en maximizar tus propias ganancias a expensas de tu socio. Los empleados de *Los Angeles Times* lo perci-

---

80. Jim Romenesko, «Tribune Publishing Implements Discretionary Time Off (DTO) Policy for Salaried Employees», JimRomenesko.com, 14 de noviembre del 2014, http://jimromenesko.com/2014/11/14/tribune-publishing-implements-discretionary-time-off-policy/ (visitada el 24 de abril del 2015).

bieron exactamente así y se rebelaron contra lo que percibían como un intento de robo de los días de vacaciones que tanto esfuerzo les había costado atesorar. Es imposible saber si los líderes de Tribune Publishing actuaban en honor a la confianza o simplemente intentaban eliminar la deuda que suponían esas fiestas sin pagar en sus libros de cuentas. En cualquier caso, días después del motín, el director de Recursos Humanos de Tribune envió otra circular haciendo hincapié en la ilusión que tenía la empresa por adoptar una política «con el mismo espíritu» de la de Netflix, pero reiteraba que los empleados tendrían que hacer uso de su reserva de días antes de pasar a la política de vacaciones ilimitadas.[81]

El 21 de noviembre, solo ocho días después de anunciar su intención de cambiar la política, el CEO de Tribune Jack Griffin emitió una nueva circular afirmando que la empresa había decidido dar marcha atrás a esta decisión. Griffin dijo que continuarían operando como siempre lo habían hecho, dado que la nueva política había «creado confusión e inquietud en la compañía». «Basándonos en los valiosos comentarios de nuestros empleados —escribió—, hemos decidido eliminar la política de Días Libres Ilimitados». A su favor hay que decir que Griffin mencionó que en el futuro intentarían contar más y mejor con la opinión de todos los integrantes de la compañía a la hora de tomar decisiones de este tipo. Sin embargo, no mencionó la razón primordial por la que los empleados del *Times* estaban tan enojados: que perderían sus días de vacaciones.

En suma, los empleados no confiaban en que la compañía actuara en el interés de los trabajadores. Este ejemplo de fracaso en Tribune, igual que aquellos ejemplos en los que la política de

81. Kevin Roderick, «Huge Change: No More Set Vacation or Sick Days at LATimes», *LA Observed*, 17 de noviembre del 2014, http://www.laobserved.com/archive/2014/11/tribune_unilaterally_elim.php (visitada el 24 del 2015).

vacaciones ilimitada consiguió llevarse a cabo, subraya la importancia de usar esta política como muestra de confianza. Si esa política se entiende como un intento de desposeer de algo a los empleados será vista como una violación de la confianza. No obstante, cuando la eliminación de una de estas políticas se ve como una inversión en confianza, los intereses que generan son importantes y tienen un enorme efecto positivo.

Ese interés devengado se extiende incluso a la confianza entre iguales en una misma organización. Desde el año 2011 los 300 empleados sin sindicalizar del Windsor Regional Hospital de Ontario, en Canadá, han estado trabajando con una política de vacaciones ilimitada y ha sido un éxito para las relaciones, no solo entre los empleados y sus jefes, sino también entre los trabajadores en general.[82] Este hospital adoptó la nueva política por dos motivos: los empleados no se tomaban suficiente tiempo libre, y además, los días de vacaciones empezaban a interponerse en los esfuerzos de contratación de personal: el hospital solo podía ofrecer unas prestaciones limitadas a los nuevos empleados por miedo a enojar a los trabajadores de mayor antigüedad.

El CEO del hospital, David Musyj, y otros directivos pensaron en las vacaciones ilimitadas como una oportunidad para superar esos retos y generar más confianza y compromiso en la organización. Al principio, cuando anunciaron que adoptarían esta nueva política, se recibió con cierto escepticismo. Algunos empleados temían perder las vacaciones que les tocaban, en tanto que otros simplemente creían que no funcionaría. Una cosa es una empresa de tecnología de Silicon Valley y otra muy diferente un hospital que depende de tener el número exacto de especialistas en

---

82. David Musyj, «How One Hospital Is Recruiting and Retaining Top Talent», *Hospital News*, 18 de enero del 2015, http://hospitalnews.com/one-hospital-recruiting-retaining-top-talent/ (visitada el 24 de abril del 2015).

cada turno. Musyj y su equipo trabajaron para alejar esos temores y resaltar que la intención era que los empleados tuvieran más descanso y trabajaran mano a mano para asegurarse de que todos tenían el apoyo suficiente cuando trabajaban. Y funcionó. El personal del hospital descansaba más cuando se tomaba las vacaciones y a su regreso al hospital su compromiso era mayor. «La energía con la que vuelven al trabajo tras haber podido disfrutar con su familia no tiene precio para nuestros pacientes», dice Musyj.[83] También se percibe una mayor colaboración entre los empleados que forman la plantilla. Han aprendido a colaborar, a organizar los turnos y a dar el callo cuando falta algún compañero. Antes, cuando un compañero se tomaba días libres se veía como un acto puramente negativo, como si generase un agujero que otros empleados tendrían que tapar. Sin embargo, ahora, mantener el funcionamiento normal del hospital se considera una labor de equipo... y ese espíritu de grupo se ha extendido más allá del simple hecho de organizar los turnos. «Estos esfuerzos de colaboración se han contagiado a la actividad laboral diaria —dice Musyj— y dan como resultado un entorno laboral mucho más solidario.»

Esa política ha beneficiado también en la contratación y ha conseguido que la rotación de personal baje al mínimo, obteniendo como resultado una plantilla fiel y comprometida. «Cuando comencé a trabajar en esta organización —recuerda Musyj— había apenas unos pocos empleados de esos que llamamos imprescindibles. Esa lista se ha engrosado con cientos de ellos. Siempre hay alguien a quien dirigirse cuando necesitas solucionar algo». Musyj y su equipo de dirección vieron la política de vacaciones ilimitadas no solo como una forma de animar a los empleados a

83. Marla Tabaka, «Why Richard Branson Thinks Unlimited Vacation Time Is Awesome – And You Should, Too,» *Inc.*, 6 de octubre del 2014, https://www.inc.com/marla-tabaka/richard-branson-s-unlimited-vacation-policy-will-it-work-for-your-business.html (visitada el 24 de abril del 2015).

descansar, sino como una muestra de la confianza que depositaban en ellos. Los trabajadores del Windsor Regional, por su parte, aprendieron no solo a confiar más en Musyj, sino a confiar y colaborar más entre ellos.

Netflix, Virgin Group, ConsumerAffairs y Windsor Regional son organizaciones muy diferentes entre sí, pero estas diferencias en realidad desarman la objeción más común que suele hacerse a la política de vacaciones ilimitada: «Eso aquí no funcionaría». Sus experiencias indican que la eliminación de estas normativas puede funcionar en cualquier parte, en cualquier empresa en la que los empleados estén quemados o agobiados por las líneas rojas. Eliminar estas políticas puede ser positivo en cualquier lugar en el que sus mejores trabajadores estén desesperados por encontrar simplicidad y libertad y se muestren dispuestos a ser responsables.

Sin embargo, muchos líderes se acogen a ejemplos como el fracaso de Tribune Publishing y sienten tanta incertidumbre por lo que podría pasar cuando otorguen libertad a sus empleados a la hora de tomarse las vacaciones que prefieren abstenerse de dar el salto. Se encuentran en la situación del participante A de las investigaciones de Paul Zak, dudando si deben ofrecer el control a otro o no. La confianza, según palabras del propio Zak, es «un acto intencional tangible en el cual cedes el poder sobre los recursos a otra persona».[84] Al decidirse por adoptar la política de vacaciones ilimitadas, Reed Hastings, sir Richard Branson, Zac Carman, David Musyj y otros líderes decidieron ceder el poder para que sus empleados ganaran en autonomía. Esa decisión rindió sus frutos. Y aprendieron que la política de vacaciones ilimitadas no se basa en otorgar más días libres.

Se basa en la confianza.

---

84. Siedman, *How*, p. 71.

4

DESPIDE Y PAGA UNA INDEMNIZACIÓN

Ayudar a los empleados a que se vayan y pagar su indemnización por despido puede parecer una locura, pero para muchos líderes merece la pena. Los estudios realizados indican que esos incentivos pueden tener efectos positivos en el rendimiento de la compañía e incluso en los empleados que permanecen en sus puestos.

Cuando alguien entra a trabajar en Zappos llega un determinado momento durante las primeras semanas en que reciben «la oferta».

Se trata de una oferta que ha adquirido una fama legendaria en el entorno de este portal de venta por Internet, y no es lo que estáis pensando. Es lo contrario a lo que esperaríamos recibir de nuestro jefe, una oferta de trabajo. En lugar de esto, lo que les ofrecen a los nuevos empleados de Zappos que están en período de formación es una oferta de 4.000 dólares por abandonar la compañía en ese momento. Les pagan para que dejen el trabajo.

Cuatro mil dólares es una buena suma de dinero, teniendo en cuenta que la mayoría de sus más de 1.500 empleados trabajan en un centro de atención al cliente o en uno de los almacenes de la empresa. Para algunos, 4.000 dólares supone más de lo que cobrarían en un mes completo si decidieran quedarse. Pero la oferta es firme y se incluye en el proceso de incorporación de todos los empleados.

La formación inicial es prácticamente idéntica para todos, independientemente de su puesto de trabajo. Los nuevos trabajadores pasan un proceso de formación básica durante las primeras cuatro semanas y cumplen cada día un horario de siete de la mañana a cuatro de la tarde, la mayoría del tiempo en el centro de atención al cliente.[85] La empresa quiere asegurarse de que todos sus nuevos empleados capten el mensaje de que el servicio al cliente es su prioridad número uno, independientemente de cuál sea su puesto definitivo. Así que todos los nuevos trabajadores pasan un tiempo al teléfono e interactúan con los empleados del centro de atención telefónica. Durante este tiempo la empresa también se encarga de recalcar su característica cultura de empresa y los valores primordiales. Y entonces, cuando llegan a la tercera semana, uno de los formadores de la empresa les hace la oferta: 4.000 dólares si deciden que no quieren formar parte de la compañía.

Cuatro mil dólares. Sin hacer preguntas. Sin pedir nada a cambio. «En realidad se trata de plantearle al empleado si le interesa más el dinero o si le importan más la empresa y la cultura que representa —dice acerca del propósito de esa oferta Tony Hsieh, CEO de Zappos—. Y si les interesa más el dinero fácil es que no somos el lugar idóneo para ellos».[86] De hecho, Hsieh hace todo lo

85. Frances Frei y Anne Morriss, *Uncommon Service: How to Win by Putting Customers at the Core of Your Business*, Harvard Business Review Press, Boston, 2012.

86. Citado en «The Upside of Quitting» (*podcast* de radio, 2011), producido por Stephen J. Dubner, http://freakonomics.com/2011/09/30/new-freakonomics-radio-podcast-the-upside-of-quitting/ (visitado el 16 de marzo del 2015).

posible para que vean la oferta como dinero fácil. Al principio empezaron por una oferta modesta de 100 dólares, pero muy pocos la aceptaban. Así que subieron la oferta, primero a 1.000 dólares, después a 2.000 y 3.000, hasta llegar a los 4.000 dólares actuales, prácticamente el salario mensual de un empleado recién llegado. Se trataba de un experimento para comprobar cuántas personas la aceptaban, dependiendo de la cantidad. Ni siquiera ahora hay muchos que lo hagan.

Zappos fue fundada en 1999 y en diez años llegó a convertirse en una compañía con 1.000 millones de dólares en ingresos.[87] La creación de la empresa no fue idea de Tony Hsieh, sino de Nick Swinmurn, que a los veintiséis años de edad trabajaba como director de marketing de otra empresa de ventas por Internet y estaba frustrado por lo complicado que se había vuelto encontrar un par de zapatos adecuado. La empezó originalmente como ShoeSite.com, pero pronto le otorgó un nuevo nombre que sacó de la palabra española «zapatos». En enero del año siguiente habían vendido ya más de cien marcas de zapatos diferentes con una variada gama de estilos. Swinmurn quiso crecer más rápido y aceptó una inversión de más de un millón de dólares de Tony Hsieh y su socio Alfred Lin (que después sería director financiero de Zappos hasta el 2010). Hsieh empezó compartiendo el puesto de CEO con Swinmurn y a partir del 2003 ejerció la dirección en solitario bajo la presidencia del socio fundador.

Desde el principio, Hsieh quiso focalizar la cultura de la empresa en la atención al cliente, pero también en que los empleados disfrutaran con su trabajo. Había pasado por una serie de experiencias que infravaloraban el propósito de la cultura. Venture

87. Frances Frei, Robin J. Ely y Laura Winig, *Zappos.com 2009: Clothing, Customer Service, and Company Culture,* Harvard Business School Publishing, Boston, 2011.

Frogs, la empresa de capital de riesgo que fundaron entre Hsieh y Lin, se financió gracias a su anterior negocio, LinkExchange, una empresa de publicidad internáutica. Hsieh y Lin habían ampliado LinkExchange rápidamente, pero tuvieron que sacrificar cosas por el camino. «Cuando pasamos a tener más de 25 trabajadores cometimos el error de contratar a personas que tenían otros motivos para unirse a nuestra empresa —recuerda Hsieh—. Lo bueno es que el personal contratado era inteligente y estaba motivado. Lo malo es que lo que motivaba a muchos de ellos era ganar mucho dinero o hacer carrera y engrosar sus currículos».[88] Y LinkExchange generó mucho dinero.

La pareja de empresarios vendió LinkExchange a Microsoft por 265 millones en 1998. Como parte del trato, Hsieh recibiría 40 millones de dólares si permanecía al mando de la nave durante más de un año y solo el 80 por ciento de esta cantidad si se marchaba antes del plazo estipulado.[89] Hsieh detestaba esa cultura de empresa y odiaba tener que trabajar allí cada día, así que decidió olvidarse de los millones extra y abandonó. Su marcha cimentó el camino para Venture Frogs y acabaría permitiéndole convertirse en líder de Zappos y comprometerse firmemente con su cultura de empresa. Le salió a cuenta.

Como líder de Zappos, Hsieh está comprometido con la creación de una cultura que está dedicada a los clientes, pero que además es también divertida e incluso un tanto extravagante.

Zappos se apoya en esta cultura para aumentar sus beneficios. Se anuncia mínimamente, pero en realidad no necesita hacerlo: el 75 por ciento de sus ingresos procede de clientes que repiten la experien-

---

88. Tony Hsieh, *Delivering Happiness. Entregando Felicidad*, Bresca, Barcelona, 2013.

89. O. Y. Koo, *CASE: Zappos.com (Part B): Strategy Powered by Culture and People* Blue Ocean Strategy Institute (INSEAD), 2013.

cia. Zappos ni siquiera es el sitio más barato para comprar zapatos, pero ofrece experiencias deliciosas a sus clientes. Por ejemplo, por lo general promete envíos gratuitos en un plazo de cuatro días, pero después sorprende a los usuarios enviando el paquete en menos de veinticuatro horas. En lugar de limitar al máximo la duración de las llamadas de atención al cliente, sus empleados permanecen al habla tanto como necesiten y si no hay existencias de algún producto en particular, buscan en tres portales diferentes de la competencia para intentar encontrar el artículo que busca el comprador. Este tipo de compromiso con el cliente es alimentado por los empleados, que se desviven por Zappos y por su cultura de servicios.

Esa cultura de empresa comienza con el proceso de selección de personal. La empresa es muy concreta acerca de los valores esenciales que perfilan su cultura y en ella basan su proceso de selección. Pero, al contrario que muchas empresas cuyos valores nucleares son una mera lista de generalidades pensadas por los ejecutivos en el transcurso de alguna jornada realizada expresamente fuera de las oficinas, Zappos cuenta con unos valores que son fiel reflejo del espíritu de su cultura y han sido recopilados por el propio Hsieh mediante un sondeo entre todos los empleados.[90] Su método consistió en realizar una encuesta entre sus trabajadores y redactar un primer borrador con treinta y siete puntos que los empleados volvieron a revisar hasta dar finalmente con un decálogo de empresa.

Y los puntos de este decálogo no son ambiguos precisamente. El número uno es: «Exprésate a través de tu servicio»; el número tres es: «Divierte y crea un poco de misterio». Sus valores de base copan el contenido de una de las dos entrevistas obligatorias para todos los nuevos contratados. Aparte de una entrevista centrada en sus habilidades y competencias, todos los candidatos tienen que pasar otra que está diseñada para evaluar cómo encajan con los

90. Hsieh, *Delivering Happiness.*

valores esenciales de Zappos. «De hecho, hemos optado por no contratar a muchas personas de gran talento que podrían haber influido de manera inmediata en los empleados de base o en la línea ejecutiva —dice Hsieh—, pero si no encajan con nuestra cultura no los contratamos.[91] El proceso de contratación de las personas adecuadas es la principal razón por la que muy pocos deciden tomar el dinero cuando se les ofrece. Si las entrevistas funcionan como es debido muy pocos decidirán que Zappos no es su sitio.

Ese compromiso con la idea de encontrar personas que encajen ha merecido la pena. Además de generar fidelidad entre los clientes lo ha hecho entre los empleados. A medida que la compañía crecía recibió una inyección financiera adicional, y tras una inversión de 35 millones de dólares por parte de Sequoia Capital, trasladaron sus oficinas y centralita telefónica de San Francisco a Las Vegas.[92] Como testimonio de la fuerza de su cultura de empresa, alrededor del 80 por ciento de los empleados que trabajaban en California migraron con ellos cuando trasladaron la sede central.[93] La primera vez que apareció en la lista Fortune de los mejores lugares para trabajar entró directamente en el Top 25. Ha llegado a estar incluso en el sexto puesto.

En el sector de los centros de atención telefónica hay una tasa de rotación del 150 por ciento. En Zappos, incluyendo ascensos, no llega a una tercera parte de esto Lo que representa una tasa de retención del trabajador impresionante para ser una compañía que intenta indemnizar a sus nuevos empleados para que se vayan.[94] Igualmente sorprendente es su ritmo de crecimiento. Diez

91. Frei et al., *Zappos.com 2009.*

92. *Ibid.*

93. Frei y Morriss, *Uncommon Service.*

94. *Ibid.*

años después de su fundación, Amazon compró la empresa por 800 millones de dólares. Uno de los requisitos imprescindibles del trato era que Amazon les permitiera funcionar de manera independiente, un requisito que tenía la intención de conservar intacta la cultura de empresa de Zappos. La «oferta» se mantuvo tras la adquisición. Y hay una buena razón para ello: la oferta ha sido parte fundamental en la creación de la cultura que genera los valores de la compañía.

Dos buenas razones para pagar indemnizaciones por despido

Pagar a los empleados para que dejen el trabajo funciona de dos maneras diferentes. La primera es obvia: descarta a personas que probablemente acabarían marchándose de todos modos. En un mundo donde imperase la lógica, cualquier persona que descubra que ha tomado una mala decisión al entrar a trabajar en una empresa, ya sea Zappos o cualquier otra, se marcharía al momento. Sin embargo, no nos guiamos simplemente por la lógica. Por este motivo estamos sujetos a un fallo cognitivo que nos dificulta abandonar los proyectos que empezamos. Los economistas suelen referirse a esto como la «falacia de los costes irrecuperables».[95] Los costes irrecuperables representan el tiempo, el dinero o el esfuerzo que hemos invertido en el desarrollo de una acción. Ya han sido gastados y no hay manera de recuperarlos, independientemente de que sigamos llevándola a cabo o la abandonemos por completo.

Lo racional sería que en el momento en que nos percatáramos de nuestro error cambiáramos el curso de los acontecimientos.

---

95. Hal R. Arkes y Catherine Blumer, «The Psychology of Sunk Cost», *Organizational Behavior and Human Decision Processes* 35 (1985), 124-140.

Pero no es eso lo que hacemos. En uno de los estudios originales sobre costes irrecuperables, Hal Arkes y Catherine Blumer, que trabajaban en la Universidad de Ohio, pidieron a los estudiantes que imaginaran el siguiente escenario y tomaran una decisión al respecto:

> Asumamos que habéis gastado 100 dólares en un billete para pasar un fin de semana esquiando en Michigan. Varias semanas más tarde, compráis otro billete por 50 dólares para esquiar en Wisconsin. Creéis que lo pasaréis mejor esquiando en Wisconsin que en Michigan. Cuando os metéis en la cartera el billete para ir a Wisconsin os dais cuenta de que ambos son para el mismo fin de semana. Ya es tarde para revenderlos y tampoco podéis devolverlos. Solo podréis usar uno de ellos. ¿A cuál de los dos lugares iríais?[96]

Sorprendentemente, la mayoría de los estudiantes escogió el billete más caro. Eligieron el viaje a Michigan, aún sabiendo que en Wisconsin lo pasarían mejor. Los investigadores teorizaron que, a pesar de que los 150 euros ya no podrían ser recuperados, el gasto influía en los estudiantes hasta el punto de hacerles escoger el viaje menos divertido. Arkes y Blumer llevaron a cabo cuatro experimentos similares y desde que publicaron su estudio en 1985 otros investigadores han repetido la experiencia con resultados calcados. Nos vemos empujados a desperdiciar más dinero o esfuerzo en una causa menos disfrutable, o incluso insufrible, si ya hemos invertido en ella un dinero o esfuerzo considerables. Y con los trabajos sucede exactamente lo mismo.

Se tarda un tiempo en encontrar empleo, en abrir vías y acudir a entrevistas, y cuando te contratan comienza el duro trabajo que

96. *Ibid.*, p. 126.

supone la formación. Si te percatas de que ese trabajo no es adecuado para ti cuando estás en pleno proceso, los costes irrecuperables te presionan enormemente para ignorar el hecho y continuar sin más. Ofrecer una indemnización por abandonar el trabajo puede ayudar a eliminar los costes irrecuperables que se generan en la mente del futuro mal trabajador. Del mismo modo, las empresas invierten enormes sumas de dinero en encontrar y formar a los candidatos idóneos. Podemos asumir con seguridad que para cuando llega el momento en que Zappos te hace esa oferta de 4.000 dólares la inversión que ha realizado en tu formación y proceso de selección supera con creces esa suma.

Los costes irrecuperables hacen que sea complicado acabar con una relación condenada al fracaso tanto para el empleado como para la empresa. Ofrecerles dinero para que se vayan podría aliviar algo esa carga. Las compañías que ofrecen dinero a sus empleados para que se marchen están actuando racionalmente e ignorando los costes irrecuperables. Advierten que invertir más tiempo y dinero en una persona que no encaja en la empresa no es forma de evitar un problema en el futuro. Cuando una empresa le ofrece a alguien una bonificación para que se marche cree firmemente que saldrá ganando, aun en caso de que el trabajador acepte la oferta. Al dar a los empleados que tienen más posibilidades de ser pasivos la oportunidad de marcharse motu proprio, estas empresas ahorran mucho dinero a la larga. Según las investigaciones de Gallup Organization los empleados pasivos son menos productivos, tienen más probabilidades de robar a su empresa, de no acudir al trabajo y de influir de manera negativa en los clientes y empleados.[97]

97. Gallup, *State of the American Workplace: Employee Engagement Insights for US Business Leaders*, 2013, http://employeeengagement.com/wp-content/uploads/2013/06/Gallup-2013-State-of-the-American-Workplace-Report.pdf.

Solo entre el 2 y el 3 por ciento de los empleados de Zappos aceptan la oferta. ¿Qué pasa entonces con los que se quedan? La respuesta a esa pregunta nos da una pista sobre la segunda razón por la que pagar a alguien para que deje la empresa funciona. Cuando los trabajadores rechazan la oferta, la compañía no solo conserva el dinero, sino que posiblemente hará que aumenten el compromiso y la productividad del empleado. Cuando esto sucede entra en juego otro fenómeno psicológico: la disonancia cognitiva.

«Disonancia cognitiva» es el término que los psicólogos usan para describir la incomodidad que se siente cuando dos ideas conflictivas conviven en el cerebro, así como los intentos que se hacen para conciliar esas dos ideas. La teoría de la disonancia cognitiva fue inicialmente propuesta por Leon Festinger, un psicólogo social que trabajó en diversas universidades, entre ellas MIT y Stanford. En su libro de 1956 *When the Prophecy Fails*, Festinger intentó explicar la fe inquebrantable que mostraban los miembros de ciertos cultos aun cuando las profecías de sus líderes espirituales eran obviamente erróneas.[98]

Festinger hablaba particularmente sobre una secta cuyos miembros creían que un OVNI los salvaría de la inminente destrucción de la Tierra y llevaría a los verdaderos creyentes a un nuevo mundo. Cuando los miembros de este culto se desprendieron de todas sus pertenencias y se encontraron en un lugar determinado para esperar el aterrizaje de la nave y los alienígenas no aparecieron, se enfrentaron a la disonancia cognitiva. La mayoría de ellos resolvieron el problema creando otra trama: los alienígenas habían decidido dar una segunda oportunidad a la Tierra. Así,

98. Leon Festinger, *When Prophecy Fails: A Social and Psychological Study of Modern Group That Predicted the Destruction of the World*, Harper-Torchbooks, Nueva York, 1956.

a pesar de que no se cumpliera la profecía, la fe de los creyentes se fortaleció más si cabe.

Aunque esta primera explicación de la teoría cognitiva parece sacada de la fantasía, estudios posteriores ahondaron en ella y demostraron cómo experimentamos la disonancia cognitiva de una forma más terrenal. Jack Brehm, otro psicólogo social, se basó en los estudios de Festinger para describir un fenómeno al que llamó «disonancia postdecisional». Su teoría era que tras tomar ciertas decisiones modificamos nuestras creencias para fortalecer la validez de estas.

Brehm llevó a cabo un famoso experimento en el que pidió a 225 estudiantes mujeres que clasificaran una serie de electrodomésticos comunes.[99] Tras esto les hizo elegir entre dos de los aparatos que habían clasificado para que se los llevaran a casa como regalo por participar en la investigación. Brehm continuó experimentando con las estudiantes y les pidió que completaran una segunda ronda de clasificación de los mismos aparatos. Curiosamente, la clasificación de las estudiantes había variado. En la segunda ronda la mayoría de las participantes puntuaban los electrodomésticos que habían elegido mejor que en la primera y del mismo modo daban peor puntuación que antes al aparato que habían rechazado.

Brehm aducía que las estudiantes eran víctimas de la disonancia cognitiva: en su intento por resolver esa disonancia en sus cerebros, ajustaban las opiniones que tenían de los dos artículos para que el que habían elegido fuera más deseable que el rechazado. Cuando experimentamos disonancia tras la toma de una decisión ajustamos nuestras creencias para validar nuestra decisión.

---

99. Jack Brehm, «Post-Decision Changes in Desirability of Alternatives», *Journal of Abnormal and Social Psychology* 52, n.º 3 (1956), 384-389.

La disonancia postdecisional puede afectar también a la hora de aceptar una oferta de trabajo o rechazar una oferta para abandonarlo. «Si actúas de una manera determinada, con el tiempo, acabarás justificando en exceso tu comportamiento», explica Dan Ariely, economista conductista de la Universidad de Duke y autor del libro *Las trampas del deseo*. «De modo que al día siguiente de haber rechazado los 4.000 dólares te despertarás y dirás: "Por el amor de Dios, debo amar mucho esta empresa para haber rechazado tanto dinero".[100] Al hacerles esa oferta a sus nuevos empleados tras el período de formación, Zappos no solo da la oportunidad de marcharse a aquellos que potencialmente mostrarán pasividad en el trabajo antes de que perjudiquen a la empresa, sino que también podría conseguir que los que se queden muestren un compromiso total. El rechazo de esa propuesta indica tanto al empleado como al jefe que el trabajo les parece valioso y que se entregarán en cuerpo y alma.

El hecho de que los empleados rechacen la oferta es probablemente también uno de las razones más poderosas por las que hay una tasa de rotación tan baja. ¿Por qué vas a marcharte gratis cuando podías haberlo hecho meses antes y llevarte 4.000 dólares? Al mismo tiempo funciona como propulsor para el compromiso de unos empleados que son más productivos, más fiables, y tienen más probabilidades de experimentar interacciones con los clientes y compañeros que redunden en una mejora de la productividad y de los beneficios de la compañía.[101] Zappos logra que la mayoría de sus empleados —todos los que rechazaron la oferta— ofrezcan lo mejor de sí mismos. No solo consiguen ahorrarse 4.000 dólares, sino que además el rendimiento del empleado mejora.

---

100. Citado en Dubner, *The Upside of Quitting.*

101. Gallup, *State of the American Workplace.*

Cada vez hay más empresas que pagan por renunciar

Cuando Amazon adquirió Zappos, se quedó también con «la oferta». En su carta anual del 2014 a los accionistas, Jeff Bezos, fundador de la compañía, explicaba que habían añadido un nuevo programa inspirado en el modelo impulsado por Tony Hsieh. Tras modificarlo un poco, Bezos y Amazon lo titularon convenientemente «Paga por renunciar».[102]

En Amazon el programa funciona de manera diferente. En lugar de recibir la oferta una sola vez durante el período de formación, los empleados de Amazon la reciben una vez al año. Y la paga por renunciar va aumentando progresivamente. El primer año que la ofertan la cantidad es de 2.000 dólares. Después, va aumentando 1.000 dólares por ejercicio hasta que alcanza el tope de 5.000 dólares. Amazon ha apostado más fuerte que Zappos en la paga por renunciar para adaptarla mejor a la idea de la falacia de los costes irrecuperables.

La inversión que el empleado realiza en la compañía aumenta exponencialmente cada año que pasa, así que debería resultarle más difícil marcharse, por lo que la oferta aumenta para ajustarla al incremento en los costes irrecuperables. Por cierto, la oferta solo se aplica a los trabajadores del centro de logística de Amazon, es decir, los empleados de salario más bajo que rondan por los almacenes recogiendo los artículos, empaquetándolos y expidiéndolos. Para aquellos accionistas que piensen que pagar 5.000 dólares al asalariado que decida renunciar es un despilfarro, Bezos explica la lógica: «El objetivo es animar a los empleados a que se detengan a pensar lo que quieren realmente —escribió—. A

102. Jeff Bezos, «Annual Letter to Shareholders», 2013, file:///C:/Users/Cynthia%20Buck/Downloads/2013%20letter%20+%20shareholders.pdf.

largo plazo, conservar en su puesto a alguien que no está donde quiere no es saludable para el empleado ni para la empresa».[103]

Como Hsieh, Bezos entiende que un empleado desmotivado supone un coste financiero y emocional a la organización y que, aunque paguen 5.000 dólares para que el propio empleado decida marcharse, la empresa saldrá ganando. La verdadera mejora que Amazon realizó en el programa fue ir revisando el compromiso del empleado y hacerlo reiteradamente. En cierto sentido, lo que Amazon pide a sus empleados es que hagan una evaluación anual de la empresa.[104] Pero sucede igual que en Zappos, muy pocos empleados aceptan la oferta, lo cual da a entender que otorgan una puntuación muy alta a su empresa.

Una de las razones podría ser el efecto de la disonancia postdecisional. Tal como sucede en Zappos, rechazar la oferta hace que los empleados de Amazon se reafirmen en la idea de que esa empresa es un lugar estupendo para trabajar, porque en caso contrario habrían aceptado el dinero. Pero al contrario que en Zappos, allí te piden que confirmes tu decisión una vez al año, con lo que la disonancia postdecisional se confirma continuamente. De ahí que Amazon consiga el mejor escenario posible, sus empleados mantienen el mismo nivel de compromiso y el efecto sobre la productividad es más duradero.

Bezos, igual que Hsieh, quiere que sus empleados permanezcan en la empresa y que se impliquen, no que abandonen. De hecho, la oferta que reciben los empleados viene encabezada con el lema: «Por favor, no aceptes esta oferta». Bezos y Amazon alcanzan cada año grandes niveles de compromiso y productividad y raras veces tienen que pagar los 5.000 dólares. Se trata de un buen

---

103. *Ibid.*

104. Bill Taylor, «Why Amazon Is Copying Zappos and Paying Employees to Quit», *Harvard Business Review*, 21 de abril del 2014.

trato para todos los accionistas, incluso para aquellos que pudieron leer la circular original con cierto escepticismo. Las investigaciones de Gallup descubrieron que en el ejercicio 2011-2012 las empresas que cotizan en bolsa con un ratio de compromiso en los empleados mayor de 9 a 1 obtuvieron el 147 por ciento más de beneficios por acción que sus competidores. En tanto que las empresas con bajos niveles de compromisos —con un ratio de compromiso menor a 2.6 por cada empleado— obtuvieron un 2 por ciento de ganancias menos que sus competidores.[105]

Ofrecer 5.000 dólares a un empleado que abandona su trabajo parece demasiado dinero, pero hay una compañía que ha llegado más lejos incluso. Riot Games, la empresa californiana basada en Santa Monica, creadora del videojuego de gran popularidad *League of Legends*, anunció en el 2014 que ofrecería a sus nuevos empleados hasta 25.000 dólares si decidían abandonar.[106] Concretamente lo que ofrecen a sus empleados es un 10 por ciento de su sueldo anual (hasta 25.000 dólares) si abandonan durante los primeros sesenta días de su contrato, aunque lo hagan en la primera jornada. El programa, llamado «Queue Dodge», se inspiró en el de Zappos.

Sin embargo, los empleados de Riot Games no son trabajadores de centros de atención telefónica a quienes se paga por horas, sino ingenieros informáticos con salarios que pueden fácilmente llegar a la seis cifras. Pero el espíritu es el mismo. Por una parte, si el empleado va a tener un rendimiento bajo y no encajará en la empresa, a los jefes de Riot Games les parece una ganga pagar un 10 por ciento a alguien poco implicado que al final acabará mar-

---

105. Gallup, *State of the American Workplace.*

106. Riot Games, «Announcing Queue Dodge», 19 de junio del 2014, http://www.riotgames.com/articles/20140619/1304/announcing-queue-dodge (visitada el 17 de marzo del 2014).

chándose, comparado con tener que pagarle durante un año completo. «Si a alguien se le atraganta el sabor único de nuestra cultura haría un flaco servicio a la compañía y a sí mismo si se queda simplemente para cobrar la nómina», explicaba la empresa en el artículo que anunciaba el nuevo programa. «En lugar de dar lugar a que se produzcan desencuentros, lo que queremos es resolverlos cuanto antes. Es lo mejor para la empresa y también para los profesionales que trabajan en ella».

Tal como sucede con otros programas de pago por abandono, la empresa espera que los empleados rechacen la oferta. «Nuestra intención no es incitarlos a salir ni retarlos a que lo hagan, pero sí queremos proporcionarles una salida segura y clara». La empresa también espera que el programa sirva como herramienta para generar compromiso entre los empleados que no acepten la oferta. «Las personas y equipos que están en una misma sintonía cultural son más eficientes y su alineamiento en torno a valores y misiones nos permite ofrecer un mejor servicio a los jugadores», escribieron en su blog.

Ya sea ofreciendo 4.000 dólares una vez contratado el empleado, 5.000 cada año o 25.000 durante los primeros dos meses, pagar dinero por renunciar al trabajo tiene sentido. No solo funciona cuando los empleados aceptan la oferta, se autoexcluyen y dejan de perjudicar el rendimiento de una empresa, sino que también sirve para que los empleados que se quedan valoren más su trabajo y se comprometan con la compañía.

Si ofrecer el frío y duro dinero en metálico sigue pareciéndote ir demasiado lejos para usarlo en tu empresa, tal vez merezca la pena simplemente plantearse cómo podrían usarse de otro modo los principios que se esconden tras «la oferta». El dinero no es la única forma de ayudar a los empleados a compensar los costes irrecuperables que los llevan a seguir recorriendo un camino sin sentido. No cabe duda de que cualquier programa que ofrezca «una vía de salida clara y segura» tendría un efecto similar. Del mismo modo, cualquier cosa que anime al empleado a examinar o reconsiderar las razones por las que ha escogido tu empresa para trabajar seguramente los llevará a reafirmar la sensatez de su decisión original y por lo tanto a comprometerse más con la organización. En otras palabras, que hay más de una forma de hacer «la oferta». Y el éxito está garantizado.

5

TRANSPARENCIA DE SALARIOS

Algunos líderes han descubierto que, aunque hacer públicos los salarios pueda generar inquietudes respecto a la privacidad, mantenerlos en secreto podría hacer más daño incluso. Los estudios indican que ocultar los salarios en realidad disminuye el rendimiento total de la plantilla y produce más tensiones y desencuentros en el entorno laboral.

Dane Atkinson no fue siempre partidario de hacer públicos los salarios.

Había iniciado su primera andadura empresarial con solo diecisiete años, de modo que como emprendedor en serie había aprovechado ese secretismo en los salarios de los empleados para su propio beneficio en muchas ocasiones. «Me he comportado de manera completamente abusiva. Es un sistema que lo permite. En muchas ocasiones pagué salarios completamente diferentes a personas con las mismas características simplemente porque con una supe negociar mejor que con otra», dijo Atkinson, hablando de cómo usaba el secreto del salario para pagar el mínimo posible para contratar el personal necesario para sus empresas.[107]

107. Dane Atkinson, entrevista personal con el autor, 26 de febrero del 2015.

«Antes uno siempre intentaba conseguir información. Tu intención es que sea el aspirante quien te diga cuánto quiere cobrar, así que le preguntas cuánto espera cobrar o cuánto cobraba en su trabajo anterior. Habrá quien diga que cobraba 80.000 dólares y quien responda que 50.000 —explica Atkinson—. Y tú jamás le dirías al que cobraba menos: "No, hombre, eso es una locura. Aquí te pagaremos 70.000, no te preocupes". Lo que harás será decirle que te gusta mucho su perfil y que seguramente puedas igualar la oferta». Al que ganaba 80.000 Atkinson le diría algo similar. El resultado es que si contrataban a ambos, la empresa obtendría talento valorado en 160.000 dólares al año por solo 130.000. Para Atkinson se trataba simplemente de una actividad rutinaria que ayudaba al crecimiento de la empresa al tiempo que ahorraba en salarios, y le resultaba difícil evitarlo. «Cuando se trabaja con inversores, pagar menos es una de las estrategias de valor de los accionistas. Si consigues un buen empleado de oferta, la junta te dará una palmadita en la espalda. Por eso se trata de un sistema abusivo».[108]

En la mayor parte del mundo occidental la gente se incomoda cuando habla del salario. Se supone que no debes alardear de tu sueldo frente a los vecinos, y en la oficina menos. Para muchas personas mantener el secreto en cuanto a los salarios es lo más educado y correcto. Puede incluso plantearse como un respeto a la privacidad del empleado o algo que redunda en su propio beneficio.

A principios del 2000 una tercera parte de los jefes estadounidenses encuestados habían implementado reglas que prohibían a los empleados hablar sobre sus salarios respectivos.[109] Sin embar-

108. *Ibid.*

109. HRNext.com Survey, comentada en Peter Bamberger y Elena Belogolovsky, «The Impact of Pay Secrecy on Individual Task Performance», *Personnel Psychology* 63 (2010), 965-996.

go, esas políticas ya se implementaban ochenta años antes. Como ejemplo célebre tenemos el del equipo gestor de la revista *Vanity Fair*, que pasó una circular titulada: «Queda prohibido que los empleados hablen sobre el salario recibido».[110] Está circular no sentó bien a todos los empleados. Famosos escritores como Dorothy Parker y Robert Benchley, junto al editor Robert Sherwood, respondieron al día siguiente llegando a la oficina con sus salarios escritos con orgullo en carteles que llevaban colgados al cuello.

Tal vez sus tácticas fueran un tanto atrevidas, pero seguramente también se adelantaron bastante a su tiempo. Un número significativo de empresas exitosas están haciendo públicos los salarios de sus empleados. Cada vez hay más investigadores que sugieren que ocultar la información salarial podría perjudicar los niveles de compromiso de los empleados, así como sus billeteras, al mantener los salarios por debajo del ratio justo que dicta el mercado. No solo eso, sino que hacerlos públicos incluso podría aumentar la productividad.

Aunque mantener los salarios en secreto es algo habitual en muchas organizaciones, los problemas que genera también son un lugar común de la economía. El secreto conduce a lo que los economistas llaman «información asimétrica», una situación en la que una de las dos partes de la negociación tiene más información que la otra. Aunque en la negociación del salario ambas partes tienen acceso a información privilegiada, ya que tanto el futuro jefe como el aspirante conocen lo que este ganaba anteriormente, el primero de ellos retiene una cantidad de información privilegiada mucho mayor (el salario de todos los empleados de la compañía y el presupuesto para cubrir esa plaza en particular), con lo cual tiene capacidad para sacar ventaja en la mayoría de las

110. F. Steele, *The Open Organization: The Impact of Secrecy and Disclosure on People and Organizations*, Addison-Wesley, Reading, 1975.

situaciones. Los problemas de la información asimétrica abundan en todas partes, desde las ventas de seguros a préstamos, o incluso las negociaciones de contratación y salario. La asimetría en la información puede hacer que los mercados se desvirtúen o incluso puede generar un fracaso absoluto.

Los efectos de la información asimétrica son tan devastadores que el premio Nobel de Economía del 2001 estuvo destinado a los tres economistas que plantaron las bases para comprender y combatir los problemas que genera en el mercado. George Akerlof, Michael Spence y Joseph E. Stiglitz compartieron el premio por sus «análisis de mercado con información asimétrica».[111] Aunque cada uno de ellos recomendaba diversas estrategias para resolver esta asimetría, todas ellas tenían una cosa en común: la necesidad de compartir más información. El rendimiento del mercado es más eficiente a medida que se comparte la información de manera más abierta. Esto parece cumplirse siempre, ya se trate de la compra de un coche o de una entrevista de trabajo.

Dane Atkinson no ha ganado ningún Nobel, pero su experiencia y soluciones parecen estar en la misma línea de las ideas de estos famosos economistas que estudiaron el problema en la década de 1970. Según Atkinson, el «fracaso del mercado» se debía a la desolación que se cernía sobre compañeros de trabajo que se enojaban al saber las diferencias de salario que existían entre sus iguales. «En las empresas del pasado había gente que gritaba o lloraba cuando se percataban de que les estaban pagando de menos —dice—. Lo cual puede generar muchos conflictos. He sido testigo de las lágrimas que derramaban mientras gritaban enfure-

111. Real Academia Sueca de las Ciencias, Fundación Nobel, «The Sveriges Riksbank Prize in Economic Sciences in Memory of Alfred Nobel 2001: Information for the Public» (nota de prensa), Nobelprize.org, 10 de octubre del 2001, http://www.nobelprize.org/nobel_prizes/economic-sciences/laureates/2001/press.html (visitada el 16 de septiembre del 2014).

cidos entre ellos o a mí».[112] Atkinson afirma que el dolor de contemplar la degradación emocional de empleados honrados y talentosos no compensaba lo que se ahorraba en salarios. De modo que cuando sus socios y él comenzaron con SumAll, una empresa de análisis de datos con sede en Manhattan, intentaron hacer algo diferente. En lugar de mantener ocultos los salarios de los empleados, serían completamente transparentes.

Cuando empezaron con esta nueva empresa sus diez empleados sabían perfectamente lo que cobraba cada uno y así ha sido desde entonces. Cuando entra un nuevo trabajador se le asigna uno de nueve salarios fijos, todos ellos basados en el puesto que ocupa.[113] Los sueldos van de 35.000 dólares a 160.000 dólares anuales. Los aumentos se otorgan en base a las condiciones del mercado y al rendimiento de la compañía. En la intranet de la empresa hay una lista con los nombres y salarios de cada uno a la que se puede acceder en cualquier momento.

SumAll creció rápidamente y ahora da trabajo a más de cincuenta personas. Esta política abierta de salarios precisó ciertos ajustes. La mayoría de los empleados estaban acostumbrados al proceso de negociación de doble ciego que requieren la mayoría de las multinacionales. Cuando los directivos de SumAll hacen una oferta de trabajo simplemente dicen: «Esto es lo que se paga en este puesto», y permiten que el aspirante la acepte o la rechace por sí mismo, pero es invariable. «A menudo entrevisto y presento ofertas de trabajo a personas que creen que habrá una negociación —dice Atkinson—. A algunos de ellos les incomoda no tener la posibilidad de negociar».[114]

---

112. Entrevista personal del autor con Atkinson, 26 de febrero del 2015.

113. Rachel Emma Silverman, «Psst... This Is What Your Co-worker Is Paid», *Wall Street Journal*, 29 de enero del 2013.

114. Entrevista personal del autor con Atkinson, 26 de febrero del 2015.

No obstante, una vez que el empleado acepta la oferta y empieza a trabajar en la empresa se dan cuenta de que compartir la información sobre los sueldos es una forma de asegurarse de que todo sea justo. Si un empleado quiere discutir con su jefe sobre lo que se le paga en comparación con otros puestos similares puede hacerlo. Si llega un nuevo empleado que entra en una categoría superior, los empleados más veteranos también pueden tener una conversación con su superior y llegar a un acuerdo justo.

De hecho, esta situación ha llegado a darse en SumAll. Un ingeniero de la empresa estaba entrevistando a un nuevo empleado junto a otras dos personas y descubrió que ofrecían al aspirante más de lo que ganaba él mismo, a pesar de que contaba con menos experiencia. De modo que este ingeniero lo comentó con Atkinson y sus colaboradores y dijo que no le parecería justo. La respuesta de SumAll fue subirle el sueldo. «Pero si sigues el sistema tradicional esto no habría sido posible —afirma Atkinson—. Podrías llegar a averiguar cuánto gana otra persona y sentirte menospreciado, pero no comentarlo, ya que se supone que no deberías saberlo».[115]

Poder tener este tipo de conversaciones libremente es tal vez la razón por la cual muchos miembros del equipo prefieren quedarse en SumAll a pesar de recibir ofertas de otras empresas. Atkinson dice que muchos de sus empleados reciben regularmente ofertas de compañías como Google y Facebook, pero las rechazan porque prefieren trabajar con una cultura de sueldos transparentes como la de SumAll.

Atkinson se ha convertido en una especie de adalid de la franqueza absoluta respecto a los salarios. «Queremos ser el contrapunto a la cultura corporativa que reina por ahí —dice—. Queremos ayudar a que la gente entienda que existen otras for-

115. *Ibid.*

mas de crear empresas exitosas». Y a pesar de que compartir la información sobre los salarios supone una contracultura prácticamente en la totalidad del mundo de las multinacionales, se trata de una práctica cada vez más extendida. En el 2013 la empresa de gestión de medios sociales Buffer anunció su intención de dar un giro radical de honestidad y hacer públicos los salarios de sus empleados, no solo dentro de la compañía, sino a todo el mundo.

«No vemos motivos para ocultar información alguna», dice Joel Gascoigne, fundador de Buffer.[116] En un artículo que publicó en el portal de la empresa, Gascoigne explicaba que la transparencia es uno de los ideales esenciales entre los «Nueve valores» de Buffer y que siempre están buscando nuevas formas de mejorar la transparencia.[117] Incluso antes de hacer públicos los sueldos de sus empleados, Buffer ya compartía información sobre sus ingresos y número de usuarios, así como informes mensuales de sus progresos. Dentro de la empresa los empleados comparten abiertamente sus propios planes de mejora con todos y los correos que se envían entre ellos se almacenan en una lista a la que todos pueden acceder. «Una de las razones fundamentales por las que la transparencia es un arma tan poderosa para la cultura de empresa es la confianza: La transparencia genera confianza y esta es la base para un gran trabajo en equipo».[118]

---

116. Sean Blanda, «Breaking Workplace Taboos: A Conversation About Salary Transparency», 99U, http://99u.com/articles/15527/the-age-of-salary-transparency (visitada el 15 de septiembre del 2014).

117. Joel Gascoigne, «Introducing Open Salaries at Buffer: Our Transparent Formula and All Individual Salaries», BufferOpen, 19 de diciembre del 2013, http://open.bufferapp.com/introducing-open-salaries-at-buffer-including-our-transparent-formula-and-all-individual-salaries/ (visitada el 24 de septiembre del 2014).

118. *Ibid.*

Aplicar los valores de la transparencia a la paga de sus empleados parecía el siguiente paso lógico, así que Buffer se puso a ello.[119] El 19 de diciembre del 2013 Gascoigne divulgó una nota en la página web de la compañía informando sobre la nueva política e hizo públicos los salarios de todos los empleados, incluido el suyo (158.000 dólares anuales) y los de las tres personas que estaban en período de pruebas, que técnicamente eran autónomos a la espera de una oferta de contrato a tiempo completo y ganaban entre 70.000 y 94.000 dólares anuales.[120] Pero Buffer llevó la transparencia un poco más allá. Además de publicar los salarios, también aireó la fórmula mediante la cual calculaban todos los sueldos. Actualmente, la fórmula es la siguiente:

Salario = (tipo de trabajo) × (categoría) × (antigüedad) + (destino) + (acciones, o 10.000 dólares)

Existen variables para cada una de estos términos, que actualmente engloban seis tipos de trabajo, seis categorías diferentes, cuatro niveles por antigüedad y otros cuatro en base al coste de la vida que exige el lugar al que están destinados. Así, los empleados tienen una fórmula clara y lógica que explica por qué tienen ese sueldo y también la oportunidad de discutirlo si piensan que no reciben un trato justo. Gascoigne se reúne con cada uno de ellos una vez al mes y los líderes de los equipos le informan cada dos semanas sobre los progresos, desarrollos y compensaciones de las que crean conveniente hablar.

Es difícil saber si esa fórmula se mantendrá a medida que Buffer vaya creciendo, pero Gascoigne dice que la empresa siempre está abierta a actualizarse, basándose en las circunstancias cam-

119. Blanda, «Breaking Workplace Taboos».

120. Gascoigne, «Introducing Open Salaries at Buffer».

biantes y las necesidades del empleado.[121] Cuando los sueldos se hicieron públicos solo había quince personas trabajando en Buffer. Lo que sí está claro es que cuando necesiten contratar más trabajadores no sufrirán mucho para encontrarlos. Al mes siguiente de publicar los sueldos recibieron más del doble de solicitudes de empleo, pasando de las 1.263 de los treinta días previos al artículo de Gascoigne a las 2.886 que llegaron durante los treinta días posteriores. El responsable de la compañía declaró que «en el pasado nunca habíamos podido encontrar trabajadores excelentes con esta rapidez» y esperaba llegar a los cincuenta empleados en el curso del año siguiente a la publicación de los sueldos.[122]

La importancia de compartir

La idea de que haya transparencia absoluta en los salarios en realidad no es tan nueva. Hace ya décadas que Whole Foods permite a sus empleados consultar datos acerca del rendimiento de sus diferentes departamentos, establecimientos y los salarios de todos los empleados de la compañía.[123] Su fundador, John MacKey, inició esta política en 1986 tras llegar a la conclusión de que los problemas que generaba mantener los sueldos en secreto no mere-

---

121. *Ibid.*

122. Vickie Elmer, «After Disclosing Employee Salaries, Buffer Was Inundated with Resumes», *Quartz*, 24 de enero del 2014, http://qz.com/169147/applications-have-doubled-to-the-company-that-discloses-its-salaries/ (visitada el 24 de septiembre del 2014).

123. Alison Griswold, «Here's Why Whole Foods Lets Employees Look Up Each Other's Salaries», *Business Insider*, 3 de marzo del 2014, http://www.businessinsider.com/whole-foods-employees-have-open-salaries-2014-3 (visitada el 25 de septiembre del 2014).

cían la pena. «No paraba de oír que todos pensaban que yo ganaba demasiado dinero. Al final, lo solté: "Esto es lo que gano… y esto es lo que ganan todos los demás", afirma Mackey.[124]

La información sobre los sueldos de los funcionarios y los empleados de grandes organizaciones públicas es de libre acceso. Y cada vez aumenta más el número de empresas con ánimo de lucro que experimentan con la idea de compartir información sobre los sueldos. Muchas de ellas, como SumAll y Buffer, están prosperando gracias a ello. Pero el sector de las empresas que buscan beneficios económicos no es el único donde aumenta el interés respecto a esta idea. Los psicólogos que estudian el funcionamiento de las organizaciones y los investigadores de la administración de empresas han estado estudiando los efectos del secretismo y la transparencia en los salarios y llegaron a conclusiones respecto a compartir la información tan positivas como el aluvión de peticiones de empleo que recibieron en Buffer.

Los investigadores Elena Belogolovsky (Universidad de Cornell) y Peter Bamberger (Universidad de Tel-Aviv) descubrieron que el secretismo de los salarios está relacionado con un descenso en la productividad del empleado.[125] Estudiaron a 280 universitarios israelíes a los que pagaban un salario base para completar tres rondas de un juego de ordenador de emparejamientos y recibían una bonificación según lo bien que se desenvolvieran en él. A pesar de que los participantes jugarían individualmente se los dividió en grupos de trabajo de cuatro.

124. Charles Fishman, «Whole Foods Is All Teams», *Fast Company*, abril–mayo de 1996, http://www.fastcompany.com/26671/whole-foods-all-teams (visitada el 5 de febrero del 2015).

125. Elena Belogolovsky y Peter Bamberger, «Signaling in Secret: Pay for Performance and the Incentive and Sorting Effects of Pay Secrecy», *Academy of Management Journal* 57, n.º 6 (2014), 1706-1733.

A la mitad de los participantes les dieron solo información sobre su propio rendimiento y paga (secreto de salario). El resto recibió datos sobre su paga y su rendimiento, pero también sobre los otros tres integrantes del equipo (transparencia de salarios); sabían lo que ganaría cada uno de ellos. Los miembros de cada grupo tenían permiso para comunicarse entre una y otra ronda, pero los que estaban en el grupo donde la paga era secreta no podrían hablar sobre lo que estaban ganando. Además de esto, a algunos estudiantes se les asignó una condición absoluta: les dijeron que su paga estaría condicionada por su rendimiento (el número de emparejamientos conseguidos). A los otros les advirtieron de que su sueldo estaría condicionado por el rendimiento, pero de manera relativa, es decir, comparado con el rendimiento de su equipo de trabajo (en función de quien obtuviera más emparejamientos dentro del grupo).

Al evaluar todos los datos sobre rendimiento, los investigadores descubrieron que la falta de transparencia estaba relacionada con un descenso de la productuvidad. Cuando los estudiantes del grupo en el que se desconocían las respectivas pagas supieron también que sus ganancias estarían condicionadas por lo que hicieran los demás (cuya paga y rendimiento no podían saber), su rendimiento empeoró más si cabe. Además de esto, a los participantes que obtenían buenos resultados les sentaba peor no saber qué relación exacta había entre la paga y el rendimiento global de su grupo de trabajo.

El estudio deja claro que existe una relación entre mantener los salarios en secreto y la falta de motivación y descenso del rendimiento. Pero ¿puede realmente aumentar ese rendimiento simplemente por compartir la información sobre lo que se gana? Esta es la pregunta que intentó responder Emiliano Huet-Vaughn, profesor de economía interino en Middlebury College, que durante su doctorado en la Universidad de California en Berkeley ideó un experimento para comprobar si desvelar la información sobre el sueldo de una persona en relación con los de los demás haría que sus esfuerzos aumentaran o disminuyeran.[126] Para hacer esto, primero reclutó a más de 2.000 personas de la plataforma Amazon Mechanical Turk. Esta plataforma, también conocida como MTurk, suele usarse para contratar trabajadores para tareas sencillas y puede proporcionar un ejemplo más representativo de la población general que los universitarios que suelen escoger la mayoría de profesores en sus estudios.

A los participantes se les pedía que completaran dos rondas de una tarea en la que tenían que introducir la información bibliográfica correcta para unos artículos académicos. Se les pagaba una tarifa fija por cada entrada realizada. Al final de la primera ronda a algunos de los participantes les informaron acerca de sus ganancias y también de lo que habían ganado los que realizaban esa misma tarea, en tanto que otros solo recibieron información sobre su propio sueldo. En la segunda ronda de trabajo los participantes a los que se había mostrado el sueldo conseguido en relación con el de los otros trabajaron más y su rendimiento aumentó considerablemente. Las ganancias por rendimiento fueron especialmente buenas entre aquellos que obtuvieron una buena clasificación en la primera ronda. Los que habían obtenido buenos resultados trabajaron mejor para seguir haciéndolo.

Analizándolos en conjunto, estos dos estudios no solo sugieren que mantener la paga en secreto es un impedimento para el rendimiento individual, sino que revelar esa información puede realmente mejorar el rendimiento, sobre todo el de aquellos que ofrecen un mejor resultado. Aunque ambos estudios son

---

126. Emiliano Huet-Vaughn, «Striving for Status: A Field Experiment on Relative Earnings and Labor Suply», documento de trabajo (Berkeley, University of California, noviembre del 2013), http://econgrads.berkeley.edu/emilianohuet-vaughn/files/2012/11/JMP_e.pdf (visitada el 25 de septiembre del 2014).

relativamente recientes, las bases teóricas de ambos datan de la década de 1970 y de las investigaciones de John Stacey Adams, un psicólogo conductista y del entorno laboral que trabajaba para General Electric.

Adams aducía que los empleados tienen un gran deseo de mantener la equidad entre lo que dan en el trabajo (su rendimiento) y lo que reciben de la organización (la paga) en función de la entrega y lo obtenido por sus compañeros de trabajo.[127] Para conseguirlo los empleados siempre están buscando información, tanto de su propio rendimiento y sueldo como de los de sus compañeros de trabajo. Esto explica el motivo por el cual los trabajadores siempre intentan sonsacar información de sus compañeros de las maneras más sutiles. Y también es la razón por la cual en las raras ocasiones en las que alguien revela lo que cobra o se deja accidentalmente la nómina en la fotocopiadora se genera el caos.

Adams llamó a su afirmación «teoría de la equidad» y planteaba que los empleados que creen estar mal o demasiado bien pagados se sienten afectados y responderán actuando de alguna forma para restaurar la percepción de equidad. Cuando los empleados sienten que les pagan menos que a sus compañeros, esa desazón resultará en una bajada de su rendimiento, ya que se esforzarán menos para ajustarlo a la percepción que tienen de su recompensa. Esto también puede llevarlos a desarrollar cierta hostilidad hacia la organización y sus compañeros de trabajo.

La teoría de la equidad explica el estrés, los gritos y lágrimas que proferían muchos de los antiguos empleados de Dane Atkinson cada vez que una nueva información sobre el sueldo de un compañero hacía que se percibiera un trato desigual e injusto en

---

127. John Stacey Adams, «Inequity in Social Exchange», en *Advances in Experimental Social Psychology*, vol. 2, editado por Leonard Berkowitz, 267-299, Academic Press, Nueva York, 1965.

la organización. De hecho, en otro de los experimentos de Belogolovsky y Bamberger los efectos perniciosos de mantener los sueldos en secreto eran más agudos en aquellos que tenían una mayor conciencia de las desigualdades.[128] Los que valoran más la justicia se sienten peor cuando piensan que están violando sus derechos.

Algo consustancial a las divergencias de la teoría de la equidad y la percepción de la justicia es el hecho de que individualmente, cuando la información no es pública, se nos da fatal eso de comparar nuestros salarios con los de los demás. Edward Lawler, un profesor de empresariales de la Universidad Southern California's Marshall School of Business, lleva más de medio siglo dedicado a cuestionar la transparencia de salarios. En uno de sus estudios descubrió que los empleados que no conocen los sueldos de sus compañeros suelen sobrevalorar el salario de las personas que están por debajo de ellos en el organigrama, al tiempo que subestiman lo que ganan sus superiores.[129]

De tal modo, si nuestra percepción de lo que cobran otros está tan sesgada ¿cómo podemos satisfacer nuestras ansias de justicia? La idea de Buffer de compartir la información sobre los sueldos de todos sus empleados es tan buena precisamente por esta necesidad de recibir un trato justo, además de por nuestra incapacidad para calcular los salarios. Por eso también comparten la fórmula mediante la cual se calculan los salarios. Se podría argumentar que la fórmula no es justa, pero si todos están sujetos a ella el índice de contribución será el mismo para todos los sueldos de la organización.

Aparte de las razones psicológicas que reafirman esta idea de compartir la información de los sueldos, también existen virtual-

---

128. Bamberger y Belogolovsky, «The Impact of Pay Secrecy».

129. Edward E. Lawler III, «Pay Secrecy: Why Bother?», *Forbes*, 12 de septiembre del 2012.

mente un buen número de razones legales para ello. En Estados Unidos tenemos el caso de Lilly Ledbetter, que denunció a su compañía por discriminación de género cuando recibió una nota anónima que la informaba sobre el salario injusto que recibía.[130] Su caso pasó por todas las instancias legales hasta llegar al Tribunal Supremo, cuyo fallo se hizo famoso, ya que desechó sus reclamaciones basándose en que los hechos habían prescrito. No obstante, esa decisión del alto tribunal plantó las bases para la primera propuesta de ley que firmó Barack Obama como presidente, la Lilly Ledbetter Fair Pay Act del 2009, la cual extendía generosamente los plazos permitidos a los empleados para denuncias por discriminación salarial.

Pero el éxito de una ley como esta requiere que haya una mayor transparencia en cuanto a los salarios. En un ensayo publicado en la *Penn State Law Review,* Gowry Ramachandran, jefe de investigaciones asociado y profesor de Derecho en la Southwestern Law School, propone que la transparencia de salarios es el mejor remedio contra los problemas de discriminación en el entorno laboral.[131] Según Ramachandran compartir esta información suele ser el mejor tratamiento para una amplia gama de síntomas de discriminación salarial. Por ejemplo, un informe del 2011 del Institute for Women's Policy Research dice que «la diferencia salarial entre géneros en los trabajadores que hacen jornada completa es del 23 por ciento del sueldo medio anual. En el gobierno federal, que se rige por una política de transparencia de salarios abierta al público, la diferencia salarial por género es solo

---

130. Gary R. Siniscalco, «Developments in Equal Pay Law: The Lilly Ledbetter Act and Beyond», ABA National Conference on Equal Employment Law (marzo dek 2010), http://www.americanbar.org/content/dam/aba/administrative/labor_law/meetings/2010/2010_eeo_007.authcheckdam.pdf.

131. Gowri Ramachandran, «Pay Transparency», *Penn State Law Review* 116, n.º 4 (2012), 1043-1080.

del 11 por ciento».[132] Ramachandran incluso demuestra que las mujeres y las minorías suelen gravitar en torno a organizaciones en las que hay una política de transparencia salarial, como sucede en Buffer y SumAll, y sugiere que si esto sucede es porque hay un trato de mayor igualdad para puestos de trabajo de categorías similares.

A pesar de tener pruebas tan convincentes, Ramachandran es consciente de que esta afirmación es discutible y posiblemente genere incomodidad. «Que tu salario pueda compararse públicamente con el de un compañero crea una perspectiva aterradora —escribió—, pero los empleados deberían tener en cuenta que por lo general esa incomodidad social se verá paliada con un salario más alto, ya que los jefes que se aprovechan de la ausencia de transparencia en los salarios perderán gran parte de la información que les da ventaja a la hora de negociar». Tanto para Ramachandran desde la perspectiva legal, como para Belogolovsky, Bamberger y Huet-Vaughn, desde la perspectiva psicológica, el quid de la cuestión es la percepción de justicia y la teoría de la equidad. La franqueza sigue siendo la mejor forma de asegurar un trato justo.

¿Demasiado pronto para compartir tanto?

Los datos empíricos y las implicaciones teóricas y legales refuerzan la idea de compartir la información salarial, siguiendo el espíritu de Dane Atkinson y Joel Gascoigne. Sin embargo, hay estudios recientes que indican que meterse de golpe en una política de transparencia total puede llevarnos al caos.

---

132. Ariane Hegewisch et al., «Pay Secrecy and Wage Discrimination 3», *Fact Sheet* C382, junio del 2011 (Institute for Women's Policy Research Washington, DC).

En el 2008 una sentencia referente a la ley de transparencia californiana dictaminó que había que hacer pública la información salarial de todos los empleados del estado. El diario *Sacramento Bee* publicó un portal en el que los usuarios podían encontrar los sueldos exactos de cualquier empleado del estado. Este repentino y drástico acto de transparencia fue estudiado por un equipo de investigadores del campus de Berkeley de la Universidad de California liderados por David Card.[133] Los investigadores contactaron con un grupo de empleados elegido al azar de tres campus diferentes de la Universidad de California y les informaron sobre la existencia de dicha página. Días más tarde el equipo encuestó a todos los empleados de estos campus respecto a sus pagas, satisfacción en el trabajo, intenciones de buscar otro empleo y, por supuesto, sobre el uso del portal en el que se publicaban los salarios. Cuando analizaron las respuestas a la encuesta se percataron de que el uso de la página web y, en consecuencia, saber lo que cobraban sus compañeros, afectaba a la satisfacción en el trabajo y a las intenciones de búsqueda de empleo, pero este efecto era asimétrico.

Los empleados que habían consultado la página web y averiguaron que su sueldo era inferior a la media para posiciones similares se mostraban más descontentos con su trabajo y con mayor disposición para la búsqueda de un nuevo empleo. Curiosamente, Card y su equipo también advirtieron que la posición que ocupaban los individuos en la clasificación de salarios respecto a sus pares tenía más efectos que una simple descompensación entre salarios. Estos resultados apoyan lo que dicta la teoría de la equidad de Adams cuando se percibe que existe discriminación sala-

133. David Card, Alexandre Mas, Enrico Moretti y Emmanuel Saez, «Inequality at Work: The Effect of Peer Salaries on Job Satisfaction», documento de trabajo (noviembre del 2011), http://www.princeton.edu/~amas/papers/card-mas-moretti-saezAER11ucpay.

rial. «Había más probabilidades de que las personas a las que habíamos informado sobre la existencia de la página la usaran, y también de que creyeran que sus salarios eran injustos y se plantearan buscar otro empleo», dijo Card acerca del estudio.[134] Los resultados de su equipo y las conclusiones de la teoría de la equidad ponen de relieve la importancia de asegurarse de que los salarios son realmente justos antes de hacerlos públicos.

Por ejemplo, antes de que Buffer airease su información salarial, la empresa tuvo que ajustar los sueldos de todos los individuos para que estuvieran en línea con la nueva fórmula. Esto fue muy costoso a corto plazo. A excepción de uno de ellos, todos los empleados recibieron un aumento. En los primeros tiempos de SumAll, todos los nuevos contratados eran presentados mediante un correo colectivo que contenía el nombre del nuevo miembro del equipo, su historial y el salario. Aunque en principio este método pareciera una buena idea, generó cierta frustración, ya que cuando los empleados veteranos leían los correos siempre se preguntaban si el nuevo contratado merecía el dinero que se le pagaba. Al final, acabaron pidiéndole a Atkinson que les ahorrara ese trance. «Me dijeron que siempre que les dábamos información sobre un nuevo empleado y su salario pasaban demasiado tiempo planteándose si la compañía habría acertado con su apuesta —me dijo—. Suponía una distracción».[135] De modo que Atkinson dejó de enviar los correos y simplemente comenzó a añadir nuevos empleados a la lista. Tuvieron que realizar algunos ajustes, pero SumAll llegó a encontrar la forma de compartir la información salarial y obtener los beneficios de la transparencia con el mínimo de las desventajas. «Ahora prácticamente nadie revisa la lista con

---

134. Alina Tugend, «Secrecy About Salaries May Be on the Wane», *New York Times*, 22 de agosto del 2014.

135. Entrevista personal con Atkinson, 26 de febrero del 2015.

frecuencia —dijo—. Ni siquiera los nuevos empleados, para quienes resulta decepcionante. Al principio ven que todos están por encima de ellos, pero después acaba por no preocuparles».[136]

John Mackey afirmaba que en Whole Foods seguían existiendo desavenencias respecto al salario, pero que esos desacuerdos tenían un objeto y alentaban conversaciones profundas que jamás habría podido imaginar con una política de secretismo salarial.[137] Cuando alguien compara el salario de alguna persona en particular con el suyo, MacKey suele responder: «Esta persona es más valiosa para la empresa. Cuando obtengas sus mismos resultados ganarás lo mismo que ella».

Joel Gascoigne también tuvo que realizar ajustes por el camino, tanto respecto a la fórmula como a los propios salarios, y eso es lo que recomienda a quienes quieran implantar la transparencia. «Hacedlo progresivamente —dice—. Experimentad con la transparencia a pequeña escala. No tenéis por qué llegar a publicar los sueldos de todos los empleados en el blog».[138] En lugar de permitir que el mundo entero acceda a los salarios, esta información puede restringirse a los trabajadores de la casa, como hizo SumAll, o dar a los empleados la libertad de elegir si quieren saberlo o no. A medida que la empresa experimenta con ello, aprende lo que les gusta a sus trabajadores y lo que les parece intolerable, encuentra el camino hacia un sistema de transparencia diseñado en torno a las necesidades, deseos y motivaciones de sus empleados.

Muchas empresas no comparten información acerca de cómo determinan los salarios individuales de sus empleados, pero si lo hicieran podrían restablecer el sentimiento de equidad y justicia

---

136. *Ibid.*

137. Fishman, «Whole Foods Is All Teams».

138. Elmer, «After Disclosing Employee Salaries».

en las mentes de sus trabajadores. Publicar la fórmula de pago ha bastado para subsanar algunos de los efectos perjudiciales del secretismo salarial que advirtieron los estudios de Belogolovsky y Bamberger.

Además, compartir la situación de cada individuo respecto al rango salarial o comparado con sus pares (sin tener que compartir el salario exacto) puede impulsar los beneficios de la transparencia que Huet-Vaughn descubrió en su investigación. Cuando todo el mundo sabe sobre qué suelo pisa y cómo ascender de rango se motivan para mejorar su rendimiento y su estatus.

Aunque es posible que la cultura de tu empresa no permita una transparencia absoluta, las pruebas indican que cualquier paso que damos hacia ella mejora la motivación y la percepción que se tiene de la justicia, además de resultar en una optimización drástica del rendimiento.

6

NO AL PACTO DE NO CONCURRENCIA

Imponer cláusulas de no concurrencia en los contratos de trabajo es una práctica antigua. No obstante, las pruebas demuestran que estos pactos no solo perjudican al empleado saliente, sino también a la propia compañía y a los que permanecen en ella. Por ello cada vez hay más líderes que intentan generar entornos en los que no exista el conflicto de competencias y se comparta libremente la información, incluso con las personas ajenas a la empresa.

Los últimos años han sido bastante buenos para los pactos de no concurrencia y los abogados que los incluyen en contratos e imponen su cumplimiento. La norma dicta que cuando un empleado entra en una nueva organización tiene que firmar un acuerdo o cláusula de no concurrencia. Hasta que finalice el período de tiempo estipulado los empleados no podrán trabajar para la competencia cuando abandonen la empresa, ni establecer un negocio que pueda rivalizar con el de la compañía.[139] Lo que en su día estuvo limitado exclusivamente a los ingenieros y direc-

139. «Schumpeter: Ties That Bind», *The Economist*, 14 de diciembre del 2013.

tivos de investigación y desarrollo de empresas industriales se aplica ahora a una amplia variedad de trabajos, incluyendo algunos en los que una cláusula de no concurrencia podría considerarse algo totalmente inesperado.

En 2014 Cimarron Buser testificó ante los legisladores del estado de Massachusetts sobre el sorprendente primer encuentro que tuvo su hija de diecinueve años con una de estas cláusulas.[140] Su hija Colette se quedó sin el trabajo de verano al que optaba al ver que el campamento en el que pensaba trabajar retiraba su oferta en el último momento. La razón era que Collette había sido empleada previamente durante tres veranos en el campamento LINX. En su contrato con esta empresa había una cláusula que le prohibía trabajar en el transcurso del siguiente año en cualquier campamento de la competencia que estuviera en un radio de quince kilómetros a la redonda de cualquiera de los treinta campamentos LINX.

La potencial nueva empresa de Collette temió que LINX les denunciara, así que retiró su oferta de empleo. En la vista, el señor Buser testificó que ni su hija ni él eran conscientes de haber firmado una cláusula de no concurrencia, y también que le parecía ridículo que un campamento de verano restringiera la actividad laboral de sus exempleados de manera tan estricta. Joe Kahn, fundador y propietario de LINX, defendió en una entrevista publicada en el *New York Times* la idea de mantener esta cláusula en los contratos para los monitores de sus campamentos y la consideró totalmente razonable. «Nuestra propiedad intelectual es la formación y el cariño que invertimos en nuestros monitores, eso es lo que convierte nuestro entorno en algo único —declaró Kahn—. Es similar a una empresa de tecnología cuyos diseñadores desa-

140. Steven Greenhouse, «Noncompete Clauses Increasingly Pop Up in Array of Jobs», *New York Times*, 8 de junio del 2014.

rrollan microchips. No te gustaría que esos individuos salieran de tu empresa».

A pesar de que comparar las contribuciones de un monitor de campamento de verano con las de un ingeniero informático pueda parecer rizar el rizo, hay ciertos ejemplos de cláusulas de no concurrencia que requieren incluso más flexibilidad de concepto. Tal vez impartir una formación para potenciar el crecimiento y desarrollo mental de los jóvenes podría considerarse propiedad intelectual, pero ¿pensaríamos lo mismo de la preparación de bocadillos?

En ese mismo año 2014 los empleados de las franquicias Jimmy John's Gourmet Sandwiches presentaron una demanda conjunta acusando a la empresa de una serie de malas prácticas.[141] En principio, la demanda se interpuso por robo de salarios, ya que obligaban a los empleados a hacer horas extra, pero fue modificada para incluir también la denuncia de una cláusula de no concurrencia demasiado lesiva para los trabajadores. Cuando firmaban el acuerdo, sus empleados accedían a no trabajar ni formar parte económicamente de ninguno de los competidores que estuvieran en un radio de cinco kilómetros de cualquiera de los establecimientos de Jimmy John's.

La definición de «competidores» que usaba Jimmy John's era bastante amplia. El contrato definía como competidor a «cualquier negocio que genere más de un diez por ciento (10%) de ingresos gracias a la venta de bocadillos de estilo *hero, deli, pitas* y/o rollos o tortillas».[142] Incluir cualquier empresa que tenga un míni-

141. Dave Jamieson, «Jimmy John's Makes Low-Wage Workers Sign "Oppressive" Noncompete Agreements», *Huffington Post*, 13 de octubre del 2014, http://www.huffingtonpost.com/2014/10/13/jimmy-johns-non-compete_n_5978180.html (visitada el 24 de marzo del 2015).

142. *Ibid.*

mo ingreso por la venta de bocadillos es una definición de competidor demasiado abierta, y más cuando sabemos que Jimmy John's tiene más de 2.000 establecimientos en Estados Unidos. El área prohibida para los antiguos empleados afectados por esta cláusula cubría cuarenta y cuatro estados y más de 15.000 kilómetros cuadrados. Merece la pena destacar que el propio acuerdo estaba ratificado por los tribunales y que técnicamente es opcional: es cada franquicia individual la que decide incluirla entre los documentos necesarios para el contrato.[143] Aun así, el deseo de proteger la propiedad intelectual adquirida gracias a trabajadores mal pagados que podrían migrar a un establecimiento de la competencia (o a cualquier negocio en el que se vendan bocadillos) parece un poco fuera de lugar.

Aunque peor sería al tratarse de una iglesia.

En el año 2014 una iglesia de la zona de Seattle acabó disolviéndose después de que varios miembros y antiguos empleados exigieran cambios en la forma de operar de la organización.[144] Mars Hill, una megaiglesia liderada por Mark Driscoll, estaba organizada en una red de parroquias con diferentes sacerdotes que servían en cada una de ellas. A estos pastores, incluso los que trabajan como voluntarios, se les pedía que firmaran un acuerdo en el que accedían a lo que ellos llamaban una «Misión Unitaria», pero que en la práctica se parecía bastante a un pacto de no concurrencia.

---

143. 5. Dave Jamieson, «Jimmy John's "Oppressive" Noncompete Agreement Survives Court Challenge», *Huffington Post*, 10 de abril del 2015, http://www.huffingtonpost.com/2015/04/10/jimmy-johns-noncompete-agreement_n_7042112.html.

144. Warren Throckmorton, «Megachurch Methods: Pastor Fired Because He Wouldn't Sign Non-Compete Clause», *Patheos*, 28 de mayo del 2014, http://www.patheos.com/blogs/warrenthrockmorton/2014/05/28/megachurch-methods-pastor-fired-because-he-wouldnt-sign-non-compete-clause/ (visitada el 23 de abril del 2015).

El acuerdo decía: «Nos comprometemos a que nuestra siguiente parroquia no esté a menos de quince kilómetros de cualquiera de las de Mars Hill, salvo cuando se obtenga el consentimiento expreso de los pastores locales de la iglesia más próxima y de la iglesia remitente, en caso de no ser las mismas, y lo ratifique el Consejo de Ancianos de la Iglesia Mars Hill». Este pacto no figuraba en el contrato de empleo, ya que también incluía a los voluntarios, pero formaba parte de un acuerdo anual que tenían que firmar los sacerdotes, el Consejo de Ancianos y otros voluntarios. Uno de los pastores que ejercía el voluntariado fue expulsado por no acceder a firmar esta petición. La historia de este pacto de no concurrencia y del pastor despedido salió a la luz en el curso de un cuestionamiento más amplio por el que las autoridades acusaban a Mars Hill de operar más como una empresa desalmada que como una iglesia.

Estas objeciones hicieron que Mark Driscoll dimitiera como líder de Mars Hill a finales de ese mismo año. La organización se disolvió y cada una de las parroquias fue entregada al pastor que se encargaba de ella para que la dirigiera de manera individual o la integrara dentro de otra de las iglesias locales.[145]

El ejemplo de Mars Hill no es el primero en el que se rechaza una cláusula de no concurrencia. De hecho, la historia de rechazo a la validez de estos pactos es muy larga. El primer caso conocido en el que se menciona el pacto de no concurrencia se remonta a 1414.[146] En aquel caso, un tintorero llevó al tribunal a un antiguo empleado en un intento de impedir que trabajara en esa misma ciudad durante seis meses.

La decisión del juez no tuvo el efecto deseado para el demandante ni para el pacto de no concurrencia. El tribunal reprendió al

---

145. *Ibid.*

146. Orly Lobel, *Talent Wants to Be Free: Why We Should Learn to Love Leaks, Raids, and Free Riding*, Yale University Press, New Haven, 2013.

tintorero por llevar a juicio una demanda de tal frivolidad. Alegaba que la petición de restringir el derecho al trabajo de otro ciudadano era una limitación de mercado absurda. No solo desecharon su caso, sino que amenazaron al tintorero con meterlo en prisión por hacer un mal uso del tribunal de justicia. No obstante, si dejamos correr varios cientos de años, la perspectiva de la no concurrencia cambia drásticamente. Alrededor del 90 por ciento de los jefes y empleados técnicos de los Estados Unidos han firmado una cláusula de no concurrencia.[147] De ellos, prácticamente el 70 por ciento informaron de que les habían comunicado la existencia de tal cláusula después de aceptar la oferta de trabajo, con lo que presumiblemente habían rechazado ya el resto de ofertas y se veían abocados a tener que firmarlo.[148]

De tal modo, la mayoría de las personas que firman los pactos de no concurrencia no lo hacen precisamente por voluntad propia. Y los tribunales tienden a ratificar la legitimidad de tales cláusulas, aunque, irónicamente, existe una salvedad: la propia profesión legal. La asociación de abogacía americana (ABA) sigue oponiéndose a los acuerdos de no concurrencia en los bufetes legales.[149] Las normas de la ABA prohíben estos pactos por completo. Su argumento es que cualquier restricción a la capacidad de un abogado para ejercer tras salir de un bufete es perjudicial y contraria a la ética, ya que limitaría la autonomía profesional de los abogados, así como la libertad del cliente para elegir a su representante legal. Los mismos abogados que redactan y hacen cumplir los pactos de no concurrencia han asegurado repetidamente que ellos mismos deben estar exentos de tales cláusulas, todo ello por el bien común.

---

147. *The Economist*, «Schumpeter: Ties That Bind».

148. Lobel, *Talent Wants to Be Free.*

149. ABA Committee on Professional Ethics, dictamen oficial, 61-300 (1961).

Los efectos del pacto de no concurrencia en el rendimiento

El razonamiento que existe tras este tipo de acuerdos es que benefician a todas las partes. Según esta lógica, si no existieran, las organizaciones tendrían pocos incentivos para emplear su tiempo y dinero en el desarrollo de las aptitudes de los empleados o invertir en investigaciones innovadoras, ya que los empleados podrían abandonar la empresa fácilmente y marcharse con la competencia. Se protege la inversión del patrón y de ese modo se hace más factible, con lo que el empleado gana una valiosa formación y conocimientos. El resultado final asumido es que estas cláusulas son buenas para todos. No obstante, el problema que tiene esta lógica es que cada vez hay más estudios que refutan todas sus afirmaciones. La psicología económica y humana da pruebas de que cuando prevalecen los pactos de no concurrencia los accionistas lo sufren. Estos acuerdos parecen estar perjudicando más de lo que benefician, tanto a nivel regional como directivo, y sobre todo al empleado.

Hay un conjunto fehaciente de pruebas que sugieren que los estados y regiones que obligan al cumplimiento de cláusulas de no concurrencia dificultan su propia capacidad para crecer económicamente y además provocan la migración de los individuos con talento. El argumento más famoso en contra de los pactos de no concurrencia es la comparación entre el continuo crecimiento de Silicon Valley y el lento declive de la Ruta 128 de Boston.

Cuando la era informática aumentó drásticamente el ritmo de la innovación tecnológica ambas regiones estaban posicionadas para aprovecharse del cambio.[150] Su situación en el entorno de ciudades establecidas con grandes núcleos de población les permi-

---

150. Lobel, *Talent Wants to Be Free.*

tían disponer del talento necesario. Ambas contaban con universidades potentes en las cercanías, de las cuales podían extraer ideas e invenciones. Al principio, la Ruta 128 contaba con cierta ventaja en la carrera y disponía de más del triple de ofertas de trabajo que Silicon Valley, pero pronto le fue a la zaga. El índice de crecimiento local de Silicon Valley no tardó en triplicar al de la Ruta 128.

Para explicar este hecho los economistas señalaron una diferencia vital: el estado de California prohibió los pactos de no concurrencia. Desde 1872 la ley estatal de California ha impedido que se realice cualquier tipo de contrato que restrinja la capacidad de un individuo para ejercer una profesión legítima. La judicatura californiana ha mantenido firmemente que los pactos de no concurrencia son una violación del derecho del individuo para elegir su trabajo.[151]

En 1994 la economista AnnaLee Saxenian completó un exhaustivo estudio de las dos regiones y destacó varias razones por las que Silicon Valley tomó la delantera a la Ruta 128.[152] Saxenian señaló que las empresas de Massachusetts eran más formales, demasiado jerárquicas y de estructura vertical (en el diseño y manufactura de sus productos). Siguiendo esta línea, sus empleados rara vez rotaban en el interior de la compañía o se marchaban a otras empresas. El objetivo era simplemente ascender en la escala corporativa.

En Silicon Valley, por el contrario, las empresas operaban de un modo abierto y menos formal, con un diseño organizacional mucho más horizontal. Los empleados gozaban de mucha movilidad, tanto para emprender nuevos proyectos como para trasladarse a nuevas empresas. Este patrón creó una red amplia que

---

151. *Ibid.*

152. AnnaLee Saxenian, *Regional Advantage: Culture and Competition in Silicon Valley and Route 128,* Harvard University Press, Cambridge, 1994.

conectaba los mejores cerebros y facilitaba una rica transmisión de ideas cada vez que había un cambio de empleo. Aunque en su estudio no hablaba de los factores legales, Saxenian sí señaló que gran parte de la cultura de Silicon Valley parecía estar relacionada con la movilidad de los trabajadores de California, por lo que podemos colegir que también tuvo que ver con la prohibición del pacto de no concurrencia.

¿Y qué podemos decir de las consecuencias?

Esa pregunta la responderían otro grupo de economistas que se centró en un estado diferente. Entre 1905 y 1985 el estado de Michigan prohibió cualquier contrato que restringiera el derecho al empleo de los individuos, una proscripción de los acuerdos de no concurrencia.[153] Sin embargo, en 1985 el estado aprobó una ley por la que se abolía tal prohibición. La Reforma de la Ley Antimonopolio de Michigan (MARA) revocó numerosas leyes, entre las que se incluía la ley original aprobada en 1905. Las empresas vieron en ello la oportunidad perfecta para reintroducir los pactos de no concurrencia, en tanto que tres profesores lo vieron como una oportunidad perfecta para la investigación.

Los investigadores Matt Marx, del MIT, Jasjit Singh, de INSEAD, y Lee Fleming, de Harvard Business School, decidieron examinar los efectos de la MARA. «Se trata del experimento natural ideal para escoger a un grupo de la población —es decir, los inventores de Michigan en el momento previo a que cambiara la ley— y someterlos a este cambio de regulación», explicaba Fleming.[154] Los investigadores hicieron uso de la base de datos de

153. Matt Marx, Jasjit Singh y Lee Fleming, «Regional Disadvantage? Employee Non-compete Agreements and Brain Drain», *Research Policy* 44, n.º 2 (2015), 394-404.

154. Carmen Nobel, «Non-competes Push Talent Hawai», Harvard BusinessSchool: Working Knowledge, 11 de julio del 2011, http://hbswk.hbs.edu/item/6759.html (visitada el 18 de marzo del 2015).

patentes estadounidense para analizar el número de inventores que habían emigrado de Michigan y compararon las tasas de emigración con las de otros estados en las que no se permitían los pactos de no concurrencia. Descubrieron que después de aprobar la MARA aumentó el porcentaje de inventores que se marchaban de Michigan, en tanto que en los estados que no permitían la no concurrencia disminuía.[155] En otras palabras, cuando el estado empezó a imponer límites a su movilidad, los inventores se trasladaban con mayor rapidez a otros lugares en los que no existía este tipo de restricciones. Estos resultados son una muestra fehaciente de que cuando los estados permiten los pactos de no concurrencia crean una verdadera fuga de cerebros, ya que pierden a sus mejores trabajadores del conocimiento.

Pero ¿qué sucede con esas empresas que sí hacen cumplir los pactos de no concurrencia? Al fin y al cabo, aunque no sean buenos para la región, tal vez sí lo sea para las empresas.

Las investigaciones vuelven a contradecirlo. Investigadores de la Universidad de Maryland y de la Wharton School descubrieron que cuando un empleado se traslada de una empresa a otra, ambas compañías pueden resultar beneficiadas.[156] Rafael Corredoira y Lori Rosenkopf estudiaron empresas de semiconductores durante casi quince años, desde 1980 a 1994, y los inventos que esas empresas habían registrado en la oficina de patentes estadounidense, recopilando un total de 154 empresas y 42.000 patentes.

Les interesaba particularmente cómo se representaban en el archivo de patentes los vínculos que se generaban entre empresas cuando el personal migraba de una a otra. Por cada petición para

155. Marx et al., «Regional Disadvantage».

156. Rafael A. Corredoira y Lori Rosenkopf, «Should Auld Acquaintance Be Forgot? The Reverse Transfer of Knowledge Through Mobility Ties», *Strategic Management Journal* 31, n.º 2 (2010), 159-181.

el registro de una patente, el peticionario debía citar las diferentes patentes que habían influido en su desarrollo o las ideas en las cuales se basaba. Así, cuando los empleados se trasladaran a otra empresa, los investigadores podrían comprobar el efecto que tenían sus ideas en ella, dado que probablemente citarían a su anterior compañía en los formularios de registro de las nuevas patentes. Al fin y al cabo, ese es el principal motivo por el que existen pactos de no concurrencia: *para impedir que los empleados salientes se lleven ideas que pertenecen a su anterior empresa.*

Pero lo sorprendente es que los investigadores descubrieron que cuando un empleado abandona una compañía, tanto la vieja como la nueva comienzan a citarse respectivamente con más frecuencia. Esto sugiere que cuando un empleado abandona una empresa, esta sigue beneficiándose de sus conocimientos. Según la teoría de los investigadores, la razón para ello es la red social que crean los empleados salientes. Cuando alguien se va de una empresa se lleva las ideas, pero también sus propias relaciones personales. Así, sus excompañeros de trabajo se benefician de su conexión con la nueva empresa y las nuevas ideas de ese exempleado. Sin duda, el empleado saliente genera un efecto de polinización cruzada de ideas entre ambas compañías.

Curiosamente, este efecto era más significativo cuando las empresas estaban alejadas una de la otra. Esto implica que, debido a la distancia, la anterior empresa jamás habría recibido las ideas de la nueva sin que el empleado ejerciera de puente entre ambas. A pesar de que estos descubrimientos parecen contrarios a la lógica original de los pactos de no concurrencia, las pruebas son concluyentes. Las empresas que hacen cumplir con rigidez las cláusulas de no concurrencia podrían estar sufriendo, ya sea porque sus empleados no salen y pierden la oportunidad de establecer puentes con nuevas ideas, o porque tienen que buscar trabajo en un sector completamente diferente en el que las ideas resultan mucho menos útiles para la empresa de origen. En resumen, cuando los empleados pierden movilidad, no se accede a nuevo capital intelectual.

Aparte del efecto que puedan tener los empleados salientes en la generación de nuevas ideas, los acuerdos de no concurrencia podrían estar generando pérdidas de valor en las organizaciones a través de sus propios empleados. Los estudios sugieren que quienes tienen que trabajar con acuerdos de no concurrencia tan estrictos acaban estando menos motivados y siendo menos productivos.[157]

On Amir y Orly Lobel, dos estudiosos de la Universidad de San Diego, estudiaron el efecto de los pactos de no concurrencia sobre los individuos en el interior de un entorno de mercados simulado. Reclutaron a 1.028 participantes para realizar un experimento *online*. Se les asignaba uno de dos tipos de tareas al azar. La primera consistía en encontrar dos números de una matriz cuyo resultado diera exactamente 10 y se les pedía que completaran correctamente el mayor número de matrices que pudieran en el tiempo que les proporcionaban.

La otra tarea consistía en encontrar un término que estableciera una conexión entre tríos de palabras, lo que comúnmente se llama «prueba de asociación remota» (por ejemplo, las palabras «chedar», «suizo» y «pastel» pueden conectarse mediante el término «queso»). Esta se consideraba una tarea basada en la creatividad, en tanto que encontrar la matriz era considerada una tarea basada en el esfuerzo. Según la teoría de los investigadores, los participantes que completaban esta tarea reaccionarían de manera diferente, ya que durante las pruebas de creatividad se genera una mayor motivación interna.

---

157. On Amir y Orly Lobel, «How Noncompetes Stifle Performance», *Harvard Business Review* 92, n.º 1-2 (2014), 26.

Una vez asignados a su respectivo grupo de trabajo se les comunicó que la paga se establecería en función de los resultados. Cuantos más problemas resolvieran mayores serían sus ingresos. Además de esto, si resolvían el conjunto de problemas con rapidez recibirían una bonificación. Si lo finalizaban a tiempo y todos los resultados eran correctos recibirían más dinero, pero tendrían un bonus fijo aunque algunos fueran incorrectos. A todos los participantes se les dijo que si completaban la tarea asignada les encargarían un nuevo trabajo pagado.

Dentro de cada grupo de trabajo los participantes tenían que trabajar bajo un régimen distinto. El primero de ellos firmaba un pacto de no concurrencia y aunque completaran su tarea no podrían recibir una tarea similar pagada. El segundo grupo participaba de un pacto de no concurrencia parcial. Tenían la misma restricción que el primer grupo, pero podían librarse de ella si entregaban parte de sus ganancias futuras a la primera «empresa» (el primer encargo por el que recibieron un pago). El tercer conjunto de trabajadores era un grupo de control sin restricción alguna.

A Amir y Lobel, al contrario que a muchos otros investigadores, no solo les interesaba medir el rendimiento individual de los participantes en la tarea asignada. También querían medir el índice de abandono que se generaba. «La conducta derivada de la motivación en el trabajo que tiene un significado económico más potente es abandonar antes de recibir la paga», explicaba Lobel.[158] Un alto índice de abandonos significaría que una de las condiciones estaba generando grandes dosis de desmotivación. Y el abandono era un factor muy significativo.

Al analizar los resultados Amir y Lobel descubrieron que el 61 por ciento de los participantes sometidos al pacto de no concu-

158. Lobel, *Talent Wants to Be Free*, p. 177.

rrencia acabaron abandonando la tarea antes de recibir pago alguno, comparado con el 41 por ciento de índice de abandonos que hubo en el grupo de control. Además, entre los que permanecieron en el primer grupo hasta el final se producían el doble de respuestas incorrectas. También se saltaban un mayor número de problemas y empleaban menos tiempo en el conjunto de los ejercicios.

Todos estos hallazgos sugieren que al someter a los individuos a pactos de no concurrencia su motivación desciende significativamente. Estar poco motivado no solo influye en un descenso de la productividad, sino que también hace que aumenten las posibilidades de cometer errores. Las consecuencias tienen gran impacto: es posible que los pactos de no concurrencia eviten que los trabajadores abandonen la organización, pero también podría impedir que su rendimiento sea apreciable.

Entornos laborales ajenos a la no concurrencia

Si al efecto positivo que tiene la movilidad en la motivación y la productividad de cada empleado individual, le sumamos el incremento de capital intelectual que se genera en las empresas incluso cuando el trabajador las abandona, tenemos pruebas suficientes para apoyar a todos aquellos que ofrecen más libertad a su personal. Hay compañías que no han tenido que esperar a tener todas estas pruebas, ya que descubrieron hace tiempo que llevar una política contraria a la no concurrencia ha ayudado enormemente a su organización. Se benefician de la creación de entornos laborales ajenos a ese concepto de competencia, culturas en las que las ideas se comparten abiertamente incluso con personas ajenas a la organización.

Por ejemplo, Wieden y Kennedy (W+K), siempre fue conocida por resistirse a las tradiciones de las agencias de publicidad de Madison Avenue con las que compite. W+K se fundó gracias a la sociedad creada por Dan Wieden y David Kennedy en un Día de los Inocentes de 1982.[159] A partir de entonces, sus raíces han ido extendiéndose desde el sótano en donde se fundó (en Portland, Oregon) hasta convertirse en una de las agencias de publicidad independientes más grandes del mundo. Por el camino ha ido adquiriendo una reputación de irreverencia y excelencia gracias a su trabajo en campañas para corporaciones como Coca-Cola, Proctor & Gamble y Nike. A Wieden de hecho se le atribuye la creación del eslogan «*Just Do It*».

Uno de los programas que motiva el éxito de W+K desde 2004 es «WK12», una escuela de publicidad propia. Cada año escogen a doce estudiantes para que aprendan los métodos publicitarios de la agencia y desarrollen un currículo propio. Los estudiantes no suelen provenir de los programas de marketing tradicionales de las escuelas de empresariales y muchos de ellos carecen de experiencia en publicidad. La solicitud de ingreso en el programa sigue el espíritu W+K y consta de un sobre de 12x20 centímetros con instrucciones para poner en él cualquier cosa que los aspirantes crean que puede ayudarles a ganar un puesto. Una vez que se acepta la propuesta el estudiante paga una matrícula a W+K y cubre sus propios gastos mientras dura el curso. Se imparten algunas clases formales durante el día, pero no existe un horario establecido como en cualquier otra escuela. Los estudiantes entran y salen de diferentes equipos de trabajo en los que realizan proyectos reales para clientes reales. Además, también trabajan

---

159. Sarah Jane Rothenfluch, «Dan Wieden Talks About W+K», Think Out Loud (Oregon Public Broadcasting), (8 de mayo del 2013, http://www.opb.org/radio/programs/thinkoutloud/segment/dan-wieden-talks-about-wk/ (visitada el 30 de marzo del 2015).

con encargos estructurados, problemas internos de la compañía y proyectos personales.

No obstante, no se trata de unas prácticas, ya que no garantiza que después trabajes en W+K y de hecho no suele suceder. «Siempre hemos dejado claro que se equivocan si tienen expectativas de conseguir un contrato tras finalizar el curso», dice Jelly Helm, fundadora y directora del programa desde hace varios años.[160] Su intención es en realidad proporcionar una inyección constante de nuevas ideas y perspectivas frescas. No se trata de un trabajo, de modo que WK12 no podría obligarlos a cumplir un pacto de no concurrencia. Pero lo más probable es que la empresa tampoco lo intentara. Se trata de un acuerdo entre la voz de la calle y la propia empresa. La firma proporciona una oportunidad única para aprender de ella y desarrollar un currículo y a cambio obtiene ideas reveladoras a las que no tendría acceso de otro modo. Cuando ambas partes se separan (y muchos de los estudiantes licenciados acaban en la competencia) todos han sacado provecho del intercambio. Como experimento, el entorno libre de concurrencia de WK12 ha generado un caldo de cultivo idóneo para ideas geniales. Aunque actualmente el programa se encuentra interrumpido, cabe esperar que continúe su evolución y genere nuevas ideas sorprendentes a través de esta efímera influencia.

La idea de introducir individuos en un entorno libre de concurrencia para que aprendan y evolucionen mientras trabajan en proyectos de empresa reales no es nueva. La ciencia y la ingeniería los ponen en práctica desde hace mucho tiempo. En la década de 1980 IBM comenzó un programa de posdoctorado en el Almaden Lab de San José, California.[161] Este laboratorio contrataba a doctorados recién licenciados (la mayoría de ellos proce-

---

160. Jelly Helm, entrevista personal con el autor, 3 de junio del 2015.

161. Lobel, *Talent Wants to Be Free.*

dentes de Stanford, un poco más abajo en la misma calle) con unas condiciones muy parecidas a una beca de investigación de posdoctorado universitaria. Los nuevos doctores trabajaban para IBM uno o dos años y ayudaban con los proyectos de la compañía al tiempo que mejoraban sus conocimientos. Tras esto acababan trabajando para una universidad o alguna otra empresa relacionada.

En esta situación de becas de posdoctorado se creó un entorno libre de competitividad, algo sin duda realzado por la decisión de situar el laboratorio en California, donde no habría sido posible aplicar ningún pacto de concurrencia. Los líderes de IBM eran conscientes de que perderían parte de su talento, pero confiaban en que la empresa podría beneficiarse al permitir que esos empleados aportaran planteamientos novedosos y después se marcharan para conectar IBM con otras instituciones vecinas. Esos vínculos, tal como mostraron Corredoira y Rosenkopf en su estudio sobre la industria de semiconductores, acabarían siendo una fuente de nuevas ideas.

De hecho, Lee Fleming y Koen Frenken descubrieron en un estudio acerca de las redes que interconectan a los inventores de Silicon Valley que Almaden Lab era uno de los nodos relacionales más importantes de la zona.[162] Esa red social también sirvió para reforzar la imagen y la reputación de IBM en la industria y les permitió contratar un mayor número de empleados talentosos. Sin duda, esta reputación y conexiones que generó el Almaden Lab sirvió para que IBM diera un giro a su modelo de negocio y se mantuviera a flote a medida que la industria empezaba a apartarse del mundo de las computadoras centrales.

---

162. Lee Fleming y Koen Frenken, «The Evolution of Inventor Network in the Silicon Valley and Boston Region», *Advances in Complex Systems* 10, n.º 1 (2007), 53-71.

El programa de posdoctorado de IBM entró en modo hibernación cuando estalló la burbuja puntocom en la década de 1990. No obstante, han vuelto a ponerlo en marcha recientemente y otras multinacionales del área de Silicon Valley han seguido sus pasos[163]. Google, Microsoft, Yahoo!, Intel y Hewlett-Packard abarrotan sus centros de investigación de alto rendimiento con posdoctorados, pero nadie espera prácticamente de ninguno de ellos que permanezcan para siempre en la casa que los ha acogido.

Proctor & Gamble ha desarrollado un nuevo programa que lleva la idea del entorno de libre competencia a otro nivel de compromiso. P&G tuvo fama durante décadas de promulgar una cultura del secretismo en la que incluía incluso normas estrictas para impedir que se hablara de los programas y productos de la compañía fuera del lugar de trabajo y con empleados de la competencia.[164] No es de extrañar que ese nivel de secretismo llevara a un estancamiento en la línea de productos de P&G y a un declive en la innovación.

Para el año 2000 el efecto de ese declive había afectado incluso a las arcas de la compañía, ya que los precios de sus acciones bajaron hasta quedarse en la mitad. Ese año el liderazgo de la empresa recayó sobre A.G. Lafley, que había sido alto ejecutivo durante muchos años. Entre sus ideas para dar un vuelco a la empresa se incluía eliminar esa cultura del secretismo. Tenía la seguridad de que para seguir siendo competitivos la empresa estaba obligada a reconocer que necesitaba a la competencia. Según sus cálculos, la compañía no debía confiar solo en las 7.500 personas que integraban el equipo de investigación y desarrollo, sino que requería virtualmente los conocimientos de un millón de personas. Así que «Investigación y Desarrollo» se convirtió en «Conexión y Desarrollo».

---

163. Lobel, *Talent Wants to Be Free.*

164. *Ibid.*

El objetivo de este departamento era que el 50 por ciento de la innovación de Proctor & Gamble procediera de ideas generadas o desarrolladas fuera de la empresa.[165] Para ello P&G necesitaba sustituir sus muros y compartimentalización por redes. La empresa creó varias líneas de comunicación con diferentes investigadores académicos, proveedores y a veces incluso con competidores, todos ellos dedicados a encontrar ideas y crear conexiones entre ellas. La idea era trabajar con ideas que confluyeran con las necesidades de los consumidores, sin importar que estas procedieran del interior de la empresa, y desarrollarlas en torno a una marca que ya existiera en Proctor & Gamble. Por ejemplo, se asociaron con la química italiana Zobele para potenciar su marca Febreze por medio del lanzamiento de varios productos ambientadores nuevos.[166] Esta sociedad daría sus frutos al conseguir que Febreze llegara a ser una marca valorada en mil millones de dólares, algo que no habría sido posible sin asociarse con una química italiana que de haber seguido con la mentalidad anterior se habría considerado una empresa de la competencia.

El programa Conecxión y Desarrollo ha funcionado tan bien que la empresa ha lanzado un portal propio en Internet para que cualquiera pueda hacerles llegar sus ideas. La empresa ya no prohíbe mantener conversaciones con la competencia, sino que se ha comprometido a asociarse con cualquiera, desde personal procedente del mundo académico o de laboratorios de investigación, a competidores a pequeña y gran escala. Este cambio de mentalidad

---

165. MLab, «Innovating Innovation: Proctor & Gamble», http://www.managementlab.org/files/u2/pdf/case20studies/procter.pdf (visitada el 1 de abril del 2015).

166. P&G, «Febreze® Embracing C+D to Become a Billion $ Brand», 1 de enero del 2013, http://www.pgconnectdevelop.com/home/stories/cd-stories/20130101-febreze-embracing-cd-to-become-a-billion-brand.html (visitada el 1 de abril del 2015).

vino acompañado también por un giro financiero. P&G ha conseguido superar con creces su declive en los mercados desde que se puso en marcha Conecxión y Desarrollo, y en gran parte se debe a centrarse en los objetivos que se había marcado Lafley: más del 50 por ciento de las iniciativas de producto de P&G recaen ahora en colaboraciones ajenas a la empresa.[167]

Aunque es posible que algunas de las empresas de las que se habla en este capítulo continúen haciendo cumplir pactos de no concurrencia con algunos de sus empleados, todos ellos se han beneficiado al desarrollar un entorno en el que sus empleados pueden compartir la información con libertad incluso cuando dejan de trabajar para la empresa. Las experiencias de estas compañías son un ejemplo alentador de la investigación que se practica actualmente. A pesar de la aparente ubicuidad de los pactos de no concurrencia, que existen en todas partes, desde iglesias a establecimientos de venta de bocadillos, las pruebas del campo económico y psicológico indican que los beneficios de este tipo de pactos no compensan los costes que generan en las personas que los firman y las empresas que los promueven. De hecho, se generan mayores beneficios cuando se otorga verdadera libertad al talento y la información y se construyen entornos de libre competencia.

167. Mike Addison,«P&G Connect and Develop – An Innovation Strategy That Is Here to Stay», Inside P&G, http://www.pg.com/en_UK/news-views/Inside_PG-Quarterly_Newsletter/issue2/innovation3.html (visitada el 1 de abril del 2015).

7

ACABA CON LAS EVALUACIONES DE RENDIMIENTO

Hace mucho tiempo que se da por sentado que las evaluaciones de rendimiento son de vital importancia en el trabajo de gestión. Pero muchas empresas han descubierto que cuando las estructuras de gestión del rendimiento son rígidas los empleados son incapaces de mejorar, de modo que algunos líderes inteligentes han empezado a eliminarlas en favor de nuevas medidas que puedan llevar a una mejora real del rendimiento.

Hasta el año 2012 el proceso de gestión del rendimiento de Adobe Systems funcionaba de manera muy parecida al de otras multinacionales. Una vez al año celebraban una reunión entre sus más de 11.000 empleados y jefes para realizar una evaluación del rendimiento anual, el eje alrededor del cual suelen girar la mayoría de sistemas de gestión del rendimiento. Sin embargo, todo esto cambió a principios del año 2012, cuando una ejecutiva con jet-lag comenzó involuntariamente un proceso que acabaría mandando al traste la revisión anual de Adobe.[168]

---

168. Rebecca Hinds, Robert Sutton y Hayagreeva Rao, «Adobe: Building Momentum by Abandoning Annual Performance Reviews for Check-ins»», Estudio de caso realizado en Stanford Graduate School of Business HR38, 25 de julio del 2014, file:///C:/Users/Cynthia20Buck/Downloads/HR38.pdf.

En marzo del 2012, Donna Morris, que ostentaba entonces el cargo de vicepresidente del departamento de Recursos Humanos de Adobe, acababa de llegar a la India para visitar las oficinas de la empresa cuando accedió a realizar una entrevista con la revista *Economic Times*. En el transcurso de esta le preguntaron qué podía hacerse para transformar el departamento de Recursos Humanos.

Morris, que no había dormido tras ese largo vuelo, contestó con presteza: «Nuestro plan es abolir el formato de revisión de rendimiento anual»[169] A pesar de que ya había estado sopesando esta idea e incluso había reunido a un pequeño equipo para hablar sobre ello, todavía no le había comentado nada al CEO de la empresa. Adobe no tenía ningún plan oficial de revisar su sistema.

No obstante, el periodista publicó la cita y al día siguiente el comentario de Morris alcanzó el dominio público en primera plana con un artículo titulado: «Adobe Systems está dispuesto a eliminar las evaluaciones anuales para basarse en informes regulares que recompensen a la plantilla». En un esfuerzo por adelantarse al artículo, Morris citó al equipo de comunicación de Adobe y a pocos días de su regreso a Estados Unidos publicó un artículo en la Intranet de la compañía haciendo un llamamiento para que todos se comprometieran a revisar los métodos de evaluación del rendimiento de Adobe. Irónicamente, este artículo no tardó en convertirse en el más leído de la Intranet de la empresa y generó una cantidad asombrosa de discusiones e impulsó un cambio real en las evaluaciones de rendimiento.

Antes del profético viaje de Morris a la India la revisión anual de Adobe era de lo más ordinaria. Los jefes reunían ejemplos de ejercicios pasados una vez al año, realizaban evaluaciones de des-

---

169. *Ibid.*, p. 1.

empeño de 360 grados a cada empleado y escribían un informe del rendimiento que mostraba cada uno de ellos. Tras esto, el jefe asignaba una calificación total a cada empleado separándolos en cuatro categorías: alto rendimiento, buen rendimiento, rendimiento sólido o bajo rendimiento.

Estas calificaciones se rigen por lo que suele llamarse sistema de clasificación ordenado: hay una distribución fija de cada uno de los grupos. Por ejemplo, los empleados de «alto rendimiento» no pueden superar el 15 por ciento de un equipo. Realizar estas clasificaciones correctamente era un proceso costoso en muchos aspectos. Adobe calculaba que su equipo de dirección necesitaba 80.000 horas de su tiempo al año para llevar a cabo todas las entrevistas, lo que equivaldría a unos 40 empleados que trabajan a tiempo completo durante todo el año. Para colmo, los meses posteriores a esta evaluación se producía un pico en el índice de abandonos, que solo podía atribuirse a empleados decepcionados que decidían abandonar la empresa tras haber recibido unas calificaciones que no cumplían con sus expectativas.

Razones como esta añadían leña al fuego de la discusión que solicitó Morris en el artículo publicado en la Intranet de la empresa, afirmando que «necesitamos conseguir tres objetivos imprescindibles: revisar las contribuciones, recompensar los logros y dar y recibir *feedback*. ¿Tiene que suponer esto un proceso engorroso? No lo creo. Ha llegado el momento de pensar de una manera radicalmente diferente».[170]

Morris hizo un llamamiento a los empleados de Adobe para que la ayudaran a idear un modelo nuevo mejor. «Si nos deshiciéramos de nuestra "revisión anual", ¿qué te gustaría que la remplazara? ¿A qué tendría que parecerse para que inspirase, motivara y valorase las contribuciones de manera más efectiva?»

170. *Ibid.*, p. 13.

El momento en el que Morris hizo este llamamiento al cambio, el modelo de rendimiento de Adobe era fiel reflejo del que tenía lugar a escala global en su modelo de negocio.[171] Por aquel tiempo Adobe era una compañía con treinta años de experiencia que se había convertido en un proveedor de primer orden de software para profesionales de la industria creativa. Su modelo de negocio, como el de muchas de las empresas de software que se crearon entonces, implicaba distribuir sus productos a través de establecimientos que vendían discos de instalación y paquetes de códigos de licencia. Una vez al año, o siempre que fuera preciso, Adobe usaba esos mismos canales para sacar al mercado una versión actualizada con características mejoradas y disfunciones técnicas reparadas. Estas versiones mejoradas también aportaban nuevas ventas de licencias para la empresa. No obstante, al cabo de tres décadas se había desarrollado una tecnología que les permitía distribuir todo ese software por Internet. En el 2012 Adobe comenzó a cambiar su modelo de negocio para basarlo en una suscripción a la que se accedía a través de la nube. Los usuarios podían descargar el software de Adobe *online* e inscribirse para pagar una cuota mensual por el software al que necesitaban acceder.

La compañía empezaba a abandonar ese modelo de negocio con el que había funcionado durante treinta años, pero seguía usando unos sistemas de gestión del rendimiento que eran tan viejos como aquel. Si los clientes de Adobe querían un compromiso a tiempo real, ¿por qué sus empleados no podían beneficiarse de un proceso similar? Una cosa iba quedando clara a medida que Morris comenzaba a interactuar con los empleados y a recoger opiniones sobre el proceso actual: la revisión anual no alcanzaba el aprobado. Así que Morris y Adobe hicieron buena la promesa

171. *Ibid.*

del *Economic Times* y abolieron las evaluaciones de rendimiento anuales.

Para otoño del 2012 Adobe había rediseñado completamente su sistema de gestión del rendimiento para eliminar la sesión de revisión anual y remplazarla por un proceso de «*check-in*» más frecuente y menos formal. Ese enfoque de «*check-in*» se correspondía con la solución que buscaban Morris y los empleados de Adobe. Los jefes se reúnen con los empleados un mínimo de una vez por trimestre, aunque se programan muchas revisiones mensuales y también al finalizar un proyecto. No hay guión para las discusiones y tampoco papeleo que rellenar. Sin embargo, todas estas discusiones de revisión se centran en tres temas: expectativas, opiniones y crecimiento y desarrollo.

La discusión de las expectativas implica fijar objetivos claros, seguir su desarrollo y revisarlos según cada puesto individual y cada proyecto en curso. Durante esta charla se especifican las funciones y las responsabilidades, así cómo los indicadores del éxito. Las expectativas surgen de las presentaciones de objetivos de la compañía que realizan los líderes ejecutivos de manera anual, pero los jefes y empleados colaboran amistosamente para aclarar cómo la compleción de proyectos y las tareas de cada empleado ayudan a conseguir esos objetivos. Esas expectativas son registradas para que puedan servir de información en futuras sesiones.

Morris se percató de que los empleados querían recibir *feedback* de sus proyectos de manera más frecuente y actualizada. También querían que sus jefes los orientaran sobre su rendimiento reciente en comparación con lo esperado, para saber en qué situación se encontraban y si había que ajustar las expectativas para subir o bajar el listón. Ahora que la opinión sobre su trabajo se incluye en revisiones regulares, los empleados también tienen la oportunidad de hacerles saber a sus jefes si están cumpliendo las necesidades del trabajador.

Incluir el crecimiento y desarrollo de los empleados en estas revisiones permite que puedan hablar con sus jefes sobre nuevas oportunidades. Los empleados examinan su papel actual y las expectativas que tienen del desarrollo de sus carreras y luego reciben consejo de los jefes acerca de los conocimientos, aptitudes y habilidades que necesitan mejorar en su papel actual para acercarse al futuro que imaginan para sí mismos. Al contrario que pasa con la perspectiva de retrovisor que ofrecen la mayoría de revisiones de rendimiento anuales, hablar sobre el crecimiento y desarrollo que muestran los empleados permite realizar una lluvia de ideas sobre los objetivos a cumplir por los trabajadores y comprobar si se ajustan a la estrategia de Adobe. Y lo más importante, esta parte de las revisiones ayuda a que los empleados se hagan cargo de su propia carrera y plan de desarrollo laboral, con lo que se sienten más capacitados para crecer.

Aunque estos tres elementos pasaron a formar parte de conversaciones mucho más frecuentes entre jefes y empleados, ciertas cosas debían seguir permaneciendo en el esquema de trabajo anual. Las expectativas tendían a fijarse anualmente (pero podían revisarse si las circunstancias lo exigían) para ajustarse al ciclo de planificación de la empresa. Además, las decisiones sobre compensación también seguían tomándose una sola vez al año. No obstante, sin esa clasificación entre «bajo y alto rendimiento» que determinaba el incremento de méritos, Adobe trasladaba las decisiones salariales a cada jefe en particular. Los jefes obtuvieron un presupuesto fijo y el permiso para distribuirlo entre su equipo en base al cumplimiento de las expectativas.

El cambio del sistema antiguo a un proceso de revisión más frecuente y menos formal supuso una gran transición, de modo que Morris y su equipo necesitaban asegurarse de que todos sabían qué cambiaba y por qué. Adobe concertó reuniones para ayudar a que los jefes y empleados tomaran conciencia respecto al cambio. También crearon sesiones de formación para que los jefes aprendieran a estructurar mejor las sesiones de revisión del trabajo. Sorprendentemente, un 90 por ciento de ellos participó en el cursillo. Además, la compañía creó un centro de recursos del empleado para responder a las preguntas más frecuentes sobre la gestión del rendimiento, orientación laboral y aprovechar al máximo los «*check-in*».

Dos años después de la muerte de la antigua revisión anual, el proceso de «*check-in*» funciona de maravilla. Morris ha descubierto que la moral ha aumentado significativamente entre empleados y jefes, algo que en gran parte se debe a que reciben *feedback* sobre las tareas con más frecuencia. «Los check-in suponen una revisión de 180 grados (un giro cuantitativo) en el sentido de que ofrecen al personal el material que necesitan para mejorar su rendimiento y cambiar la trayectoria —afirma Morris—. Cambia completamente el modo de sentir de los empleados respecto a su trabajo y las oportunidades de las que disponen. Los comentarios realizados ahora se consideran un regalo».

Esa mejoría respecto a la moral ha llevado también a una mejora de las estadísticas. Adobe ha experimentado un descenso del 30 por ciento en el número de empleados que dejan la empresa y un 50 por ciento de aumento en salidas involuntarias, ya que se lidia de manera más directa y rápida con las personas que no cumplen las expectativas, que no pueden esconderse en su agujero hasta la siguiente revisión de rendimiento anual. Y lo más importante, la empresa ha recuperado la mayor parte de esas 80.000 horas que los jefes empleaban en las revisiones anuales. El éxito del cambio en la gestión del rendimiento es el reflejo del éxito global de Adobe en el viraje de su modelo de negocio. Los ingresos de Adobe por servicios de suscripción sobrepasaron los de paquetes de licencias, y continúan en ascenso.

Por qué los análisis del rendimiento no llegan al aprobado

En tanto que herramienta, el análisis del rendimiento se remonta a la década de 1930.[172] Aunque la medición del rendimiento se remonta más en el tiempo (hasta Frederick Winslow Taylor y su histórico cronómetro), fue Elton Mayo quien pronto rivalizó con las ideas de Taylor y proporcionó la chispa necesaria para encender el fuego de la gestión del rendimiento. En su famoso estudio de los trabajadores de la Western Electric Company conocido como Hawthorne Works, Mayo se percató de que la productividad y la moral estaban directamente relacionadas con la forma en que se sentían los empleados respecto a la estructura social de la organización y el interés que su jefe mostraba en su éxito y bienestar.[173]

Los descubrimientos de Mayo dieron a luz el movimiento de las relaciones humanas y transformó el papel que tenían los jefes, que pasaron de medir y hacer cumplir los estándares de rendimiento a orientar a los empleados sobre la mejor forma de alcanzarlos. Pronto esos actos informales de orientación se convirtieron en reuniones formales. Unos veinte años después del revelador estudio de Mayo, las reuniones de análisis del rendimiento se habían integrado perfectamente en el entorno laboral, gracias a la inclusión de la Ley de Calificación del Rendimiento de 1950. La ley estipulaba que todos los empleados federales recibieran una evaluación de rendimiento anual que se incluyera en estas tres califi-

---

172. Claire Suddath, «Performance Reviews: Why Bother?» *Bloomberg Business Week*, 7 de noviembre del 2013, http://www.bloomberg.com/bw/articles/2013-11-07/the-annual-performance-review-worthless-corporate-ritual (visitada el 30 de enero del 2015).

173. Elton Mayo, «Hawthorne and the Western Electric Company», en *The Social Problems of an Industrial Civilization,* Macmillan, Nueva York, 1933.

caciones: sobresaliente, satisfactorio o insatisfactorio.[174] Estas calificaciones no tardaron en venir acompañadas de bonificaciones, aumentos de salario y ascensos.

El momento crítico para los análisis de rendimiento llegó en la década de 1980, momento en que Jack Welch popularizó la idea de que ese sistema de calificaciones debía incluir una distribución forzosa. Es decir, que los empleados tenían que ser clasificados según sus méritos. Welch, CEO de General Electric, implantó un sistema de ranking forzoso (también llamado sistema de escalafones o de clasificación y despido) en el que todos los ejecutivos entraban en tres categorías.[175] Los de la categoría A (que suponían el 20 por ciento) estaban arriba y recibían recompensas estupendas. Los de clase B (el 70 por ciento) quedaban en medio y se invertía lo mínimo en ellos. Y los de tipo C (el 10 por ciento) estaban en el escalafón más bajo y tenían un tiempo limitado para mejorar su rendimiento antes de que los pusieran en la calle.

La adopción de Welch del exigente sistema de clasificación y despido llevó a muchos otros líderes a hacer lo propio, sobre todo debido a que General Electric multiplicó sus ganancias por veintiocho durante los veinte años que duró su mandato.[176] Pronto se desarrollaría una industria multimillonaria para servir los deseos de ranking forzado de los líderes corporativos. En el 2012 la mayoría de las empresas incluidas en Fortune 500 afirmaban usar un sistema de evaluación del rendimiento similar al del gráfico de

---

174. National Research Council, *Pay for Performance: Evaluating Performance Appraisal and Merit Pay,* National Academies Press, Washington, DC, 1991, p. 16.

175. Jack Welch y John A. Byrne, *Jack: Straight from the Gut*, Business Plus, Nueva York, 2001.

176. Jacob Morgan, *The Future of Work: Attract New Talent, Build Better Leaders, and Create a Competitive Organization,* Jossey-Bass, San Francisco, 2014.

Welch.[177] Pero al tiempo que aumentaba la popularidad de ese método ya tradicional, también lo hacía la desilusión que generaba la gestión del rendimiento. Según una encuesta del 2013, el 95 por ciento de los jefes estaba insatisfecho con su proceso de evaluación del rendimiento y el 90 por ciento de los que trabajan en Recursos Humanos consideran que las evaluaciones de rendimiento no fueron acertadas, y mucho menos efectivas a la hora de aumentar la productividad.

Bob Sutton, un psicólogo organizacional de la Universidad de Stanford, resume perfectamente el desasosiego y falta de efectividad de las revisiones de rendimiento al compararlas con una receta médica: «Si las evaluaciones de rendimiento fueran una droga no recibirían la aprobación de la Agencia de Alimentos y Medicamentos —declaró al *New York Times*— porque tienen demasiados efectos secundarios y a menudo no sirven para nada».[178] Las especulaciones acerca de por qué la revisión anual resulta un tratamiento tan poco efectivo para la mejora del rendimiento son muy variadas y su complicación deriva de la intención del propio proceso de análisis del rendimiento: proporcionar *feedback* que mejore la productividad. En teoría, después de un análisis del rendimiento los empleados deberían estar mejor capacitados para identificar los aspectos en los que tienen que crecer y mejorar. Sin embargo, hay estudios recientes que refutan esa teoría.

Para empezar, cada individuo tiene una actitud diferente respecto al rendimiento y a la confianza en su propia capacidad de mejora. Por lo general, todas las personas se inscriben en tres categorías a la hora de enfocar su habilidad para mejorar y conse-

---

177. Leslie Kwoh, «Rank and Yank Retains Vocal Fans», *Wall Street Journal*, 31 de enero del 2012.

178. Phyllis Korkki, «Invasion of the Annual Reviews», *New York Times*, 23 de noviembre del 2013.

guir los objetivos. Las que están orientadas el aprendizaje, cuyo rendimiento es flexible y por lo tanto capaz de mejorar mediante el tiempo y el esfuerzo; las que está orientadas a probar su rendimiento y se esfuerzan por demostrar su competencia, pero no necesariamente piensan que pueden mejorar; las que están orientadas a evitar la evaluación del rendimiento, que también ven sus capacidades como algo inmutable, pero se centran en evitar situaciones que inviten a juzgar su rendimiento.[179] Carol Dweck, psicóloga de la Universidad de Stanford, popularizaría más tarde una reconcepción de estas tres categorías en dos actitudes que motivan el desarrollo y la consecución de objetivos: la mentalidad de crecimiento y la mentalidad fija, de entre las cuales esta representaría los dos últimos tipos de orientación del rendimiento.[180] Dweck descubrió diferencias enormes entre ambas mentalidades cuando se trataba de mejorar el rendimiento en varios campos, desde el aprendizaje en la escuela primaria al rendimiento en el entorno laboral. También aducía que esa mentalidad puede cambiarse e incluso ser modelada, es decir, que las organizaciones podrían ayudar a sus empleados a adoptar una mentalidad de crecimiento y a rendir más incluso.

Las evaluaciones de rendimiento se perciben de manera diferente según el tipo de mentalidad que tenga el individuo. Las personas cuyo objetivo es el aprendizaje podrían recibir con alegría las evaluaciones por tratarse de una oportunidad de recibir la crítica constructiva que necesitan para mejorar. Para los que se orientan a justificar el propio rendimiento o tienen una mentalidad fija, esa revisión podría suponer la confirmación de su per-

---

179. Don VandeWalle, «Development and Validation of a Work Domain Goal Orientation Instrument», *Educational and Psychological Measurement* 8 (1997), 995-1015.

180. Carol S. Dweck, *Mindset: La actitud del éxito*, Ediciones B, Barcelona, 2007.

cepción individual de las prestaciones que cumplen o el cuestionamiento de las mismas. Dicho esto, lo que se esperaba de la evaluación del rendimiento es que fuera vista como una oportunidad para adoptar una orientación hacia el aprendizaje o una mentalidad de crecimiento. Al fin y al cabo, la máxima común dice que no se evalúa al individuo, sino el rendimiento, y que el propósito de la evaluación es ayudar al sujeto a mejorar su nivel.

Sin embargo, esa lógica no se mantenía en pie cuando se la ponía a prueba. Tres investigadores liderados por Satoris Culbertson, profesor adjunto de gestión empresarial en la Universidad de Kansas State, diseñaron un estudio para determinar si la orientación hacia el objetivo afectaba a las reacciones individuales sobre las valoraciones del rendimiento y cómo procesaban las críticas. En otras palabras, ¿sirven realmente las evaluaciones para ayudar a mejorar el rendimiento?[181] Culbertson y sus compañeros encuestaron a 234 empleados de la plantilla de una universidad sin especificar del sudoeste de Estados Unidos. Acababan de recibir una evaluación de rendimiento tres meses antes del sondeo. Estas evaluaciones incluían una nota global que iba del 1 (no cumple las expectativas) al 4 (rendimiento sobresaliente). Los investigadores pidieron a los miembros de la plantilla que les comunicaran las notas que habían recibido, pero también su grado de satisfacción al respecto y si estaban contentos con las críticas recibidas. Además, también se les realizó una serie de preguntas para determinar su orientación por objetivos (si se centraban en el aprendizaje, el propio rendimiento, o en evitar la evaluación). Culbertson y su equipo daban por sentado que los que estuvieran centrados en el rendimiento (y que por lo tanto tenían mentalidad fija) no esta-

---

181. Satoris S. Culbertson, Jaime B. Henning y Stephanie C. Payne, «Performance Appraisal Satisfaction: The Role of Feedback and Goal Orientation», *Journal of Personnel Psychology* 12, n.º 4 (2013), 189-195.

rían satisfechos con los resultados y que aquellos orientados al aprendizaje apreciarían y aprovecharían los comentarios de las calificaciones. Pero no fue eso con lo que se encontraron.

Al analizar los resultados de la encuesta descubrieron que quienes recibían calificaciones negativas estaban decepcionados con el proceso de evaluación, independientemente de su tipo de orientación por objetivos o de la mentalidad que tuvieran. Los empleados que se centraban en el rendimiento estaban insatisfechos, pero incluso los individuos orientados al aprendizaje estaban descontentos con una revisión cuyo propósito era ayudarles a mejorar y a desarrollar sus aptitudes. Estos resultados desafían la lógica de las revisiones de rendimiento y sorprendieron a los investigadores. «Creíamos que en última instancia serían capaces de aceptarlas y aplicarlas a sus respectivos trabajos —explica Culbertson—. Pero los comentarios negativos no sentaban bien a ninguno de los grupos.[182]

Es importante matizar que el equipo de investigación no tenía acceso a las propias evaluaciones, sino que les pedían a los empleados que las comunicaran ellos mismos. Al hacerlo de esta forma, captaban la visión del empleado sobre si su revisión había sido positiva o negativa, no la intención que tenía el jefe al realizarla. Esta distinción resulta muy importante porque enfatiza que aquello que a una organización puede parecerle una crítica positiva el empleado puede verlo de una manera completamente diferente. Para decirlo de otro modo, un jefe puede considerar que ha puesto una buena nota al otorgar un 3, pero el empleado que espera un 4 no lo verá del mismo modo.

Los resultados de la investigación indican que incluso los trabajadores cuyo objetivo principal es el aprendizaje, aquellos que deberían tener más capacidad para mejorar, se desmotivan al reci-

182. Jena McGregor, «Study Finds That Basically Every Single Person Hates Performance Reviews», *Washington Post*, 27 de enero del 2014.

bir una calificación peor que la esperada. Este efecto se agrava cuando las empresas insisten en acompañar estas evaluaciones de un ranking forzoso o posicionamiento gráfico, un sistema que reduce al mínimo el número de empleados que recibe la clasificación más alta y aumenta con ello el número potencial de trabajadores desmotivados. Los resultados del estudio sugieren que prácticamente todos, incluso aquellos que realmente quieren mejorar, otorgarían una baja calificación a su proceso de evaluación del rendimiento.

Mejorar el rendimiento sin caer en las calificaciones

Conforme las evaluaciones anuales continúan obteniendo malos resultados, cada vez hay más empresas que han empezado a revisar este proceso. Algunas de ellas, como Donna Morris y Adobe, han abandonado por completo las evaluaciones de rendimiento. Otras han modificado su sistema para pasar de las calificaciones y críticas a centrarse en conversaciones que aumenten el rendimiento efectivamente.

En 2013 el gigante del software Microsoft anunció que estaba revisando su sistema de gestión del rendimiento para eliminar muchos de los elementos problemáticos. En una circular dirigida a todos los empleados, Lisa Brummel, directora de Recursos Humanos, dejó claro de qué pretendían alejarse: no habría más «gráficas de rendimiento» ni «calificaciones».[183] Antes de acometer este cambio Microsoft tenía fama de responder con lentitud a las tendencias del mercado, de falta de innovación y de ir

183. Tom Warren, «Microsoft Axes Its Controversial Employee-Ranking System,» *The Verge*, 13 de noviembre del 2013, http://www.theverge.com/2013/11/12/5094864.

devaluándose a medida que transcurría el tiempo. Entre los años 2000 y 2012 la capitalización de mercado de Microsoft había pasado de ser de 510.000 millones de dólares —lo cual la convertía en la compañía más grande del mundo— a quedarse en la mitad.[184]

Los empleados y ejecutivos de Microsoft coincidieron en apuntar a una misma razón principal en una reveladora exclusiva publicada en *Vanity Fair*: las calificaciones. El sistema de calficaciones generaba una cultura en la que las ideas innovadoras perecían rápidamente y se ocultaba todo aquello que pudiera amenazar el statu quo y con ello la posición del empleado. El proceso clasificatorio de Microsoft emulaba a aquel que promovió Jack Welch originalmente: al comenzar el año todos sabían que de los diez empleados que formaban un equipo solo dos de ellos conseguirían críticas excelentes y que probablemente uno acabaría en la calle.

Como consecuencia, «los miembros de un equipo competían entre ellos en lugar de colaborar». Los ejecutivos de Microsoft se percataron de que los empleados que ofrecían un mejor rendimiento tendían a mantener distancia entre ellos, ya que tener más de dos estrellas en un mismo equipo significaba que algunas perderían su brillo. El proceso de clasificación no solo separaba a sus figuras y reducía la capacidad de Microsoft para innovar, también hacía que muchos de sus mejores empleados se marcharan a otras empresas en las que pudieran centrarse en trabajar en lugar de en asegurar su puesto de trabajo. El nuevo sistema de Microsoft se caracteriza por celebrar reuniones más frecuentes entre los jefes y los empleados para aportar comentarios y un mayor énfasis en el trabajo en equipo y la colaboración (las lla-

184. Kurt Eichenwald, «Microsoft's Lost Decade», *Vanity Fair,* 624 (2012), 108-135.

madas «Conecta»). Durante estos encuentros los jefes y sus trabajadores hablan también sobre el crecimiento futuro y el desarrollo de los empleados. «Esto nos permitirá centrarnos en otros temas —escribió Brummel en una circular—, tener una mayor comprensión de la impresión que causamos y de nuestra capacidad para crecer y mejorar»[185].

En 2010, Lear Corporation, empresa de la lista Fortune 500 que abastece a la industria de la automoción, decidió remplazar las evaluaciones anuales por discusiones críticas trimestrales entre jefes y empleados.[186] La compañía decidió que su sistema anterior, el cual evaluaba anualmente a 115.000 empleados de treinta y seis países y utilizaba esos exámenes para determinar los complementos y aumentos de sueldo, no mejoraba el rendimiento. Tom DiDonato, director de Recursos Humanos de Lear, y su equipo descubrieron que los empleados no se sinceraban durante las entrevistas porque estaban pensando más en la calificación que obtendrían y en el aumento de salario. Las discusiones trimestrales actuales no tienen influencia alguna en los aumentos y para subrayar este punto Lear ha dejado de ofrecer aumentos individuales anuales y los ha sustituido por un complemento anual basado en el rendimiento de la empresa. «El único modo de conseguir un rendimiento alto es que se produzca un diálogo sincero en el que los empleados y jefes escuchen realmente —escribió DiDonato en la *Harvard Business Review*—. Hemos descubierto que con este nuevo sistema se mejora enormemente el proceso crítico».

En el 2012, poco después de que Motorola creara su nuevo departamento de telefonía móvil, también generó un nuevo sistema de calificación para sus empleados. Tal como hace Adobe, ani-

185. Warren, «Microsoft Axes Its Controversial Employee-Ranking System»

186. Tom DiDonato, «Stop Basing Pay on Performance Reviews», *Harvard Business Review*, 10 de enero del 2014.

ma a sus jefes y empleados a mantener sesiones críticas a modo de conversaciones informales sobre el rendimiento. La empresa mantiene su evaluación anual, aunque la intención es que nada de lo que se discuta suponga una sorpresa, ya que se trata de un resumen de las conversaciones mantenidas durante todo el año.

Sin embargo, lo más drástico fue su abandono del sistema de calificación por etiquetas y el ranking forzoso. Antes de este cambio, los empleados eran calificados con etiquetas como «trabajador sobresaliente», o «trabajador valioso» que iban asociados a un ranking forzoso y sus calificaciones dictaban si tenían acceso a los complementos de rendimiento. «Los empleados se centraban únicamente en su clasificación —declaró Greg Brown, CEO de la empresa, poco después de que Motorola realizara el cambio—. Así que decidimos olvidarnos de las calificaciones y simplemente vincular la paga con el rendimiento de una manera más directa. Ya no existía la obligada campana de Gauss, que puede resultar desmoralizante y crear una cultura de luchas intestinas».[187] Motorola creó una estructura de bonificaciones con pagas establecidas basadas en los resultados financieros de la empresa que sustituía la distribución normal estadística. Motorola calcula que el aumento en la frecuencia de las conversaciones redujo entre un 50 y un 70 por ciento el tiempo empleado en entrevistas, algo que la empresa ha reutilizado para seleccionar y dar formación al personal necesario.

Expedia Inc., puntal de las agencias de viajes, abandonó su sistema de evaluación y clasificación del empleado en el 2010. La empresa matriz de hotels.com, hotwire.com, y por supuesto expedia.com descubrió que ese evento anual estaba deshumanizando

---

187. John Pletz, «The End of «Valued Performers» at Motorola», *Crain's Chicago Business*, 2 de noviembre del 2013, http://www.chicagobusiness.com/article/20131102/ISSUE01/311029980/the-end-of-valued-performers-at-motorola (visitada el 1 de febrero del 2015).

la relación que existía entre jefes y empleados. Connie Symes, vicepresidente ejecutiva de Recursos Humanos de la compañía, explicó la lógica de la empresa: «Con el tiempo el sistema de calificación se ha convertido en un enorme obstáculo. Los empleados veían primero sus calificaciones y después la revisión se convertía en una discusión sobre los resultados, con lo que se perdía la oportunidad de ofrecer una crítica valiosa».[188]

Tras explicar esta necesidad en foros de toda la compañía, el equipo de liderazgo ejecutivo de Expedia ordenó que se remplazaran las revisiones críticas anuales por discusiones informales entre jefe y empleado que se centraran en la crítica constructiva, la mejora del rendimiento y la planificación de cada carrera profesional. Es más, se enviarían encuestas a los empleados para que los jefes supieran su opinión sobre la frecuencia y la calidad de estas conversaciones. Symes ha descubierto que la mayoría de los empleados prefiere estas discusiones a los actos de calificación y que seguramente gracias a esa subida de moral Expedia ha conseguido expandir su imperio de los viajes.

Son pocas las empresas que, como Adobe y Lear, han abandonado totalmente las evaluaciones de rendimiento en favor de métodos que se centran en la mejora de la productividad. Pero el grueso de compañías que no están satisfechas con el sistema actual sigue siendo mayoritario. Para muchos de los líderes, el concepto de gestión del rendimiento va indefectiblemente unido al de revisión anual. Sin embargo, como han demostrado Microsoft, Motorola y Expedia, es posible centrarse en el rendimiento sin sistemas de calificación ni calificaciones impertinentes. Cuando se analizan en conjunto, las experiencias de todas estas organizacio-

---

188. Julie Cook Ramirez, «Rethinking the Review», *Human Resource Executive Online*, 24 de julio del 2013, http://www.hreonline.com/HRE/view/story.jhtml?id=534355695 (visitada el 1 de febrero del 2015).

nes nos dicen que la mejor forma de mejorar el rendimiento es construir un sistema que cumpla con las necesidades únicas de cada organización específica y sus empleados. La mayoría de empresas debería empezar por realizar un examen exhaustivo del propio proceso de evaluación del rendimiento. Conservar aquello que los empleados y jefes consideren útil, y en cuanto a las partes del proceso que no pasen la nota de corte, es hora de ponerlas de patitas en la calle.

8

CONTRATA EN EQUIPO

La mayoría de jefes contrata a los empleados tras una revisión del currículo y la realización de varias entrevistas personales con los candidatos. Más tarde, muchos de esos jefes descubren que un alto porcentaje de esos nuevos contratados no ofrecen el rendimiento que se entreveía en las entrevistas. Los mejores líderes hacen que todo el equipo contribuya en el proceso de selección para que les ayuden a tomar la mejor decisión para la empresa.

En Whole Foods Market a los empleados se les llama «miembros del equipo», y no se trata de un eufemismo corporativo ni de un cliché sin sentido alguno. Los equipos y las personas que los componen —no los puestos que ocupan ni las tiendas específicas o las divisiones regionales— son esenciales para el núcleo operativo de la empresa y conforman los cimientos en los que se basa la organización.

Cada uno de los supermercados de Whole Foods se construye alrededor de entre ocho y diez equipos agrupados en departamentos como verdulería, carnicería, comidas preparadas o caja. Todos los equipos tienen un destacable grado de autonomía y ayudan a decidir los pedidos, el precio de los productos y la forma en que se promocionan. Incluso fuera de los propios establecimientos se sigue este espíritu de equipo, que asciende por la cadena de mando hasta lo más alto de la misma. Los directores de los supermercados de una misma región también forman parte de un equipo. Incluso los presidentes de cada división regional siguen este mismo modelo. El propio John MacKey es parte de un equipo, comparte el puesto de CEO con otra persona y hay un tercero que ejerce como presidente de la junta, puesto que Whole Foods es una empresa que cotiza en bolsa.

La compañía incluso llama a su misión empresarial la «Declaración de Interdependencia», afirmando que Whole Foods es ante todo una comunidad de personas que trabajan juntas con el objetivo de generar valor para otras personas.[189] El espíritu de equipo es tan acusado que Whole Foods incluso permite que sean los propios equipos quienes realizan el proceso de selección de personal.

Whole Foods comenzó siendo un único establecimiento en 1980, aunque se gestó gracias a la fusión de dos tiendas de alimentación de productos ecológicos más pequeñas.[190] John Mackey, que dos años atrás había fundado un establecimiento de productos saludables al que llamó Saferway (un juego de palabras con el nombre de la cadena de supermercados Safeway, «camino seguro»), se asoció con el propietario de otra tienda para formar este nuevo local. Con una superficie de 1000 metros cuadrados y diecinueve empleados, Whole Foods Market era una tienda de productos orgánicos similar a un supermercado, pero se caracterizaba por la cultura de los establecimientos de venta de productos locales saludables. La idea era que su tamaño y los servicios

---

189. Gary Hamel, *El futuro del Management*, Paidós, Barcelona, 2008, p. 75.

190. Whole Foods Market, «Whole Foods Market History», http://www.wholefoodsmarket.com/company-info/whole-foods-market-history (visitada el 4 de febrero del 2015).

que ofrecía proporcionaran una opción de productos naturales más completa a clientes que buscaban una alimentación más tradicional.

Durante los últimos treinta y cinco años está opción ha parecido agradar mucho a los compradores. Hoy día Whole Foods Market posee más de 400 establecimientos en tres países diferentes y da trabajo a cerca de 60.000 personas. En 1992 la empresa empezó a cotizar en el mercado de valores y desde entonces el precio de sus acciones se ha incrementado en un 3.000 por ciento. La principal preocupación durante su proceso de expansión era mantener intacta su cultura de empresa, sobre todo porque el impulso de la mayor parte del crecimiento de la compañía procedía de fusiones y adquisiciones. Una de las formas en que se reforzó la cultura fue diseñar ese crecimiento en torno a equipos semiautónomos. Otra forma de asegurar que el ADN de Whole Foods se mantenía intacto, y tal vez incluso más efectiva, fue que la contratación de nuevos miembros se hiciera a través del trabajo en equipo. El resultado es que el enorme crecimiento de la empresa ha ido de la mano de su inclusión constante en la lista Fortune de las «100 mejores compañías en las que trabajar» desde el año en que esta comenzó a publicarse.[191]

El proceso de selección de los nuevos miembros del equipo no es nada convencional para un supermercado. Igual que el diseño de la compañía, se basa en las opiniones del equipo. Los nuevos son sometidos a un proceso de sesenta días que incluye una amplia gama de entrevistas telefónicas, cara a cara, conjuntas y en equipos formados por los responsables de personal, los jefes y algunos empleados escogidos. Cuando uno de los nuevos depen-

191. Whole Foods Market, «Why We're a Great Place to Work», 2015, http://www.wholefoodsmarket.com/careers/why-were-great-place-work (visitada el 5 de febrero del 2015).

dientes se une a la plantilla, el director del establecimiento lo asigna a un equipo, pero solo de forma temporal. Tras el período de prueba, el propio equipo vota si quieren que ese aspirante se integre completamente en su grupo. Para convertirse en empleados tienen que obtener dos tercios de los votos. El voto es obligatorio, pero cada uno decide qué hacer con él. Los que no consiguen esos dos tercios de los votos salen del equipo y deben encontrar otro grupo al que unirse y repetir el período de pruebas, o abandonar la compañía.[192] Este proceso de selección en equipo funciona para todos los nuevos miembros, desde el personal de caja a los analistas económicos de la oficina central.

La lógica que hay tras este concienzudo proceso de trabajo en equipo es que acoger a nuevos empleados es una decisión crítica y este tipo de decisiones deben tomarla las personas que se verán más afectadas por sus resultados. En este caso es el propio equipo quien está más capacitado para saber a quién quiere en su grupo. Además, otorgar la autoridad para recibir o vetar a nuevos miembros del equipo ayuda a que todos se responsabilicen del rendimiento conjunto. Dado que la mayoría de los nuevos empleados suelen ser admitidos en el equipo, rechazar a alguien es un momento muy importante para el grupo existente. Hasta que no le plantan cara a un líder y le dicen: «Esta persona no encaja en nuestro grupo, búscanos a otro», no llegan a declarar verdaderamente su interdependencia. «Para que el equipo se consolide primero tienen que llegar a votar que alguien no forme parte de él», declaró John Mackey.[193]

---

192. John Mackey y Sisodia Rajendra, *Capitalismo Consciente: Libera el espíritu heroico del conocimiento,* Empresa Activa, Barcelona, 2013.

193. CNN Money, «Whole Foods' Hiring Recipe» (archivo de video), 20 de enero del 2011, https://www.youtube.com/watch?v=ZLj9yuai7Q4 (visitada el 5 de febrero del 2015.

Asegurarse de que los nuevos empleados encajan bien en los equipos individuales resulta vital, porque los equipos son la unidad de medida básica del rendimiento.[194] Whole Foods permite que cualquier empleado de la empresa tenga acceso a la información sobre el rendimiento de los equipos de cada uno de sus establecimientos. Los equipos reciben sus beneficios por productividad cada cuatro semanas, así como su historial de rendimiento, el de otros equipos de su mismo supermercado y el de equipos similares en otros establecimientos. Compiten para mejorar el rendimiento contra equipos análogos y también contra sí mismos.

De hecho, la empresa comparte tanta información sobre el rendimiento con los miembros de su equipo que la Comisión de Bolsa y Valores considera que gozan de información privilegiada en las operaciones de venta de acciones. Esto hace de los incentivos un asunto delicado, ya que las opciones sobre acciones a los empleados se reparten con tanta alegría como los datos sobre el rendimiento. Los empleados no ejecutivos han recibido más del 90 por ciento de las acciones. Por contraste, en la mayoría de las empresas de la lista Fortune 500, hay poco más de seis altos ejecutivos que tienen garantizado un mínimo del 75 por ciento de las opciones de compra.

El rendimiento del equipo es incluso el que determina las pagas extra que gana cada empleado. La compañía lo llama «ganancias compartidas», es decir, cuanto mayores son las ganancias por rendimiento de equipo, más gana en bonificaciones cada uno de sus miembros. Así que resulta muy importante para ellos pensar en cómo afectará un individuo a la calidad del grupo, especialmente si se trata de un sujeto que ofrece un bajo rendimiento pero ha conseguido convencer al jefe de personal de que será un fenómeno. «Puedes engañar al líder del equipo, pero es muy difícil

194. Hamel, *El futuro del Management.*

embaucar al equipo en sí —explicaba MacKey—. El equipo te reconoce inmediatamente». El objetivo del método de Whole Foods para la contratación en equipo es subrayar la importancia del trabajo en grupo y abordar el dilema de cómo evitar contratar a personas que aparentan ser excelentes trabajadores, pero en realidad no lo hacen tan bien como aparentan. Este método resulta especialmente brillante si se ve a la luz de los estudios recientes que apuntan la importancia que tienen los equipos para generar trabajadores óptimos.

Por qué la contratación es un trabajo de equipo

Tradicionalmente, siempre hemos creído que el rendimiento en el trabajo era algo individual que venía determinado por las aptitudes y la motivación de cada empleado. Muchos líderes y organizaciones actúan como si el talento y las habilidades fueran completamente extrapolables de una organización a otra. Hemos construido nuestros sistemas de gestión basándonos totalmente en la premisa de formar, motivar y recompensar a los individuos por su rendimiento. Con el paso de la era industrial al trabajo del conocimiento esta idea se hizo más firme si cabe. Incluso el legendario gurú de la dirección de empresas Peter Drucker abogaba por esta perspectiva cuando escribió: «Los trabajadores del conocimiento, al contrario que los trabajadores manuales de la manufactura, poseen los medios de producción: llevan ese conocimiento en sus cabezas y por lo tanto pueden transportarlo con ellos».[195]

---

195. Peter F. Drucker, *Sobre la profesión del Management*, Apóstrofe, Madrid, 2013.

Pero las investigaciones realizadas acerca de las causas del rendimiento y su portabilidad nos encaminan hacia una nueva perspectiva. Diversos estudios recientes sugieren que gran parte del rendimiento individual, si no la mayor parte, se debe más al equipo u organización a la que pertenece el sujeto que a los propios trabajadores destacados. Al parecer no es tan sencillo separar el rendimiento individual del trabajo en equipo. Y más difícil incluso resulta señalar el potencial de rendimiento en un candidato individual.

La prueba más significativa de esta nueva perspectiva en la generación de alto rendimiento no viene de los pasillos de los supermercados Whole Foods, sino del parqué de Wall Street. La perspectiva de la industria del mercado bursátil se basa casi de manera única en la recompensa al rendimiento individual. Desde los salarios a las primas, pasando por las prácticas de contratación, el rendimiento suele vincularse únicamente al trabajador individual. Esta perspectiva es lo que hace que los descubrimientos de un equipo de profesores de la Harvard Business School resulten particularmente sorprendentes.

Si los trabajadores del conocimiento poseyeran realmente sus medios de producción podrían trasladar su nivel de rendimiento con ellos a nuevas empresas. ¿Puede transportarse el rendimiento?

Esa es la pregunta que intentaba responder este grupo de investigadores liderado por Boris Groysberg.[196] Los estudiosos recopilaron información generada durante nueve años sobre el rendimiento de los analistas de Wall Street, esos individuos que escriben informes sobre las compañías e industrias para ayudar entre otros a los inversores y asesores de los fondos de inversión en su toma de decisiones bursátiles. Analizar información y escribir in-

---

196. Boris Groysberg, Ashish Nanda y Nitin Nohria, «The Risky Business of Hiring Stars», *Harvard Business Review* 82, n.º 5 (2004), 92-100.

formes parece ser una tarea bastante solitaria, algo que debería basarse en un talento netamente individual. El equipo recogió información de rendimiento sobre los analistas más destacados por medio de la creación de una base de datos con los ranking publicados en *Institutional Investor,* que sondea cada año a los gestores de capital a los que han ayudado más los analistas y realiza una clasificación con el primero, el segundo, el tercero y un meritorio. El equipo de investigadores recopiló estas clasificaciones desde el año 1988 hasta 1996 y construyó una base de datos con 1.052 analistas clasificados durante esos nueve años. En caso de que esos analistas hubieran pasado a trabajar con otra firma añadían información al respecto. Para redondear sus datos cuantitativos también encuestaron a diferentes analistas de veinticuatro bancos de inversión y realizaron 167 entrevistas.

Teniendo estos datos a su disposición el equipo podía analizar lo que sucedía cuando los mejores analistas se trasladaban a otra compañía. Descubrieron tres sorprendentes consecuencias. La primera era que el rendimiento de los analistas bajaba. Las estrellas financieras solían descender muchos puestos en las clasificaciones. «Los que cambiaron de empresa bajaron su rendimiento en un 20 por ciento durante el primer año y ni siquiera cinco años más tarde han conseguido volver a su antiguo nivel». El segundo descubrimiento fue que el rendimiento del grupo al que accedían también bajaba, ya que haber sido una estrella anteriormente perturbaba la comunicación en su nuevo grupo y a veces generaba conflictos personales. La tercera consecuencia era un descenso en la valoración total de la compañía. A pesar de la visión individualista que se tiene del talento, con el tiempo el mercado comenzó a ver que la contratación individual tenía efectos negativos.

No obstante, resulta interesante destacar que encontraron un tipo de adquisición cuyo rendimiento no bajó igual que el resto: los *lift-out.* Es decir, la contratación del equipo completo que rodea al individuo. Los analistas que se trasladaron a otra empresa junto al resto de su equipo acababan rindiendo mucho más que los que emprendían la aventura en solitario. De hecho, cuando se trasladaba todo el equipo el rendimiento apenas variaba. La explicación que dan los investigadores es que cuando los individuos cambiaban de empresa abandonaban muchos de los recursos que contribuían a sus éxitos pasados. Sin embargo, cuando se trasladaban en equipo, aún sin tener los recursos de su anterior compañía, podían aportar sus propios recursos sociales. Al parecer el uso de estos últimos ayuda a compensar la carencia de los primeros.

Los resultados de este estudia implican que en el rendimiento de un equipo no influyen solo los agentes individuales, pero ¿qué parte de ese rendimiento se debe al propio equipo? Si los *lift-out* evitan el descenso del rendimiento, ¿qué efecto tienen los equipos sobre el rendimiento individual?

Para responder a esto, Groysberg regresó a su base de datos de analistas de inversión y a sus listados de clasificaciones.[197] Esta vez su equipo de investigación organizó a los analistas por empresas y equipos. El objetivo de los investigadores era determinar cuántos equipos y firmas contaban con una colección de analistas excepcionales incluidos en *Institutional Investment* y si tener algún compañero entre estos afectaba al rendimiento individual, a su posición en la clasificación en un año determinado y sus posibilidades de mejorar al año siguiente.

Al examinar el nuevo conjunto de datos los investigadores descubrieron que indudablemente los compañeros contribuían en gran medida al rendimiento individual. Aunque la clasificación que habían obtenido otros años era una buena forma de

---

197. Boris Groysberg y Linda-Eling Lee, «The Effect of Colleague Quality on Top Performance: The Case of Security Analysts», *Journal of Organizational Behavior* 29, n.º 8 (2008), 1123-1144.

predecir dónde quedarían al año siguiente, cuando tenían a otra estrella en el mismo equipo o empresa los analistas individuales tenían muchas más posibilidades de no bajar posiciones o incluso de mejorar.

En otras palabras, cuanto más talento hubiera en el grupo, mayor rendimiento ofrecía un individuo. Groysberg y su equipo sugieren que la calidad de los compañeros de trabajo afecta al rendimiento individual en cuatro aspectos principales: la fuente de información útil que suponen los compañeros, las críticas constructivas que proporcionan, su importante vínculo entre el analista individual y los clientes de la empresa, y la mejora de la reputación del analista individual.[198] Las implicaciones que tiene este estudio son igual de sencillas: si quieres sacar lo mejor de cada individuo, asegúrate de tratarlos como miembros de un equipo y no como trabajadores aislados.

Comparar el mercado bursátil de Wall Street con las tiendas de alimentación de Whole Foods podría parecer muy atrevido y es importante no hacer demasiadas generalizaciones a partir de estos estudios. Sin embargo, esta investigación sobre la calidad de los compañeros de trabajo y el impacto de los *lift-out* nos ayuda a explicar los beneficios de contratar en equipo. Aunque no todas las organizaciones pueden permitirse contratar a todo un equipo al mismo tiempo, el estudio sugiere que no está de más pensar cuidadosamente en los candidatos individuales y los equipos en los que se les pretende integrar. Si el individuo encaja bien en el equipo, la calidad y cohesión de este mejorarán el rendimiento de todos sus integrantes. Si no, poco importará que el aspirante finja tener talento o sea una verdadera estrella. Lo más probable es que no brille mucho más.

---

198. Boris Groysberg, Linda-Eling Lee, y Robin Abrahams, «What It Takes to Make "Star" Hires Pay Off», *Sloan Management Review* 51, n.º 2 (2010), 57-61.

En las organizaciones tradicionales, desde las tiendas de alimentos orgánicos a las empresas de gestión financiera, el proceso de contratación suele ser una tarea que se realiza individualmente. Un solo jefe entrevista a los candidatos, a menudo a través de múltiples rondas de entrevistas cara a cara. A veces se usan las entrevistas conjuntas, pero por lo general se intenta que el número de personas con las que un candidato interactúa antes de que le ofrezcan un puesto de trabajo se reduzca al mínimo. Al fin y al cabo, ¿quién querría emplear tanto tiempo en algo tan *insignificante* como la contratación?

Es posible que cuando el nuevo empleado llegue al equipo la única persona a la que haya conocido sea al director o al jefe de su departamento. En estos casos, es poco probable que alguien se haya preocupado por pensar en cómo encajará en el grupo. En contraste, las organizaciones que contratan en equipo pueden evaluar mejor la adaptación y conseguir que esos nuevos empleados parezcan proceder de un mismo *lift-out*. Cuando un equipo de Whole Foods vota para decidir si un empleado permanece permanentemente como miembro de su grupo de trabajo también juzga si esa persona puede mejorar la calidad del equipo y si ellos podrán mejorar el rendimiento del individuo. La diferencia es abismal.

Cada equipo requiere diferentes métodos de contratación

Whole Foods comenzó a contratar en equipo porque cada grupo trabaja codo con codo en la superficie física de sus supermercados. Pero sorprendentemente, incluso las empresas cuyo trabajo se basa totalmente en equipos que están distribuidos virtualmente por todo el mundo se benefician de un proceso de contratación que les permite ganar experiencia al trabajar junto a sus futuros colegas. La empresa de desarrollos de páginas web Automatic hace esto posible mediante la celebración de audiciones para los nuevos candidatos, un paso del proceso de contratación que ellos llaman «Ensayo».

Automatic, fundada por Matt Mullenweg, es la responsable del software WordPress, la plataforma bloguera más popular en Internet. Cuenta con 450 empleados repartidos en treinta y siete países del mundo entero, aunque mantiene unas oficinas en San Francisco que funcionan como un espacio de *coworking*.[199] Durante los primeros años Mullenweg contrataba a la antigua usanza, analizando currículos y mediante las entrevistas. Aunque a veces realizaban entrevistas en grupo con la ayuda de empleados de la empresa, Mullenweg se decepcionaba cada vez que alguien que parecía una buena opción no acababa de encajar, y en ocasiones el índice de nuevos empleados que no funcionaban en la empresa ascendía a un tercio del total.

Mullenweg necesitaba un sistema mejor. Llegó a la conclusión de que el proceso de contratación tradicional permitía que influyeran demasiado ciertos factores que en realidad no contribuían al rendimiento una vez seleccionado el candidato. Lo importante no era solo tener en cuenta si esos aspirantes serían buenos trabajadores, sino cómo funcionarían trabajando con su equipo. La mejor forma de llegar a saber esto era verlos trabajar. De modo que Mullenweg revisó el proceso de contratación de Automatic e hizo que el «Ensayo» se convirtiera en la piedra angular del mismo.

«El ensayo como técnica de contratación se deriva en realidad de "ensayo y error" —explica—. En los primeros tiempos nos percatamos de que algunos de nuestros mejores empleados procedían de nuestra área de código abierto. Habían diseñado cosas que

199. Matt Mullenweg, entrevista personal con el autor (10 de marzo de 2015).

funcionaban con WordPress y cuando los contratamos realizaron un excelente trabajo.[200] Mullenweg continúa revisando los currículos de los candidatos a trabajar en Automatic y la primera entrevista sigue siendo bastante tradicional. No obstante, el siguiente paso se aleja bastante de la tradición. Aquellos candidatos que parecen encajar con el perfil tienen la oportunidad de probar el que será su puesto.

Automatic los coloca en un proyecto real e incluso les ofrece los accesos de seguridad y los permisos necesarios para trabajar como si ya estuvieran contratados. Los que solicitan un puesto en atención al cliente empiezan a trabajar en casos directamente. Los ingenieros informáticos escriben códigos reales. Los diseñadores diseñan. Aunque solo hay una persona dedicada a supervisar a los candidatos durante el período de prueba, interactúan con más personas durante el proceso. Los aspirantes pueden trabajar dónde y cuándo quieran, ya que Automatic es una empresa dispersa por todo el mundo y sus equipos operan de manera virtual. La mayoría de ellos cumplen de diez a veinte horas semanales durante el ensayo, a menudo antes o después de su trabajo actual. Automatic paga a todos los candidatos un sueldo por horas basado en los precios de mercado habituales.

El período de ensayo puede durar de tres a ocho semanas, dependiendo de la persona y del proyecto. La intención no es necesariamente que el candidato complete un proyecto. La prueba dura el tiempo que sea preciso para que el equipo se haga una idea exacta de cómo será trabajar con ese candidato y para que este entienda el funcionamiento de la empresa. El trabajo que realizan los aspirantes durante el período de pruebas «no tiene por qué ser exactamente lo que esa persona haga cuando se le contrate, pero observamos muchas otras cosas aparte de cómo trabaja —explica

---

200. *Ibid.*

Mullenweg—. La comunicación es muy importante, así que ponemos a prueba sus habilidades comunicativas y cómo se desenvuelven ante los comentarios y sugerencias. Hemos descubierto que una característica común a todos los buenos trabajadores es mantener una actitud abierta hacia los comentarios».

Mullenweg reconoce que ese período de pruebas imposibilita a muchos el acceso a la oferta de empleo, pero confía en su utilidad como filtro para descartar candidatos que no tienen la seriedad requerida. «No queremos que los ensayos supongan un obstáculo insuperable que elimine aspirantes sin más —dijo—. Pero los obstáculos también pueden ser positivos, siempre que tengas un sitio en el que la gente quiera trabajar, estén dispuestos a hacer lo necesario para triunfar y sientan tal pasión por Automatic que den prioridad a este proceso».[201]

Si el candidato «supera» el ensayo y el equipo en el que trabajaba decide que encajaría bien entre ellos, el último asalto consiste en una entrevista con el propio Mullenweg, que en un esfuerzo por despojar incluso este paso final de los factores que pueden influir en el entrevistador sin llegar a tener ninguna repercusión sobre el rendimiento, la realiza a través de una comunicación virtual que tiene lugar solamente por escrito. Su único objetivo es que el aspirante le transmita la pasión y cultura que han visto en él los miembros del equipo durante la prueba.

Una vez que el candidato acepta la oferta llega el momento de comprobar cómo interactúa con el equipo más importante de Automatic: los clientes. Independientemente del puesto al que opten los nuevos contratados pasan las tres primeras semanas en el departamento de atención al cliente.

Ese proceso de evaluación basado en el ensayo y el equipo parece funcionarles. Automatic ha crecido significativamente des-

201. *Ibid.*

de que introdujeron este método y el crecimiento ha estado impulsado por nuevos empleados que ofrecen un buen rendimiento porque forman parte de un equipo. «Cuando contratamos a alguien —declaró Mullenweg a la revista *Harvard Business Review*— queremos que esa relación dure varias décadas»[202] Y da la impresión de que Automatic tiene muchas papeletas para alcanzar ese hito. Mullenweg calcula que su empresa contrata solo al 40 por ciento de los empleados que pasan por el proceso de prueba, pero todos suelen permanecer en la compañía. En el 2013 contrataron a 101 personas y solo dos de ellas abandonaron la empresa.

Según Mullenweg, en toda la historia de la empresa hasta el año 2014, se han contratado a 370 empleados de los cuales solo se han marchado 60.[203] Aparte del bajo índice de rotaciones, Automatic ha crecido mucho. Según ciertos cálculos, WordPress, el producto principal de la empresa, impulsa el funcionamiento del 22 por ciento de todas las páginas web de Internet.[204] En marzo del 2014 Automatic cerró una ronda C de financiación y consiguió 160 millones de dólares de sus inversores, con lo que la compañía quedó valorada en 1.160 millones de dólares.

Mullenweg cree que gran parte del éxito de Automatic se debe al proceso de selección por el que pasan los candidatos y a permitirles interactuar con un equipo que trabaja en un proyecto real. Sí, los ensayos suponen una gran inversión de tiempo para todas las personas implicadas. Pero a todos les parece que esta inversión merece la pena. «Estar en el grupo de contratación se considera un honor —afirmó Mullenweg—. Todos los traba-

202. Matt Mullenweg, «The CEO of Automattic on Holding "Auditions" to Build a Strong Team», *Harvard Business Review* 92, n.º 4 (2014), 42.

203. Mullenweg, entrevista personal, 10 de marzo del 2015.

204. J. J. Colao, «An Extended Interview with WordPress Creator Matt Mullenweg», *Forbes*, 11 de junio del 2014.

jadores de nuestra empresa reconocen que decidir quién entra en el equipo es una de las decisiones más importantes que se puedan tomar».[205]

Así funciona Google

Un período de pruebas trabajando con su futuro equipo puede proporcionar un adelanto realista del verdadero potencial de rendimiento de los candidatos, pero tal vez no sea factible para todas las compañías. No obstante, hay otros pasos que pueden darse para rediseñar el proceso de contratación habitual. Otra empresa de tecnología, probablemente la más famosa de todas, se asegura de que los nuevos candidatos no se entrevisten solo con personal de su propio equipo, sino con varias personas que podrían formar parte de él algún día. Esa empresa es Google, que no solo es famosa por sus productos, sino también por una cultura de empresa que comienza con la contratación.

Google ha confiado en sus equipos desde los inicios para tomar decisiones sobre contratación, incluso al principio, cuando esas entrevistas de equipo se realizaban sobre una mesa de ping-pong que hacía las veces de sala de reuniones. «Larry [Page] y Sergey [Brin] insistían siempre en que fueran los grupos quienes tomaran las decisiones de contratación en lugar de un solo jefe», dijo Laszlo Bock, el vicepresidente ejecutivo de Recursos Humanos de Google.[206] El compromiso de Google para implicar a tantas personas en el proceso es digno de mención, porque la empresa recibe más de 2 millones de solicitudes de empleo cada año y contrata solo a varios miles. Cuando calcularon su porcentaje de

205. Mullenweg, entrevista personal, 10 de marzo de 2015.

206. Laszlo Bock, *La nueva formula del trabajo,* Conecta, Barcelona, 2015.

admisión descubrieron que son más selectivos que las universidades de Yale, Princeton y Harvard.

El proceso de contratación de Google conlleva varios pasos que comienzan con un análisis del currículo y una entrevista a distancia con alguien del departamento de selección de personal para después pasar a tener entrevistas con el jefe de Recursos Humanos, compañeros, jefes multidisciplinares e incluso futuros subordinados.[207] Que te entreviste alguien que trabajará para ti es un enfoque radicalmente diferente, pero está en consonancia con el estudio realizado por Groysberg. «En cierto modo —dice Bock—, su evaluación es la más importante de todas, porque al fin y al cabo tendrán que convivir contigo».

Tras lo cual, se recopilan los comentarios de todas las entrevistas y se entregan a dos comités diferentes que se encargan de decidir si admiten o rechazan a cada solicitante. Estos comités no suelen contar con ninguno de los miembros del futuro equipo del candidato, pero sí podrían formar parte de él más adelante. Los comités ayudan a los equipos a realizar entrevistas para que se ciñan a un estándar de calidad uniforme e incluso sirvan como mecanismo crítico a los entrevistadores. Finalmente, si los comités votan por la admisión del candidato, la solicitud y todas las notas que han tomado se envían al CEO Larry Page, que tiene la última palabra sobre si se contrata o no a la persona.

Google también se compromete a usar la experimentación y la recogida de información para perfilar sus prácticas de contratación. En cierto momento la tarea de entrevistar como equipo llegó a significar que un candidato tenía que pasar por veinticinco entrevistas diferentes con personal variado. Tuvieron que estudiar el proceso de selección de sus nuevos empleados para descubrir que con solo cuatro entrevistas tenían un 86 por ciento de posibilida-

---

207. *Ibid.*

des de acierto a la hora de decidir sobre la contratación. Cada nueva entrevista añadía solo un 1 por ciento más a ese índice de fiabilidad. También descubrieron que una única persona no podía reunir suficiente información para tomar la decisión.

Muchas empresas no pueden permitirse el lujo de emplear tanto tiempo en el proceso de contratación, pero eso no quiere decir que no puedan beneficiarse de la utilización de su equipo al completo. Steelscape, una compañía con sede en Kalama, Washington, ha dejado prácticamente todo su proceso de contratación en manos de los equipos con los que trabajarán los potenciales nuevos empleados.[208] A primera vista las plantas de Steelscape, que manufacturan rollos de laminado de acero para la industria de la construcción, se parecen bastante a las primeras plantas estudiadas por Frederick Winslow Taylor a finales del siglo XX, con una importante diferencia: Steelscape se autogestiona a través de sus equipos. De hecho, en el turno de noche ni siquiera hay supervisores. Dado que la empresa depende completamente del trabajo de sus equipos, también les cede el proceso de contratación.

El primer paso para los candidatos que quieren trabajar en la empresa es hacer un examen previo para evaluar su capacitación. A todo aquel que supera la prueba se le invita a realizar una sesión de «preorientación» en la que se le ofrece información sobre Steelscape y su sistema de operaciones. Durante esta fase también se entrevista a los candidatos, normalmente junto a seis auxiliares de manufactura, sus potenciales futuros compañeros de trabajo, que han sido formados para hacer las preguntas pertinentes y atender a las respuestas adecuadas.

---

208. Business and Legal Reports, «Team-Based Hiring Approach Minimizes Turnover», en *Best Practices in Recruitment and Retention,* Business and Legal Reports, Old Saybrook, 2006.

Siempre hay representantes de Recursos Humanos presentes en las entrevistas, pero en calidad de observadores; es el equipo quien está al mando de ellas. Tras entrevistar a todos los candidatos, los auxiliares debaten y evalúan cuál de ellos se adapta mejor a sus necesidades. A los cuatro mejores se les invita a presentarse a una nueva entrevista con otro equipo de auxiliares. Si estos deciden que el aspirante es idóneo se le hace una oferta de trabajo.

En Steelscape, al contrario que en Whole Foods o Automatic, el proceso de contratación es más tradicional, pero las entrevistas individuales se trasladan a los equipos. Con este método el proceso se acelera y el tiempo medio que emplean desde la llegada de la solicitud a la resolución es de solo dos semanas. Tampoco es que necesiten darse prisa, ya que el índice de rotación es sorprendentemente bajo, un 1.6 por ciento, y la productividad se mantiene bastante alta. Su proceso de contratación incluso los ha llevado a recibir un premio a la «mejor práctica» del Centro para la Eficiencia Organizacional de la American Psychological Association.

Aunque los procesos de contratación en Whole Foods, Automatic, Google y Steelscape parecen muy distintos, todos mantienen la misma filosofía de base: las personas que trabajan con los nuevos empleados son los que deben decidir si se los contrata o no. Tras esta sencilla filosofía está la prueba de que el rendimiento individual no se debe solo al individuo. Calibrar el potencial de rendimiento de un nuevo empleado no es fácil y saber si esa persona llegará a desarrollar ese potencial es más difícil todavía, especialmente si el trabajo recae sobre un solo gerente. La variedad de ejemplos y estudios empíricos descritos en este capítulo llevan todos a la misma conclusión: la forma más precisa de juzgar el rendimiento potencial es hacerlo a través de los colegas a los que afectará en mayor medida.

9

ESCRIBE EL ORGANIGRAMA A LÁPIZ

Crear jerarquías rígidas y hacer que se cumplan mediante una estructura fija pudo funcionar en industrias antiguas como la del ferrocarril, pero la naturaleza del trabajo actual exige un organigrama que pueda responder al cambio. Los mejores líderes escriben su organigrama a lápiz y permiten que se formen los mejores equipos dependiendo de los problemas o productos a tratar, en lugar de delinear estructuras rígidas con tinta indeleble.

Eden MacCallum es una consultoría sin asesores, sin herramientas ni metodologías patentadas. Fundada en el año 2000, en el momento exacto en que explotaba la burbuja de las empresas punto com, Eden McCallum opera según un modelo muy diferente al de los tres grandes: McKinsey, Boston Consulting Group y Bain.

Tradicionalmente, las consultoras se han hecho con los servicios de los licenciados en másters de administración de empresas de las mejores universidades del mundo. Estos consultores júnior se integran en oficinas y después pasan a proyectos de clientes captados por los socios sénior de lo compañía (que suelen «desaparecer en acto de combate» poco después de captar a esos clientes). Los consultores júnior pasan varios años cumpliendo jornadas extenuantes antes de poder acceder a nuevas oportunidades en sus carreras o, con suerte, llegar a ser socios de la empresa. A medida que van ascendiendo en el organigrama, los socios dedican menos tiempo a los proyectos y más a la captación de nuevos clientes.

En el diseño organizacional de Eden McCallum aparecen muy pocos de estos elementos y tal vez esa sea su mayor ventaja para ser competitivos.

La empresa fue fundada por dos socias, Liann Eden y Dena McCallum, quienes fueron ambas consultoras en McKinsey and Company.[209] Se conocieron en 1991 cuando estudiaban el máster en INSEAD, pero cada una tomó su propio camino. Eden pasó a formar parte de Unilever y se trasladó a Londres, en tanto que McCallum fue contratada por McKinsey en su ciudad natal, Toronto. Apenas cuatro años después volvieron a reunirse en su trabajo como consultoras para la sede de McKinsey en Londres. Más tarde volverían a separarse cuando McCallum entró en Condé Nast como directora de estrategia y planificación. Poco después Eden también saldría de McKinsey, en esta ocasión debido al nacimiento de su primer hijo, y también a la concepción del nuevo negocio al que darían a luz ambas.

Cuando la burbuja punto com estaba en pleno auge, Eden y McCallum advirtieron que había una nueva tendencia entre los consultores. Muchos de los que habían abandonado el mundo de la consultoría para acceder a puestos ejecutivos en otras empresas descubrían que añoraban la cultura de los servicios profesionales, pero lo que obviamente no echaban de menos era la intensa pre-

209. Heidi K. Gardner y Robert G. Eccles, *Eden McCallum: A Network-Based Consulting Firm* (estudio de caso de Harvard Business School), Harvard Business School Publishing, Watertown, 2011.

sión ligada a formar parte de esas firmas. Otros habían abandonado el barco durante la burbuja para embarcarse en aventuras empresariales, pero quedaron encallados en la orilla cuando llegó la calma chicha económica.[210]

Para colmo, como muchas de las personas pertenecientes a la clase consultora se habían educado en las filas de las compañías para las que habían trabajado en su momento, disminuyó la necesidad de estas otras organizaciones de mantener los gastos de una empresa consultora de alto nivel. Estas empresas seguían necesitando consultoría para ciertos proyectos, pero no tan frecuentemente, ni tampoco ese batallón de consultores.

«Este aluvión de clientes nos decía: "Quiero trabajar e implicarme en los asuntos de estrategia de una forma diferent" —explica Liann Eden—. Y después había un grupo de antiguos consultores y otros en activo que decían: "Tengo muchas ganas de trabajar con otro método, porque no me siento cómodo en una consultora tradicional".[211] Eden y McCallum advirtieron que existía potencial para crear una alternativa a la consultoría de siempre.

Esa alternativa tomó la forma de un nuevo tipo de organigrama, uno en el que no existían las típicas líneas, compartimentos y jerarquías organizacionales. En lugar de esto, se generó un concepto de red y el papel tradicional del socio consultor se dividió en dos actividades: trato con el cliente y realización de proyectos. La empresa Eden McCallum estaba diseñada en torno a un núcleo de empleados tradicionales a los que llamaban socios. Pero estos socios no tenían que trabajar en proyectos. Su labor era desarrollar y definir el trabajo junto a los clientes para después hacer equipo con ellos y un grupo de consultores procedente de una base de

---

210. Julian Birkinshaw, «Making the Firm Flexible», *Business Strategy Review* 18, n.º 1 (2007), 62-87.

211. Liann Eden, entrevista personal con el autor, 5 de febrero del 2015.

trabajadores independientes, la reserva de talentos de Eden McCallum.

Cuando se consigue un contrato con un nuevo cliente, Eden McCallum bucea en su reserva de talentos y crea un equipo para ese proyecto. Al principio la empresa proporcionaba al cliente una lista de personal recomendado para el proyecto en cuestión y el cliente elegía quién y cuántas personas formarían parte del equipo.[212] No obstante, a medida que la empresa crecía se percataron de que la mayoría de clientes prefería que fueran ellos quienes tomaran las decisiones de contratación y construyeran el equipo. Al fin y al cabo, ellos eran los que conocían mejor al personal que tenían en su base. «Al principio pensamos que sería fantástico poder elegir a tu propio grupo de consultores —recuerda Eden—. Funcionamos así durante unos años, pero a medida que ganamos en experiencia los clientes empezaron a decirnos: "Bueno, confiamos en vosotros plenamente. Solo tenéis que decirnos quién creéis que debe hacerlo y quién pensáis que tiene que formar parte del equipo".[213]

El fondo de talentos en sí es impresionante. La empresa es muy rigurosa en su proceso de contratación y solo permite que entre en su base uno de cada diez solicitantes.[214] Eden McCallum cuenta con más de 500 consultores de base y en su red se incluyen 1.000 más. La mayoría de ellos son refugiados procedentes de las consultoras más importantes y buscan un trabajo en el que puedan implicarse más a nivel intelectual y tener más opciones y control sobre los casos de los que se ocupan. Eden McCallum es la principal fuente de ingresos para la mitad de su base de trabajado-

212. Freek Vermeulen, *Eden McCallum: Disrupting Management Consulting*, London Business School, estudio de caso, 2014.

213. Eden, entrevista personal, 5 de febrero del 2015.

214. Birkinshaw, «Making the Firm Flexible».

res, en tanto que la otra mitad se contentan con trabajar simplemente en un proyecto al año. Estos consultores definen individualmente hasta qué punto se comprometerán con la empresa, deciden los sectores en los que quieren trabajar, cuándo lo harán e incluso su disposición al desplazamiento. Todas las especialidades de los consultores y sus preferencias forman parte de una base de datos que son usados como términos de búsqueda a la hora de conformar los equipos.

Dado que el mundo del trabajador autónomo puede llegar a ser muy solitario, Eden McCallum se asegura de que su base de trabajadores se sienta parte de un equipo. La empresa realiza eventos informativos y de divulgación de conocimientos para los consultores en los que se conocen entre ellos y comparten sus experiencias al tiempo que se ponen al día acerca de la empresa y el sector de la consultoría en general. Muchos de estos ciclos formativos son dirigidos por los propios consultores, tanto para mantener la sede principal despejada como para estimular el intercambio de conocimiento entre ellos. Estos cursos no solo generan una sensación de conexión, también refuerzan la idea de que Eden McCallum mantiene un compromiso a largo plazo, aunque no los tenga en plantilla. «Tenemos eventos de divulgación que a veces consisten en charlas de expertos en el sector sobre algún tema en particular, y después hay otras actividades que tienen simplemente el carácter de eventos sociales —explica Liann Eden—. No se trata de una simple transacción, sino que forma una parte esencial del mantenimiento de la relación. Es importante llegar a conocerlos bien profesionalmente, al menos respecto a lo que quieren conseguir con sus carreras y cuáles serán los proyectos y clientes con los que van a emocionarse realmente».[215]

---

215. Eden, entrevista personal, 5 de febrero del 2015.

Combinar proyectos interesantes con una base de talento de gran calibre ha supuesto que Eden McCallum muestre un gran rendimiento. Fundada en Londres, la empresa abrió su primera oficina internacional en Ámsterdam en el año 2008. En 2015 se instalaron en Zúrich y ahora planean abrir una nueva sede en Nueva York. Aunque la empresa comenzó trabajando para clientes pequeños a los que las grandes firmas solían desdeñar, su lista de clientes actual incluye empresas como Shell, Intercontinental Hotels Group y Asda Walmart.[216]

Eden McCallum es una empresa consultora que no tiene consultores propios y lo usa como ventaja ante la competencia. Su éxito podría parecernos desconcertante, ya que contradice gran parte de lo que sabemos sobre diseño organizacional y sobre el organigrama en particular.

Los orígenes del organigrama empresarial

El organigrama es un elemento fijo en la empresa moderna. Incluso en pequeñas firmas en las que todos responden ante el miembro fundador, los empleados parecen aceptar instintivamente una jerarquía organizacional, aunque sea solo mentalmente. El conjunto de líneas y departamentos que indican ante quién se ha de responder es tan habitual que resulta difícil pensar que el organigrama sea algo de reciente invención. Pero este es precisamente el caso: se trata de una invención y no viene de muy lejos.

El primer organigrama data de alrededor del año 1855.[217] Daniel McCallum (ninguna relación con Eden McCallum), superin-

---

216. *Ibid.*

217. Alfred D. Chandler Jr. *La mano visible: La revolución de la gestión en la empresa norteamericana,* Belloch, Barcelona, 2008.

tendente de la compañía ferroviaria New York and Erie Railway, comenzó experimentando con un método para mantener informados a los 5.000 empleados que estaban bajo su supervisión y que fueran eficientes. Usaba el telégrafo como medio para comunicar la información rápidamente y el organigrama para definir ante quién tenía que responder cada uno de ellos.

El organigrama de McCallum, que diseñó el ingeniero civil George Holt Henshaw, tenía un aspecto muy diferente al de nuestros días. Se parecía bastante más a un mapa ferroviario. Había más de una decena de líneas que se extendían desde la cabina de mando de los gerentes, que ocupaban la parte inferior del dibujo. En lugar de ir de arriba abajo, la cadena de mando se extendía al exterior y hacia arriba. Estas líneas se dividían en ramas y afluentes a medida que los segmentos se complicaban. Al final, el organigrama de McCallum definía el alcance total de las labores administrativas del ferrocarril, así como el número y la categoría de los empleados que había en cada departamento. Aquello, combinado con las innovaciones en comunicación, proporcionó un medio eficaz para que la información se desplazara por toda la red de la New York and Erie Railway y sigue considerándose un hito en la historia de la dirección de empresas.

Durante los primeros años esta innovación no se extendió mucho más allá de la industria del ferrocarril. Una encuesta realizada en 1920 mostraba que el uso de organigramas no parecía estar muy extendido entre los negocios comunes.[218] Más de cincuenta años después de su invención la herramienta aún no había obtenido éxito. Sin embargo, cuando se cumplía el centenario del organigrama ya podíamos encontrarlo en todas las principales empresas de Estados Unidos.

---

218. Alexander Hamilton Institute, *Organization Charts,* Alexander Hamilton Institute, Nueva York, 1923, p. 6.

El organigrama hacía exactamente lo que se le pedía: organizaba grupos de personas para delimitar de manera clara y concisa las relaciones de mando. El organigrama, que daba por sentado que la naturaleza del trabajo no cambiaba y que los trabajadores completaban cada día las mismas tareas, hacía posible calcular cuántos empleados se necesitaban para las tareas diarias y la cantidad de trabajo de supervisión requerida. Los directores de personal podían calcular las necesidades laborales de cada departamento, redactar la descripción de un puesto de trabajo y encontrar a alguien que ejecutara el paquete de tareas específico que la empresa necesitara.

El siempre cambiante organigrama

Asumiendo que para las personas ajenas a la organización el valor colectivo de todas esas tareas (el total de los trabajos realizado por la empresa) era mayor que lo que costaba realizarlas, el organigrama aseguraba que la compañía siguiera siendo competitiva. Siempre que la naturaleza del trabajo permaneciera inmutable, el organigrama no requería ningún cambio. Y durante mucho tiempo fue posible trabajar en una organización durante toda la vida y ascender por el organigrama sin que pudiéramos observar ningún cambio significativo en él. Pero las cosas acabaron cambiando, como lo hizo la propia naturaleza del trabajo, que pasó de ser manual a aquello que Peter Drucker denominó con éxito el «trabajo del conocimiento». Este era mucho más difícil de prever y organizar, porque las tareas y el esfuerzo a realizar variaban con mucha más frecuencia que en el caso del trabajo manual.

Como apunta Roger Martin, quien fuera decano de la Rotman School of Management de Toronto, en un artículo para *Harvard Business Review:* «La dificultad de previsión puede hacer que el organigrama contribuya a bajar el nivel de eficiencia en lugar de elevarlo».[219] Cuando la unidad básica de trabajo es la peonada (una colección de tareas que se repiten), planificar el número de personas correcto y su posición en el organigrama resulta sencillo. El flujo de trabajo es uniforme y se repiten las mismas tareas a diario. Pero cuando la unidad básica de trabajo es el conocimiento (investigación, debates y demás) es mucho más complicado planificar el número adecuado de personas, ya que el trabajo no es tan uniforme. Martin aduce que este tipo de volumen de trabajo suele generar excedentes de producción e incluso potencia el ciclo de despidos y contratación exprés que suele seguir a las depresiones económicas y al subsiguiente rebrote de la economía.

Sin embargo, cuando la unidad básica de trabajo no es la faena sino el proyecto y se asignan diferentes roles para cumplir los proyectos dependiendo de las necesidades, se reduce el excedente de producción, se cumplen los presupuestos y bajan los gastos fijos. Incluso es posible evitar despidos. «La clave para romper el ciclo de despilfarro en el trabajo del conocimiento es usar como principio organizador el proyecto en lugar de la faena —escribe Martin—. Cuando se sigue este modelo los empleados no están atados a ciertas funciones específicas, sino que van pasando por diferentes proyectos en los que se requieren sus habilidades».[220]

No está de más señalar que la mayoría de las empresas consultoras operan más en base a los proyectos que las compañías industriales que concibieron el organigrama. No obstante, siguen teniendo problemas de capacidad y también para conseguir el número correcto de personas que hagan el trabajo adecuado. Incluso las consultoras sufren para rescribir el organigrama con la suficiente rapidez. Eden McCallum, que en buena parte escribe su organigra-

---

219. Roger Martin, «Rethinking the Decision Factory», *Harvard Business Review* 91, n.º 10 (2013), 96-104.

220. *Ibid.*, p. 101.

ma a lápiz, lo borra y lo rescribe con facilidad. Es capaz de aprovechar la visión de Martin y no tiene que preocuparse por hacer que sus empleados trabajen a pleno rendimiento. Esta diferencia en la capacidad es la razón por la que Eden McCallum puede ofrecer el mismo trabajo a un mejor precio. Según Roger Martin, cuando las empresas adoptan un diseño organizacional basado en el proyecto «pueden reducir el número de trabajadores del conocimiento en plantilla, ya que solo tienen que trasladarlos de un sitio a otro. El resultado es una reducción de los tiempos muertos y de la asignación de tareas inútiles para cubrir el expediente».[221]

Clay Christensen, el teórico al que debemos el concepto de «innovación disruptiva», llegó a clasificar a Eden McCallum entre las empresas que están transformando el mundo de la consultoría de gestión.[222] Ha sido precisamente la fluidez estructural de Eden McCallum lo que le ha permitido convertirse en una potencia transformadora. Gracias a tener una red de consultores independientes en lugar de empleados en nómina deseosos de trepar por el organigrama, la firma mantiene una tasa baja de gastos generales y tiene unos costes fijos relativamente reducidos. En los primeros tiempos estos costes bajos permitían a la firma trabajar con empresas pequeñas que contaban con menor presupuesto[223]. Al principio el presupuesto medio rondaba los 75.000 dólares. No obstante, a medida que el prestigio de la empresa fue creciendo también lo hizo el tamaño de sus clientes. Actualmente el presupuesto medio para un proyecto de Eden McCallum está entre los 250.000 y los 400.000 dólares, aunque muchos de ellos superan los 1.5 millones de dólares.

---

221. *Ibid.*

222. Clayton M. Christensen, Dina Wang, yDerek van Bever, «Consulting on the Cusp of Disruption», *Harvard Business Review* 91, n.° 10 (2013), 106-114.

223. Vermeulen, *Eden McCallum.*

Debido a sus orígenes humildes, la firma se granjeó la fama de proporcionar a la pequeña y mediana empresa consultores del mismo calibre que las tres grandes a precios mucho más bajos. Poco después de introducirse en el mercado holandés, el diario financiero *Financiele Dagblad* le dedicó este titular: «Eden McCallum proporciona los servicios de antiguos consultores de McKinsey y BCG a mitad de precio».[224]

Los responsables de Eden McCallum no se sintieron muy cómodos con cómo describía su propuesta el diario holandés. Para ellos, así como para la mayoría de sus clientes de larga duración, no se trataba simplemente de que su estructura organizacional fluida proporcionara una operación de gran empaque a un precio más bajo. Al escribir su organigrama a lápiz y rescribirlo a medida que surgían nuevos proyectos, Eden McCallum también había encontrado la manera de proporcionar una experiencia consultora de mejor calidad, una experiencia que accedía a un talento de máximo nivel y obtenía de sus consultores un trabajo de mayor calidad incluso que el que ofrecían cuando trabajaban para las tres grandes firmas. «Cada equipo particular se selecciona en base a lo que es adecuado para el proyecto en cuestión —explicó Liann Eden—. Además, son ellos quienes deciden si quieren participar en el proyecto, así que su compromiso es absoluto».[225]

La red organizacional

Para comprender el verdadero valor de esta nueva forma de escribir el organigrama tenemos que salir de las salas de juntas ejecutivas de las consultoras de máximo nivel y trasladarnos al mundo

224. *Ibid.*, p. 2.

225. Eden, entrevista personal, 5 de febrero del 2015.

de Broadway. En concreto, analizaremos a los equipos que se encargan de hacer realidad una idea para un musical de Broadway.

Cada producción de Broadway es creada y dirigida por un equipo de liderazgo experimentado que cuenta con el mismo número de asientos en la mesa, pero quién se sienta a ella y la forma en que llegaron o ocupar ese puesto puede decirnos mucho acerca de cuál es la mejor forma de componer el personal de cada proyecto y diseñar organizaciones. El equipo de dirección de cada espectáculo se compone de seis personas: el productor, el director, el compositor, el letrista, el libretista y el coreógrafo. Sin embargo, el mundo de Broadway como industria es muy reducido. Se trata de una red densa e interconectada en la que hay un número de personas que suele rotar y adoptar una función diferente en la siguiente producción. Como resultado, las personas que cumplen estas funciones a veces se encuentran trabajando con desconocidos, pero en otras ocasiones descubren rostros familiares en su nuevo equipo. Esta rotación constante llamó la atención de dos investigadores, Brian Uzzi, de la Northwestern University, y Jarrett Spiro, de INSEAD.[226]

Les interesaba descubrir qué combinación de relaciones era la adecuada para un equipo y averiguar a partir de ello cuál era el nivel adecuado de conectividad que debía darse en Broadway a nivel general. «Que las alianzas que se crean en esta industria suelen extenderse en el tiempo y que los equipos se repiten en diferentes musicales es de dominio público —explica Uzzi—. Lo que queremos saber es cómo se integran estas alianzas en una red de relaciones personales más amplia que no tiene que ver tanto con el equipo en el que uno ha trabajado, sino con la relación que mantiene ese equipo con el resto».[227]

---

226. Brian Uzzi y Jarrett Spiro, «Collaboration and Creativity: The Small World Problem», *American Journal of Sociology* 111, n.º 2 (2005), 447-504.

227. Brian Uzzi, entrevista personal con el autor, 11 de marzo del 2014.

Para responder a esta pregunta, Uzzi y Spiro recogieron informes de cada equipo de dirección de seis personas de cada espectáculo de Broadway entre los años 1945 y 1989.[228] Incluso incluyeron espectáculos que comenzaron pero fueron abortados durante el proceso de preproducción. Al final, crearon una base de datos con 474 musicales y más de 2.000 individuos, desde coreógrafos desconocidos a compositores legendarios como Cole Porter y Andrew Lloyd Weber.

Mediante esta base de datos los investigadores podían recrear cómo se extendió la red social de la industria de Broadway a lo largo de cuatro décadas y calcular los niveles de conexión existentes cada año. Después analizaron la densidad de la red de año en año usando una medida que llamaron «pequeño mundo Q», o simplemente «Q», donde q mide el nivel de interconectividad de una red social en una escala del 1 al 5.

Una red holgada con pocas relaciones previas y poca familiaridad entre los individuos tendría un nivel Q de 1, en tanto que la red más intrincada posible recibiría una puntuación Q de 5 puntos.

Gracias a esta forma de puntuación analizaban el éxito y fracaso de un año determinado en Broadway (según los parámetros de la crítica y su éxito económico) y hasta qué punto afectaban las redes al éxito global de los musicales. El resultado fue sorprendente. El factor Q —y por lo tanto las redes de relaciones— tenía un efecto tremendo en el éxito, pero no era lineal. Cuando el nivel del factor Q de un año se elevaba también lo hacía el éxito, pero solo hasta cierto punto, desde el cual empezaba a bajar de nuevo. Lo que Uzzi y Spiro encontraron no fue una línea ascendente recta, sino una U invertida en la que el índice de éxito más alto se situaba en torno al 2.6 sobre 5 de la escala Q.

---

228. Uzzi y Spiro, «Collaboration and Creativity».

Esto significaba que un equipo compuesto por completos desconocidos no solía ser muy exitoso, pero tampoco uno en el que los compañeros se conocieran mucho. Los mejores años de Broadway estaban marcados por equipos en los que había una combinación de personas relativamente cercanas y perspectivas frescas. «Broadway funciona mejor como industria cuando existe cierta conexión, pero también espacio suficiente para que el material creativo fluya y conecte con personas diferentes en momentos diferentes», explica Uzzi.[229] Cuando los equipos con esta combinación se enfrentaban a los desafíos que supone la producción de un espectáculo, se beneficiaban tanto de las experiencias y las convenciones adquiridas con los conocidos como de las perspectivas diferentes y las ideas nuevas de los recién llegados.

Resulta tentador leer los resultados del estudio de Uzzi y Spiro y asumir que la clave para el exito consiste simplemente en crear equipos de proyecto en los que haya viejos compañeros y sangre nueva. Pero este estudio no se centra en los equipos, sino en las redes sociales. Es la red social de Broadway la que permite que los equipos con un factor Q de 2,6 se formen, produzcan un espectáculo y después se disgreguen para formar nuevos equipos. Si creas un equipo de 2,6 y los obligas a trabajar juntos durante largo tiempo su factor dejará de ser 2,6 y se acercará más a 5. Es necesario centrarse en la red en su conjunto, así podremos crear un equipo cuya combinación sea la adecuada para un proyecto y tener la posibilidad de redistribuir a sus miembros rápidamente en nuevos proyectos y equipos.

Este es el problema con los organigramas que permanecen estancados durante demasiado tiempo. Aparte de las complicaciones que generan respecto a la capacidad y los costes generales, los organigramas definen a qué equipo pertenece cada uno, algo que

229. Uzzi, entrevista con el autor, 11 de marzo del 2014.

no cambiará hasta que lo haga el propio organigrama. Eden McCallum escribe su organigrama a lápiz y crea una red de relaciones fluida en lugar de una jerarquía inamovible, por eso puede formar nuevos equipos para cada proyecto y reordenarlos una vez que este acaba. «Siempre hay cierto batiburrillo —dice Liann Eden de los equipos consultores de Eden McCallum—. Hay consultores que han trabajado juntos y otros que son nuevos».[230] Gracias a la creación de un sistema de consultores independientes, han generado una red de relaciones que funciona de manera similar a los años en que se produjeron los mejores espectáculos en Broadway.

Eden McCallum no es la única empresa que ha hecho esto y tampoco ha sido la primera. De hecho, muchas empresas se han estructurado de una forma que les permite contratar empleados a tiempo completo y organizarlos en torno a proyectos, en lugar de en los puestos fijos de un organigrama inflexible.

Los empleados de SumAll, además de gozar de una absoluta transparecia de salarios, también tienen unas asignaciones laborales muy fluidas. La posición de cada empleado dentro de la organización depende de aquello en lo que trabajen en cada momento. La estructura de la empresa gira en torno a proyectos en lugar de a productos. El fundador, Dane Atkinson, y un comité seleccionado para ello establecen los objetivos para el año y después otorgan poder a los empleados para iniciar nuevos proyectos con la única condición de que se adapten a la estrategia. «Los productos nuevos proceden completamente de los equipos de empleados», afirma Atkinson.[231]

Los equipos se crean en torno a esos proyectos y eligen un líder propio. Después pasan a trabajar en ellos. Cuando los comple-

230. Eden, entrevista personal, 5 de febrero del 2015.

231. Dane Atkinson, entrevista personal con el autor, 26 de febrero del 2015.

tan o cuando finaliza la contribución individual a un proyecto, el equipo vuelve a restructurarse. «A veces hay cierto mercadeo de líderes de equipo —dice Atkinson—. El individuo medio cambia de equipo una o dos veces al año», una frecuencia mucho mayor que si SumAll hubiera construido su organigrama en torno a conjuntos de productos cuyos equipos están formados permanentemente por las mismas personas.

Al crear este formato basado en los proyectos, SumAll ha establecido una estructura similar a la red social de Broadway o al fondo de talentos de Eden McCallum, pero con miembros en nómina en lugar de trabajadores autónomos. El resultado es que en SumAll los equipos mantienen el equilibrio entre personas que han trabajado juntas y nuevas caras con perspectivas frescas. Al abandonar el organigrama tradicional, SumAll ha organizado una red que probablemente tendría una puntuación cercana al 2.6 en la escala Q. En otras palabras, obtendría los resultados más beneficiosos.

Eden McCallum y SumAll son ejemplos perfectos de las ventajas de tener un organigrama basado en los proyectos, pero como decíamos, tampoco han sido los primeros en intentarlo. Hay una compañía que lleva escribiendo su organigrama a lápiz desde el momento de su fundación en 1958: W.L. Gore. Creadora del material GoreTex, así como de otros productos igualmente innovadores como las cuerdas de guitarra Elixir y el hilo dental Glide, fue fundada bajo la premisa de que la mejor manera de aprovechar el talento innovador de sus empleados era crear lo que el fundador Bill Gore llamaba un «entramado, no una jerarquía» en la que los empleados estuvieran conectados entre sí. Los trabajadores de Gore, igual que sucede en SumAll, proponen nuevos proyectos y se ofrecen voluntarios para ellos, rotando a medida que los proyectos cambian. Cuando los proyectos se acercan al final, los empleados empiezan a buscar otro nuevo al que sumarse para ayudar, con lo que la red mantiene la frescura de la diversidad en sus equipos. Gore ha seguido este modelo durante la práctica totalidad de los sesenta años en los que ha pasado de tener su sede en un sótano a ser una compañía de 10.000 trabajadores con oficinas en tres continentes y más de 3.000 millones de dólares anuales en ingresos.

Eden McCallum, SumAll y W.L. Gore representan todos ellos intentos radicales de rescribir continuamente el organigrama. Por el contrario, la muy conocida firma de diseño IDEO ha procurado crear una cultura en la que haya un organigrama relativamente estable en el que las personas sientan la libertad de tener movilidad para asistir en proyectos variados.[232]

La raíz de esta cultura en IDEO comenzó probablemente a mediados de la década de 1990. IDEO, que apenas contaba por entonces con unos pocos años, había pasado rápidamente de ser un estudio pequeño a tener 150 personas que respondían directamente ante el equipo ejecutivo original. La empresa necesitaba una reorganización que potenciara su eficacia al tiempo que conservara los beneficios colaborativos de un estudio de diseño pequeño. David Kelley, el fundador de IDEO, en lugar de encerrarse y crear un esquema maestro, como hizo Daniel McCallum, decidió permitir que el organigrama se desarrollara orgánicamente. Kelley celebró una reunión en la que explicó a todos que en lugar de trabajar con un organigrama grande pasarían a tener cinco líderes, cada uno de los cuales quedaría al cargo de un nuevo «estudio».

Después cada uno de los líderes tomó la palabra por turnos y habló del tipo de trabajo que prefería hacer, de los desafíos a los que se enfrentaban y lo que les resultaba excitante en su enfoque

232. Jeffrey Pfeffer y Robert I. Sutton, *El fin de la superstición en el management: la nueva dirección de empresas basada en la evidencia*, Urano, Barcelona, 2007.

del diseño y la innovación.[233] Para finalizar la reunión Kelley pidió a los empleados que anotaran los nombres de los líderes y proyectos con los que les gustaría trabajar en un listado con sus tres opciones preferidas. El resultado fue que en lugar de que los líderes escogieran su equipo y les hicieran un hueco preferencial en el organigrama, los empleados de IDEO pudieron elegir a sus líderes. Y resultó que todos obtuvieron la opción preferida.

No obstante, cuando se reorganizaron, Kelly recordó a todos que uno de los principios básicos de la empresa era el «ensayo y error ilustrado». A pesar de esta nueva estructura, sus tareas y preferencias eran simplemente un prototipo que cambiarían si las circunstancias así lo requerían. «Los cambios que intentamos hacer —dijo Kelley al grupo— son experimentos temporales y reversibles».[234] Unos años después, cuando la empresa hubo crecido más incluso, IDEO volvió a cambiarlo todo de nuevo y repitió el proceso, permitiendo a los empleados elegir otra vez su lugar en el organigrama en torno a los líderes del estudio.[235] David Kelley y su equipo de IDEO trataban el organigrama como un prototipo, bajo el principio de que intentar organizar a los individuos no tendría por qué suponer un bloqueo que les impidiera colaborar entre ellos y realizar un trabajo estupendo.

Casi veinte años después, esta peculiar filosofía sigue impregnando la cultura de IDEO, a pesar de que se ha expandido hasta tener más de 500 empleados distribuidos en diez oficinas de todo el mundo. Aunque esta expansión les ha llevado a un organigrama más grande, se sigue animando a los empleados a que se salten la

---

233. Tom Kelley, con Jonathan Littman, *The Art of Innovation: Lessons in Creativity from IDEO, America's Leading Design Firm*, Currency, Nueva York,1995.

234. Jeffrey Pfeffer y Robert I. Sutton, *El fin de la superstición en el management: la nueva dirección de empresas basada en la evidencia*, Urano, Barcelona, 2007.

235. Kelley y Littman, *The Art of Innovation.*

jerarquía y ayuden a otros equipos en sus proyectos. De hecho, es algo tan integrado que IDEO otorga a sus equipos un tiempo fijo en su horario semanal para que puedan dedicarlo a ayudar en otros proyectos.

En un estudio sobre la cultura de IDEO realizado por Teresa Amabile, de Harvard Business School, los investigadores descubrieron que la realización del trabajo en esta empresa siempre se hace a través de la colaboración y la ayuda a los demás empleados, aunque no formen parte del mismo proyecto. «La mayoría aprende a hacerlo al tiempo que se embeben de la cultura de la organización, participan en actividades habituales y desarrollan su propia red de contactos en la firma», escribieron los investigadores.[236] Para estudiar estas redes los investigadores mapearon una de las oficinas de IDEO mediante la utilización de preguntas a los empleados referentes a quién les había ayudado en los proyectos y quiénes eran los cinco individuos que más ayudaban en la organización. Lo sorprendente es que todos los empleados de la empresa recibieron al menos una mención como buenos ayudantes por parte de sus compañeros. Y además, el 89 por ciento de los empleados aparecía en las listas entre los cinco mejores. Los investigadores incluso tuvieron constancia de un miembro del equipo directivo que usaba su tiempo de ayuda para unirse a una lluvia de ideas de un equipo cuyo proyecto ni siquiera había comenzado formalmente.

El organigrama de IDEO no es tan maleable como el de Eden McCallum, SumAll y W.L. Gore. No obstante, desde que empezaron el negocio la empresa ha reforzado esta noción de que el organigrama no hay que tomarlo demasiado en serio. Anima a sus empleados a que se expandan más allá de los equipos formales

---

236. Teresa Amabile, Colin M. Fisher y Juliana Pillemer, «IDEO's Culture of Helping», *Harvard Business Review* 92, n.° 1-2 (2014), 58.

para generar mejores colaboraciones y mantener el funcionamiento de la red social (aunque sin intención expresa) en una puntuación que ronde el 2.6 en la escala Q. Gracias a ello, IDEO es un ejemplo a seguir para las empresas que se benefician del poder de la cultura de redes sociales, aunque no tengan libertad para rescribir su organigrama en función de cada proyecto.

Para llevar la analogía al límite, que no puedas escribir tu organigrama a lápiz no significa que no puedas escribirlo en una pizarra.

10
CIERRA LAS OFICINAS DE PLANTA ABIERTA

Aunque la reciente moda de las oficinas diáfanas suele explicarse como algo indispensable para inspirar la colaboración, los estudios y la experiencia nos muestran que los beneficios del diseño de oficina de planta abierta no suelen compensar las multitud de distracciones que genera. Los mejores líderes tienen una respuesta diferente a la dicotomía entre oficinas cerradas o abiertas.

A mediados de la década de 1990, Jay Chiat adoptó para su oficina un diseño extremista de planta abierta. Había fundado su empresa, que ahora se llama TBWA/Chiat/Day, como agencia de publicidad con un solo hombre al mando.[237] Su empresa tuvo éxito a gran escala desde el principio. Chiat no tardó en fusionarse con Guy Day para formar Chiat/Day, anteponiendo su nombre, pero cediendo la presidencia.

Juntos colaboraron en algunas de las campañas de publicidad más memorables de la historia. Fue él quien supervisó la creación

237. David Dix, «Virtual Chiat», *Wired*, julio de 1994, http://archive.wired.com/wired/archive/2.07/chiat.html (visitada el 20 de mayo del 2015).

y producción de «1984», el famoso anuncio de Apple para la Super Bowl en el que una joven corredora arrojaba una maza de combate contra una pantalla de televisión gigantesca en la que el Gran Hermano aleccionaba a los trabajadores en un fututo distópico. A esta le siguió otra campaña igualmente famosa de Apple: «Think Different». También creó el conejito de las pilas Duracel y otros reconocidos iconos de marca. En 1990 fue nombrada «agencia de la década» por la revista *Advertising Age.*

Cuando Chiat centró su atención en el entorno laboral, en el suyo para ser más precisos, quiso explorar otra idea revolucionaria. En la primavera de 1993, mientras descendía esquiando las colinas de Teluride, en Colorado, Chiat reflexionó sobre cómo afecta el entorno laboral al trabajo. Pensó en cómo el diseño de los espacios de trabajo solía ser un simple reflejo de la política y la jerarquía de la empresa, con oficinas en las que a medida que el empleado ascendía se encontraba en despachos más grandes y aislados. «Cuando vas al trabajo solo sales del despacho para ir al lavabo —declaró Chiat a la revista *Wired* en una entrevista sobre el nuevo diseño de sus oficinas—. Es el tipo de cosas que generan aislamiento y miedo. No son productivas». También reflexionó sobre cómo la tecnología eliminaba la necesidad de tener que estar presente en la oficina todo el tiempo. (Al fin y al cabo, eran los tiempos de la primera burbuja punto com). Cuando terminó de esquiar, Chia se percató de que había tenido una epifanía. Rediseñaría las oficinas de Chiat/Day para dar un ejemplo al mundo de cómo había que llevar un negocio.

A finales de ese año Chiat presentó su plan al público. Consistía en derribar todas las paredes y cubículos de la oficina que tenían en la Costa Oeste y desprenderse también de los escritorios y ordenadores de sobremesa. Todo aquello que pudiera hacer pensar al empleado en marcar el territorio debía ser eliminado. «Cuando empiezas tu jornada laboral te cedemos una taquilla, un ordenador y un teléfono en préstamo para ese día», dice Chiat. Los empleados cogían su portátil y teléfono móvil y tenían que encontrar un lugar para ponerse a trabajar entre la multitud de mesas, escritorios y sofás de una sala gigantesca. Los efectos personales como las fotos de familia o premios podían guardarse en la taquilla, pero no estaban permitidos en la «sala de trabajo en equipo».

Chiat había llevado su empresa a los límites de lo que él veía como el futuro del trabajo: la oficina diáfana más abierta de todas.

Solo había un problema. No funcionaba.

Antes de que se cumpliera un año de la reforma ya se había corrido la voz de lo lejos que había llegado Chiatt en la concepción de su diseño.[238] El nuevo diseño, lejos de evitar las camarillas, las potenciaba y se producían guerras territoriales entre los empleados por áreas y herramientas que se suponían de uso común. Había empleados que llegaban a primera hora, pedían un portátil y un móvil, los metían en sus taquillas y dormían durante horas antes de empezar a trabajar. Otros escondían sus ordenadores por la noche para poder volver a usarlos al día siguiente. Como no podía quedar nada en la zona común, empezaron a meter el trabajo a medio terminar en sus taquillas, que eran demasiado pequeñas para almacenarlo todo. Una empleada empezó a colocar todas sus cosas en un volquete de juguete para que no se le perdiera nada.

Lo peor es que la sala común no era suficientemente grande para todos. El espacio abierto no era tan espacioso. Había gente que llegaba al comienzo de su jornada y no encontraba ningún sitio para trabajar, así que se marchaban. Los jefes no podían reunir a su equipo entero en un mismo sitio. Las fechas de entrega no

---

238. Nikil Sival, *Cubed: A Secret History of the Workplace*, Doubleday, Nueva York, 2014.

se cumplían. En 1998, Chiat/Day había llegado a la conclusión de que la epifanía que tuvo su líder sobre la creación de una oficina abierta no era tan buena idea como parecía. Se vieron obligados a rediseñarlo todo de nuevo, en esta ocasión para recrear prácticamente lo opuesto a la visión de Chiad en Telluride. Trasladaron toda la compañía de la antigua oficina a un espacio diferente de diseño más tradicional.

El experimento de Chiat había sido un fracaso, pero la voz no se corrió tan rápido como habían corrido las noticias sobre la prueba original. De hecho, había numerosas empresas que habían oído hablar sobre la oficina de espacios abiertos y algunas de ellas siguieron su ejemplo. Ernst & Young copió ese aspecto «hotelero» de los escritorios sin asignar para sus trabajadores, que solían viajar frecuentemente. Sprint y Cisco Systems intentaron diseñar una «oficina más virtual». En realidad, el ritmo del cambio hacia las oficinas diáfanas no se redujo, a pesar de que varios de los experimentos supusieron un auténtico fracaso. Lo más increíble es que este cambio pareció alcanzar su pico en los años 2000 y 2008, cuando la recesión hizo que las oficinas de planta abierta salieran mucho más baratas y por lo tanto fueran una opción más apetecible para las corporaciones.

Hoy en día los nuevos líderes empresariales ya no tienen a Jay Chiat como modelo ejemplar, pero el 70 por ciento de los entornos laborales americanos conserva las oficinas de planta abierta.[239] Cuando Michael Bloomberg llegó a la alcaldía de Nueva York dejó el despacho del ayuntamiento para ubicarse en el centro de un espacio cavernoso en el que se congregabn cincuenta escritorios separados por mamparas bajas. Bloomberg confiaba ciegamente en el «corral» y los beneficios de su carencia de privacidad. El uso que le

239. Maria Konnikova, «The Open-Office Trap», *The New Yorker*, 7 de enero del 2014.

dio a este despacho se ha convertido en objeto de estudio para los gobernantes y los futuros directores de empresa que estudian un MBA.[240] En 2015 Mark Zuckerberg anunció que Facebook crearía la oficina diáfana más grande del mundo. La red social virtual incluso contrató al renombrado arquitecto Frank Gehry para que diseñara un edificio de 40.000 metros cuadrados que albergara a sus 2.800 empleados en una sala gigantesca.[241]

Por encima de todo, lo que ha conseguido esta moda es reducir el espacio medio por empleado, que ha pasado de tener 46 metros cuadrados en la década de 1970 a 18 en el 2010.[242] Aunque esa reducción de espacio supone un ahorro innegable, los defensores de las oficinas de planta abierta creen que su mayor beneficio está en las mejoras de colaboración y comunicación entre los empleados, algo que a su vez genera mayor productividad.

Sin embargo, esa afirmación es muy cuestionable. Hay numerosos estudios sobre este tipo de oficinas que indican que los beneficios del espacio diáfano difícilmente compensan las desventajas.

Las oficinas abiertas encierran a los empleados

Poco después del experimento de Jay Chiat se realizó otro experimento más riguroso sobre el diseño del entorno laboral. Una pe-

240. Michael Barbaro, «The Bullpen Bloomberg Built: Candidates Debate Its Future», *New York Times*, 22 de marzo del 2013.

241. Kevin Kruse, «Facebook Unveils New Campus: Will Workers Be Sick, Stressed, and Dissatisfied?», *Forbes*, 25 de agosto del 2012.

242. Karl Stark y Bill Stewart, «Open-Plan Office: An Introvert's Worse Nightmare», *Inc.*, 28 de febrero del 2013, http://www.inc.com/karl-and-bill/open-plan-office-an-introverts-worse-nightmare.html.

trolera ubicada en la zona oeste de Canadá quería rediseñar sus oficinas y pasar del espacio tradicional a uno de planta abierta. Los líderes de la compañía pidieron a un equipo de psicólogos de la cercana Universidad de Calgary que estudiaran los efectos de esta transición en los empleados.[243]

Los investigadores tomaron como referencia a varios grupos para determinar qué había que medir y cómo realizar esas mediciones. Crearon una encuesta para evaluar la actitud de los empleados respecto a su entorno físico, los factores de estrés, las relaciones con los miembros del equipo, los protocolos de oficina y el rendimiento. Tras esto hicieron que los jefes distribuyeran las encuestas a los empleados con instrucciones para que sellaran el sobre justo después de contestar a las preguntas (para preservar el anonimato) y lo enviaran por correo directamente a los investigadores. Les entregaron las encuestas tanto en el momento previo a la transición, como un mes después de haberse trasladado a la nueva oficina y también al cabo de seis meses.

Tras recoger todos los datos del sondeo y analizarlos, los investigadores descubrieron que a los empleados parecía afectarles negativamente «en todos los aspectos» esa nueva disposición de la oficina abierta. Los empleados informaron de que el índice de satisfacción con el entorno laboral había bajado, las relaciones con los miembros del equipo empeoraban y los empleados parecían rendir peor en el trabajo. También informaron sobre un aumento de los niveles de estrés. Es más, los investigadores descubrieron que estas respuestas seguían estando presentes al cabo de seis meses, con lo que los efectos negativos persistían incluso después de haberse adaptado a ese nuevo entorno laboral. De hecho, la

243. Aoife Brennan, Jasdeep S. Chugh y Theresa Kline, «Traditional Versus Open Office Design: A Longitudinal Field Study», *Environment and Behavior* 34, n.º 3 (2002), 279-299.

satisfacción respecto a las relaciones con los miembros del equipo continuaban en declive y a los seis meses del traslado habían bajado más aún.

Los resultados del estudio no dejaban dudas respecto a que cambiar a una oficina de planta abierta había disminuido la productividad y hecho aumentar los niveles de estrés, pero los investigadores reconocían que el muestreo era muy pequeño, ya que solo veintiuno de los empleados habían completado las tres encuestas. No obstante, subsiguientes investigaciones con un muestreo mayor reafirmaron sus observaciones.

En el año 2005 Jungsoo Kim y Richard de Dear, de la Universidad de Sydney, realizaron un estudio en el que incluían mucha más información y un muestreo mayor.[244] Sus datos sobre las oficinas como espacio de trabajo procedían del estándar en investigación sobre el entorno laboral, la base de datos de la Evaluación Post-Ocupacional (POE) de la Universidad de California en Berkeley. Este índice se ha convertido en una de las evaluaciones más aceptadas sobre el espacio de oficina desde su creación en el año 2000. (Se utiliza incluso para el proceso de certificación LEED). Su extendido uso ha resultado en una impresionante recopilación de datos para los investigadores.

Kim y De Dear seleccionaron un pequeño subgrupo de datos basados en categorías de edificios de oficinas, aunque seguía siendo bastante extenso: 42.764 observaciones recogidas en 303 edificios de oficinas diferentes. Clasificaron cada uno de los edificios en cinco categorías que iban desde despachos privados a oficinas diáfanas sin divisiones y después compararon los niveles de satisfacción entre las diferentes categorías, en base a parámetros varios

244. Jungsoo Kim y Richard de Dear, «Workspace Satisfaction: The Privacy-Communication Trade-off in Open-Plan Offices», *Journal of Environmental Psychology* 36 (2013), 18-26.

como el nivel de ruido, la privacidad, la facilidad de interacción, la comodidad del mobiliario, la calidad del aire, la temperatura e incluso la cantidad de luz.

Como era de esperar, los despachos privados obtuvieron los índices más altos de satisfacción y las oficinas diáfanas los más bajos. Pero fue en el apartado de las dimensiones individuales donde encontraron los resultados más sorprendentes. La diferencia más significativa entre los despachos privados y las oficinas de planta abierta estribaba en dimensiones tales como la privacidad visual y el aislamiento auditivo, la cantidad de espacio y los niveles de ruido. La falta de aislamiento auditivo recibía las reacciones más negativas por parte de los epleados que trabajaban en oficinas diáfanas. Además, entre el 25 y el 30 por ciento de los empleados que trabajaban en plantas abiertas estaban insatisfechos con el nivel de ruido que encontraban en su entorno laboral. Sin embargo, sus niveles de satisfacción respecto a la interacción no mejoraban los de aquellos que trabajaban en despachos. Así, aunque el ruido representaba un problema, no parecía proceder de la colaboración colectiva que se generaba en las plantas abiertas.

Los investigadores llevaron este análisis un paso más allá para calcular la importancia que daban los empleados a cada uno de los parámetros respecto a su satifacción global con el entorno. Uno de los parámetros que estaba más relacionado con esta era la facilidad de interacción, a pesar de que no se juzgaba peor en los despachos que en las oficinas de planta abierta. Por decirlo de otra forma, todos compartían un mismo deseo de mayor colaboración entre los empleados, pero los que trabajaban en oficinas diáfanas no parecían pensar que compensara el estrés y la distracción que sufrían por ese bombardeo de ruido.

En 2011 tres profesores de la Universidad de Leeds llegaron a resultados parecidos a los de los investigadores de Calgary, incluso en los casos en que la oficina diáfana se percibía como algo inicialmente positivo.[245] Matthew Davis, Desmond Leach y Chris Clegg recopilaron y resumieron los resultados de más de cien estudios individuales de entornos de oficina. Descubrieron que las oficinas de planta abierta conseguían con éxito que los empleados se «sintieran» parte de un entorno más innovador y colaborativo. Sin embargo, las oficinas diáfanas también son perjudiciales para la productividad del empleado, su período de atención, satisfacción y pensamiento creativo, ya que generan más interrupciones, potencian el estrés y reducen el nivel de concentración. Es interesante apuntar que sí encontraron un aumento de la colaboración en las oficinas de planta abierta (o al menos esa es la sensación), pero los beneficios globales de la colaboración no parecen compensar los costes en productividad e innovación.

Gary Evans y Dana Johnson, de la Universidad de Cornell, obtuvieron idénticos resultados respecto al ruido y el estrés percibido en las oficinas de planta abierta.[246] Cuarenta mujeres que trabajaban en entornos administrativos respondieron a su anuncio, en el que pedían voluntarios para participar en un proyecto de investigación sobre equipamientos de terminales de ordenador. (También respondieron algunos hombres, pero como resultó haber una amplia mayoría de mujeres los investigadores decidieron limitar el estudio a estas por si encontraban diferencias de género). Cada una de las mujeres se sometió a una de estas dos condiciones: oficina ruidosa y oficina silenciosa. Todas ellas participaron en dos largas sesiones de tres horas, una para establecer la referencia y otra para el experimento en sí. Durante este, las mu-

245. Matthew C. Davis, Desmond J. Leach y Chris W. Clegg, «The Physical Environment of the Office: Contemporary and Emerging Issues», en *International Review of Industrial and Organizational Psychology* 2011, vol. 26, editado por Gerard P. Hodgkinson y J. Kevin Ford, John Wiley & Sons, Ltd, Chichester, 2011.

246. Gary W. Evans y Dana Johnson, «Stress and Open-Office Noise», *Journal of Applied Psychology* 85, n.º 5 (2000), 779-783.

jeres tenían que escribir en el ordenador un texto sobre un manual de seguridad aérea a un ritmo con el que se sintieran a gusto. Les dijeron que los investigadores no estaban monitorizando su rendimiento, aunque en realidad sí lo hacían.

Las mujeres que trabajaban bajo el supuesto de oficina ruidosa escribían mientras oían sonidos de bajo nivel que simulaban los de una oficina de planta abierta real (llamadas de teléfono, ruido de tecleo, cajones que se abrían y cerraban) en tanto que las otras mujeres lo hacían en silencio. A todas ellas, como pasaría en un entorno de oficina real, se las interrumpía cada veinticinco minutos para pedirles que cumplieran tareas rápidas. Los investigadores registraron el rendimiento que ofrecían al pasar el texto al ordenador y también observaron con qué frecuencia adaptaban su posición en el puesto en que se encontraban. (Está demostrado que realizar cambios ergonómicos regulares respecto a la postura y los terminales de ordenador reduce el riesgo de enfermedades musculoesqueléticas).

Después de la sesión los investigadores medían también los índices de epinefrina, norepinefrina y cortisol para tener referencias exactas de sus niveles de estrés. Finalmente, se entregaba a todas las participantes diversos puzles (algunos con solución y otros sin ella) y les decían que intentaran resolverlos hasta que lo consiguieran o decidieran que era una tarea imposible. Después podrían pasar al siguiente si les quedaba tiempo.

Las participantes de ambos grupos tuvieron un rendimiento medio similar y ninguna de ellas dio muestras de sentir mayor estrés al final de la sesión experimental, pero los niveles de epinefrina sí indicaban que el entorno ruidoso había causado un estrés significativo. Además, las mujeres que trabajaron bajo el supuesto de oficina ruidosa realizaron menos ajustes en su estación de trabajo, lo cual sugiere que el entorno ruidoso afectaría negativamente a su salud en el futuro. Es más, sus intentos de resolver los puzles eran mucho menos numerosos, lo cual indica un descenso de la motivación tras la exposición a un entorno ruidoso. Los resultados de Evans y Johnson sugieren que, aunque las oficinas de planta abierta no supongan un descenso inmediato de rendimiento, el estrés, la desmotivación y las enfermedades podrían acumularse a largo plazo y reducir la productividad global.

El estudio de Evans y Johnson solamente indicaba que el ruido de las oficinas de planta abierta podía generar enfermedades en los empleados, pero un grupo de investigadores daneses descubrió que los empleados que trabajaban en oficinas diáfanas enferman ciertamente con mayor frecuencia[247]. El Estudio del Entorno Laboral en la Población Base Danesa —cuatro investigadores liderados por Jan Pejtersen— se valió de un sondeo nacional para hacer un muestreo de los ciudadanos daneses que pasaban la mayor parte de su tiempo en una oficina. Los investigadores dividieron el entorno laboral de los 2.403 participantes en cuatro categorías de oficina: despachos privados, despachos compartidos con un compañero, oficinas compartidas por entre tres y seis compañeros y oficinas de planta abierta.

Pejtersen y su equipo analizaron la relación entre los tipos de oficina y la respuesta a una pregunta sencilla: «¿Cuántos días de baja te cogiste el último año en total?» Dado que este muestreo formaba parte de una encuesta nacional de mayores dimensiones pudieron separarlos por edades, género, fumadores, actividad física, masa corporal y cualquier otra variable que pudiera afectar a contraer una enfermedad. Descubrieron que los individuos que trabajaban en despachos privados afirmaban haberse tomado menos días de baja laboral. Los que compartían despacho con un solo compañero estuvieron de baja un 50 por ciento más que los

247. Jan H. Pejtersen, Helene Feveile, Karl B. Christensen y Hermann Burr, «Sickness Absence Associated with Shared and Open – Plan Offices – A National Cross-sectional Questionnaire Survey», *Scandinavian Journal of Work, Environment, and Health* (2011), 376-382.

que ocupaban despachos privados, y los que trabajaban en oficinas de planta abierta un 62 por ciento más. (Resulta curioso destacar que los que compartían su oficina con entre tres y seis compañeros afirmaban haber estado de baja solo el 36 por ciento más que los que ocupaban despachos privados).

Aunque el estudio no había sido diseñado para probar que las oficinas de planta abierta hacían enfermar al trabajador, los resultados son un claro indicativo de que ese resulta ser el caso. Además, dado que los investigadores no tenían ningún medio de verificar los casos de enfermedad, estos datos también podrían indicar que los ocupantes de las oficinas de planta abierta de su estudio simplemente no querían acudir al trabajo. En cualquier caso, la envergadura del estudio muestra que los empleados productivos que deberían colaborar entre ellos en las oficinas de planta abierta ocupan sus puestos de trabajo con mucha menos frecuencia que los del resto.

Espacios de trabajo que funcionan

Varias décadas de investigación sobre la disposición de las oficinas ofrecen un atisbo de esperanza para los empleados de las oficinas de planta abierta, o al menos una forma de contrarrestar sus efectos negativos. En el 2005 dos investigadores, So Young Lee, de la Universidad Yonsei, y Jay Brand, de la empresa de mobiliario de oficinas Haworth (experto en psicología cognitiva), colaboraron en un estudio sobre el efecto de la percepción del control del espacio de trabajo en la satisfacción del empleado.[248] Sus hallazgos demostraron que hay una estrecha relación entre ambos aspectos.

248. So Young Lee y Jay L. Brand, «Effects of Control over Office Workspace on Perceptions of the Work Environment and Work Outcomes», *Journal of Environmental Psychology* 25, n.º 3 (2005), 323-333.

Los investigadores estudiaron a 228 empleados de cinco empresas americanas que iban desde un proveedor de partes de automoción del Medio Oeste a una empresa de telecomunicaciones de la zona Suroeste. Las oficinas en las que trabajaban los participantes estaban divididas en cuatro tipos entre los que se incluían despachos privados y oficinas de planta completamente abierta. Los participantes recibieron un cuestionario con treinta y nueve puntos diseñado para evaluar los niveles de distracción, la flexibilidad de uso del espacio, la percepción de control, el rendimiento, la satisfacción laboral, el trabajo en equipo y la tendencia individual a decantarse por espacios de trabajo públicos o privados. Como cabía esperar, descubrieron que los participantes que afirmaban tener niveles altos de distracción estaban menos satisfechos con su entorno laboral.

Pero sorprendentemente, los empleados que creían tener un control personal sobre el espacio de trabajo (pues gozaban de libertad para cambiar la distribución de su escritorio o de trasladarse a un espacio de trabajo diferente si querían) afirmaron estar más satisfechos con su entorno laboral, más unidos al grupo y más satisfechos con sus empleos. Esto último también tenía una clara incidencia en el rendimiento.

El estudio de Lee y Brand sugiere que el verdadero debate no está en tener oficinas de planta abierta o despachos, sino en cuánto control permite la empresa que tenga el empleado sobre dónde y cómo quiere trabajar. Una oficina diáfana puede ser tolerable, o incluso disfrutable, si los empleados gozan de cierto control individual sobre el espacio. Los diseñadores y arquitectos que buscan crear el mejor espacio de oficinas posible dentro de las limitaciones presupuestarias también han llegado a estas mismas conclusiones. Tal vez para crear el mejor espacio de trabajo no haya que cerrar las oficinas de planta abierta ni derribar las paredes de los despachos. Quizá no sea una cuestión de elegir entre uno y otro.

«Un buen espacio de trabajo es el que ofrece a sus empleados ambas posibilidades. Los obliga a estar juntos parte del tiempo y les ofrece también la opción o la capacidad de ser independientes o permanecer aislados en otros momentos —afirma David Craig, estratega del espacio de trabajo en CanonDesign y doctorado en arquitectura y ciencia cognitiva—. Muchas organizaciones intentan huir del concepto de espacio unívoco y han creado entornos en los que existe una mezcla de todo lo dicho anteriormente, dando a sus empleados la libertad de trabajar donde quieran».[249] Las pruebas empíricas demuestran que la mejor opción parece ser un diseño mixto en el que los empleados puedan elegir. Jay Chiat no se equivocaba tanto al querer que el personal de Chiat/Day escogiera dónde quería trabajar cada día. Su terrible fallo fue limitar las opciones a trabajar en una oficina de planta abierta o en un escritorio diferente de esa misma planta abierta.

Esa apertura y posibilidad de elegir fue lo que Alexander Saint-Amand intentó ofrecer a los empleados de Gerson Lehrman Group, Inc. (GLG), una consultora con un modelo de negocio único que busca expertos individuales para personas que quieren un tipo de asesoría personalizada.[250] Al tratarse de una actividad que no tiene parangón, Saint-Amand buscaba algo completamente diferente para sus empleados. En el 2014 trasladó las oficinas de GLG a un espacio nuevo en el edificio One Grand Central Place de Nueva York.

La primero que encuentras al entrar en las oficinas, que cuentan con dos plantas, es un enorme claustro lleno de luz dotado de

---

249. David Burkus, «0513: David Craig: The History of Workplace Design and Its Effect on Culture and Performance» LDRLB (emisión de radio), 23 de junio del 2014, http://davidburkus.com/2014/06/0513-david-craig/ (visita el 20 de mayo del 2015).

250. Keiko Morris, «More New York Companies Experiment with Innovative Office Space», *Wall Street Journal*, 7 de julio del 2015.

un mobiliario diseñado para que parezca un salón. Sin embargo, lo que resulta único de este espacio es que ese ambiente relajado de sala de estar no acaba dando paso a un mar de cubículos ni a hileras de escritorios. El espacio entero es una colección de mobiliario de diferente tipo con una enorme cafetería en el centro de la primera planta. Además de los taburetes de bar, los sofás de salón y las sillas del claustro, el mobiliario de la oficina varía desde los escritorios comunes a los cubículos individuales, mesas de reuniones que pueden dar cabida a grandes grupos, o lo suficientemente pequeñas para una sola persona que necesite esparcimiento.

Los empleados de GLG no tienen un escritorio asignado. Tienen una taquilla donde guardar sus efectos personales y libertad para ocupar cualquier espacio a lo largo de las dos plantas, como sucedía en la oficina experimental de Chiat/Day. Pero, al contrario que en esta, todos reciben su ordenador y hay suficiente espacio para todos. El nuevo diseño cubre un espacio de 6.000 metros cuadrados y puede albergar a 350 personas, aunque GLG solo tiene en plantilla a 250. Además, la oficina está organizada alrededor de «vecindades» equipadas con impresoras, fotocopiadoras y otros servicios. Cada unidad de negocio tiene su propia vecindad, de modo que esos empleados sin escritorio sienten que siempre tendrán su territorio propio o campamento base. Igualmente, los empleados que están acostumbrados al uso de ordenadores tradicionales de sobremesa pueden conectar sus portátiles a escritorios especiales con teclados, ratones y monitores con pantallas grandes.

Lo que resulta más interesante de la oficina de GLG es que cualquier persona no iniciada pensaría que se encuentra ante el tradicional entorno de oficina de planta abierta. Pero la diversidad de opciones y sus posibilidades ilimitadas proporciona los beneficios de la oficina diáfana y también ese control individual del espacio que Lee y Brand encontraron en su investigación. Tal nivel de control sería impensable con una disposición tradicional.

«Queremos que sientas que toda la oficina es tuya, no solo tu escritorio —dijo el arquitecto Clive Wilkinson—. Este cambio supone un hito, porque a los empleados normalmente los dejan en un sitio y les dicen: "Si tienes una suerte enorme, algún día conseguirás un despacho"».[251] Wilkinson, cosas del destino, es el mismo arquitecto que Jay Chiat contrató tras su propio experimento fallido de oficina.

Tal vez gracias al aprendizaje que supuso la experiencia con Chiat, Wilkinson se aseguró de que los empleados de GLG sintieran que tenían algo de control sobre el nuevo diseño, pero tambien sobre el proceso en sí. La empresa creó un comité de arquitectura con representantes de cada departamento que se reunía regularmente con el resto de la plantilla para mantenerlos informados y hacerse eco de sus comentarios. «Si no incluyes a tu plantilla en el proceso, de seguro tendrás problemas», afirma Wilkinson.[252]

Su diseño final extendía a los empleados de manera indefinida ese control y multiplicidad de posibilidades, proporcionándoles una variada gama de mobiliario y otorgándoles libertad de movimientos durante todo el día. «Si quieren trabajar en un escritorio tenemos espacio de sobra para ello —explica Armand—. Si quieren hacerlo en una cafetería, por equipos o en un sofá, también disponen de todo lo necesario para ello».[253] Incluso si el empleado quiere pasar de una opción a otra a lo largo del día, el espacio extra les permite acomodarse a sus preferencias personales y tener

251. *Ibid.*

252. Belinda Lanks, «Cozy in Your Cubicle? An Office Design Alternative May Improve Efficiency», *Bloomberg BusinessWeek*, 18 de septiembre del 2014, http://www.bloomberg.com/bw/articles/2014-09-18/activity-based-working-office-design-for-better-efficiency (visitada el 20 de mayo del 2015).

253. GLG, «GLG's New Global Headquarters Pioneers Latest Approach to Office Design and Culture» (archivo de video), 2014, https://vimeo.com/100165888 (visitada el 20 de mayo del 2015).

control para cambiar de idea en cualquier momento. Un empleado puede comenzar el día en la cafetería reuniéndose con compañeros de otro departamento, después volver a su vecindad para reunirse con su equipo y luego retirarse a una mesa de trabajo individual del tamaño de una cabina de teléfono para trabajar en paz. Incluso el propio Saint-Armand se sorprende a sí mismo vagando de un sitio a otro durante el día y estableciéndose en espacios de trabajo diferentes. La flexibilidad de movimientos proporciona los beneficios de la colaboración y la facilidad de interacción, pero también la paz y tranquilidad necesarias para quienes se distraen fácilmente en las zonas más ruidosas de la oficina.

Es cierto que la oficina de GLG no sería un diseño óptimo para cualquier tipo de trabajo, pero su proyecto demuestra que existe una solución viable a la pregunta de cómo abrir o cerrar el espacio de oficinas. Como creen Saint-Amand y Wilkinson, y como acabó aprendiendo Jay Chiat, se trata de qué espacio es mejor para el empleado y para la naturaleza de su trabajo. Cualquier diseño que proporcione a los empleados el máximo control posible sobre su espacio de trabajo es mejor que un diseño completamente cerrado o abierto.

En resumen, las oficinas abiertas necesitan cerrarse y las oficinas cerradas abrirse, en tanto que los empleados necesitan tener opciones que les permitan encontrar lo que funciona mejor para ellos, para el equipo y para la empresa.

11

TÓMATE UN PERÍODO SABÁTICO

A pesar de la tentación de permanecer siempre en activo, los mejores líderes se conceden a sí mismos y a sus empleados un buen descanso de vez en cuando, un período sabático. Estos líderes han descubierto que la mejor forma de mantener la productividad es pasar una buena parte del tiempo siendo improductivos deliberadamente.

En julio del 2009 el aclamado artista y diseñador Stefan Sagmeister subió al estrado de la conferencia anual TEDGlobal y expresó una idea contradictoria.

En TEDGlogal, una reunión anual en la que se dan cita los mejores pensadores y personas que hacen realidad múltiples ideas, los conferenciantes presentan «ideas que merecen ser compartidas» ante una audiencia que con toda probablidad podrá ayudarles a darle un empujón a sus proyectos. Teniendo en cuenta los logros individuales de todos los que estaban presentes, la charla de Sagmeister debió de pillarles un poco desprevenidos. La idea que merecía ser compartida era simple: trabajar menos. Sagmeister informó a su público de que cerraba su estudio a cal y canto cada siete años para regalarse, tanto a sí mismo como a sus diseñadores, todo un año sabático para realizar viajes personales y experimentar. Su plantilla y él tienen libertad para hacer cualquier cosa que les interese siempre que no tenga relación con el trabajo habitual. «Durante ese año no estamos disponibles para ninguno de nuestros clientes —dice—. Cerramos completamente».[254]

Sagmeister conocía a su audiencia a la perfección y sabía que su mensaje les parecería paradójico. No esperó a que le preguntaran, sino que respondió directamente a la cuestión que estaba en la cabeza de todos sus oyentes: ¿Cómo podía permitirse tomarse tanto tiempo libre? En un mundo tan competitivo, el valor de su empresa y el suyo propio se reducían a los resultados del último proyecto. ¿No era muy arriesgado abandonar los proyectos en curso, suspender sus relaciones de negocio y apartarse completamente de su trabajo?

Sagmeister cree que sucede todo lo contrario, que apartarse temporalmente de su exitosa carrera es lo que le permite tener tanto éxito. «Obviamente, es algo que me reporta gran satisfacción —dijo a su audiencia—, pero lo más importante es que... el trabajo que sale a partir de ese año repercute positivamente sobre la empresa y sobre la sociedad en general». Sagmeister descubrió tras su primer año sabático que la calidad de todos sus nuevos proyectos era mucho mejor, lo cual estaba directamente relacionado con el tiempo que se había tomado de descanso. «Básicamente, todo lo que hemos hecho durante los siete años posteriores al primer período sabático surgió a raíz de las reflexiones realizadas durante ese único año».[255] Gracias a que estas ideas generaron proyectos de mayor calidad, cuando los diseñadores volvieron a

254. Stefan Sagmeister, «Stefan Sagmeister: The Power of Time Off» (archivo de video), TEDGlobal 2009, julio del 2009, http://www.ted.com/talks/stefan_sagmeister_the_power_of_time_off?language=en (visitada el 12 de mayo del 2015).

255. *Ibid.*

establecerse en Nueva York tras ese año de descanso, su estudio pudo cobrar precios incluso más altos. La experiencia de Sagmeister era que la combinación de descanso y experimentación que aportaban los años sabáticos reactivaba su creatividad, lo cual tenía como resultado una regeneración del éxito financiero de su empresa.

Los programas sabáticos escasean en el mundo corporativo americano, pero cada vez son más numerosos. Según una encuesta de la Sociedad para la Gestión de los Recursos Humanos, en el año 2009 menos del 5 por ciento de las empresas de Estados Unidos ofrecían sabáticos «pagados».[256] En el año 2014 el número había ascendido hasta el 15 por ciento (el 3 por ciento eran pagados y el 12 por ciento sin pagar).[257] Pero aunque a las empresas que adoptan esta política pueda parecerles una idea novedosa, los años sabáticos no son un concepto nuevo en absoluto. La misma palabra «sabático» proviene del término hebreo *Sabbath*, un antiguo precepto que obligaba a un tiempo de descanso durante intervalos fijos.

En el mundo académico, los años sabáticos son prácticamente una institución. La primera universidad que los ofreció fue la de Sídney, en torno a 1860.[258] En los años ochenta de ese mismo siglo ya habían llegado a los Estados Unidos: Harvard instituyó el pago de excedencias para investigación, diseñadas originalmente para atraer a su campus a los mejores eruditos. Durante

---

256. Society for Human Resource Management (SHRM), *2009 Employee Benefits: Examining Employee Benefits in a Fiscally Challenging Economy,* SHRM, Alejandría, 2009.

257. Society for Human Resource Management (SHRM), *2014 Employee Benefits: An Overview of Employee Benefit Offerings in the US,* SHRM, Alejandría 2014.

258. Tamson Pietsch, «What's Happened to Sabbatical Leave for Academics?», *The Guardian*, 5 de octubre del 2011.

los siguientes cuarenta años, decenas de universidades del máximo nivel de todo el mundo siguieron su ejemplo. Alrededor de 1920 un total de cincuenta de las instituciones universitarias más importantes del mundo ofrecían excedencias sabáticas, incluidas Oxford y Cambridge.[259] Hoy día los períodos sabáticos son un fijo en cualquier institución académica, aunque su disponibilidad puede fluctuar según las condiciones económicas. Es tradicional que las universidades ofrezcan a los profesores un semestre de excedencia totalmente pagado o un año ganando la mitad del salario, para revitalizarse y también realizar investigación. Normalmente, el profesorado tiene derecho a solicitarlo cada seis o siete años.

Los períodos sabáticos existen desde hace tiempo incluso en las empresas con ánimo de lucro. Seguramente el primer programa de este tipo ofrecido por una multinacional fue el realizado por McDonald's en 1977.[260] Inicialmente ofrecían ocho semanas de excedencia pagada por cada diez años trabajados y se aplicaba a todos los trabajadores empleados directamente por la compañía (pero no a los de las franquicias), incluyendo a los altos ejecutivos, encargados de restaurantes propiedad de la empresa e incluso al personal de mantenimiento. Dado que McDonald's cuenta con decenas de miles de empleados, cada año tienen a miles de trabajadores en período sabático, con lo que no solo sirve más hamburguesas que ninguna otra compañía, sino que también ha dado más sabáticos que cualquier otra multinacional.

---

259. Walter Crosby Eells y Ernest V. Hollis, *Sabbatical Leave in American Higher Education: Origin, Early History, and Current Practices*, Bulletin 17, OE-53016 (US Department of Health, Education, and Welfare, Office of Education, Washington, 1962).

260. Grid Business, «How the Lucky Few with Paid Sabbaticals Are Using Their Time», *Chicago Sun-Times*, 8 de abril del 2013.

En el 2006 McDonald's elevó el listón, añadiendo un pequeño sabático de una semana por cada cinco años de servicio. Aparte del descanso y la relajación, muchos líderes de McDonald's han descubierto que las excedencias ayudan al desarrollo del personal y a la planificación de sus relevos. «Cuando alguien se ausenta durante dos meses te haces una idea del rendimiento que pueden dar (sus sustitutos), así que desde la perspectiva de la dirección de personal tiene sus ventajas», dice Rich Floersch, director de Recursos Humanos de la compañía.[261] Algunos de los empleados que cubrían las ausencias de sus compañeros han recibido ascensos por el buen rendimiento ofrecido.

Poco después de que McDonald's adoptara su programa, Intel siguió su ejemplo y se convirtió en la primera de muchas empresas de tecnología que ofrecían períodos sabáticos. En 1981 echó a rodar su programa, que permite a los empleados tomarse ocho semanas de descanso completamente pagadas cada siete años.[262] Además, Intel permite que sus empleados se tomen este período sabático en un tiempo posterior a los tres años de ganarse su derecho a ellas, así que pueden ajustarlo perfectamente a las vacaciones de su pareja o a una transición laboral. También les permite añadir hasta cuatro semanas más de vacaciones, con lo que pueden tomarse un descanso de casi tres meses completos.

Intel, como McDonald's, ha descubierto que su programa sirve para dos cosas. «El principal objetivo era que el empleado se refrescara —afirma Tami Graham, directora de estrategias de ayuda global en Intel—. El objetivo secundario era fomentar la

---

261. *Ibid.*

262. Kathryn Tyler, «Sabbaticals Pay Off», *HR Magazine*, 1 de diciembre del 2011, http://www.shrm.org/publications/hrmagazine/editorialcontent/2011/1211/pages/1211tyler.aspx (visitada el 29 de abril del 2015).

evolución del resto del personal». Todos los sabáticos suponen una oportunidad para que los que permanecen en plantilla reciban formación para cubrir el puesto del empleado ausente. Graham también ha descubierto que, sorprendentemente, el coste para la empresa es mínimo en comparación con los beneficios que reporta. «El personal permanece en nómina igualmente, y el trabajo se cubre sin ayuda externa, así que no supone un coste real». Pero cuando regresan los empleados descansados con nuevas energías y los trabajadores que han suplido sus tareas desarrollan nuevas habilidades, todos sienten que la inversión está bien amortizada.

Tras Intel, una serie de empresas de Silicon Valley empezaron a copiar esta práctica, entre ellas Adobe, Autodesk y Menlo Innovations.[263] Pero este programa no solo funciona en multinacionales de renombre con plantillas numerosas. En el 2012, Scott Heiferman, fundador y CEO de MeetUp, puso en marcha un programa sabático para sus setenta y cinco empleados.[264] MeetUp es una empresa de tecnología pequeña cuyo principal producto es la página del mismo nombre, una red social virtual para planear encuentros grupales reales. El programa les permite tomarse tres meses de descanso pagado una vez que han cumplido siete años de trabajo para la empresa. Al principio, Heferman lo usó como estrategia de retención del empleado, ya que siete años en la industria de la tecnología suponen toda una vida. «La forma en la que la mayoría de los chicos consiguen tomarse un buen descanso es dejar el trabajo y después apechugar y buscar otro empleo», afir-

---

263. YourSabbatical.com, «Workplaces for Sabbaticals», http://yoursabbatical.com/learn/workplaces-for-sabbaticals (visitada el 28 de abril del 2015).

264. Build Network staff, «Why Paid Sabbaticals Are Good for Employees and Employers», Inc. 5000, 25 de diciembre del 2013, http://www.inc.com/the-build-network/why-paid-sabbaticals-are-good-for-employees-and-employers.html (visitada el 29 de abril del 2015).

ma Brendan McGovern, cofundador de la empresa junto a Heiferman y primer empleado en hacer uso del período sabático.

Cuando McGovern se tomó los tres meses de descanso encontró reposo, recreo y «ese algo nuevo» que estaba buscando, pero también vio su período de ausencia como una oportunidad de progreso para su plantilla, en el mismo aspecto que empresas mucho más grandes como McDonald's o Intel. McGovern pasó meses manteniendo reuniones con su equipo para que suplieran su ausencia y su rendimiento fue excepcional. «Para ellos supuso una verdadera oportunidad de dar un paso adelante y explorar nuevas áreas», recuerda McGovern.[265] Para una pequeña empresa como MeetUp los períodos sabáticos, aparte del descanso y el nuevo impulso, también supusieron un medio de idear una forma de crecimiento orgánico. Cuando uno de los tres ingenieros de software de la empresa se tomó un descanso de tres meses en Berlín, regresó diciéndoles a Heiferman y McGovern que quería trasladarse allí. Así que los fundadores encontraron la forma de que ese ingeniero abriera una oficina de MeetUp en Berlín y tuvieron acceso a un nuevo fondo de personal con talento por explorar.

Algunas empresas han experimentado incluso con ofrecer la excedencia antes de ese período tradicional de siete a diez años de empleo. Morningstar, la empresa de investigación inversora con sede en Chicago, ofrece a sus empleados ese descanso cuando cumplen solo cuatro años de servicios prestados. La empresa, fundada en 1984 por Joe Mansueto, siempre ha sido admirada por su entorno laboral informal, que se parece más al de una *start-up* tecnológica californiana que al de una compañía de inversiones de Chicago. Aparte del descanso, Morningstar usa los períodos sabáticos como reconocimiento y compensación por el trabajo de sus

265. *Ibid.*

empleados. «Para nosotros el programa de sabáticos es una forma de agradecer que nos ayudéis a crecer y una ayuda para el propio desarrollo de los trabajadores», anuncian con orgullo en la página web que la empresa dedica al empleo.[266] Aunque no todos se tomen el descanso cuando se les otorga este derecho, no por ello dejan de experimentar los efectos positivos de saber que pueden hacerlo.[267]

Tal vez el programa sabático más peculiar del mundo corporativo sea el que puso en marcha QuickTrip. La cadena de gasolineras y pequeños supermercados con sede en Tulsa, Oklahoma, no simplemente ofrece un período sabático a sus ejecutivos. Se lo impone. Tardan un tiempo en ganárselo, pero la empresa obliga a todos los empleados que alcancen los veinticinco años de servicio a tomarse cuatro semanas de excedencia. Además, imponen otro a los treinta años, a los treinta y cinco y cuando cumplen cuarenta años de servicio. Veintinco o cuarenta años trabajados podrían parecer la edad perfecta para la jubilación, pero debido a la estrategia de promoción interna de QuickTrip y a que se dedican a la venta al por menor, muchos de sus empleados de larga duración comenzaron a trabajar como cajeros en las tiendas de la empresa a una edad muy temprana. Así, veintinco años supone un período de tiempo razonable para recompensar el compromiso de sus empleados con un descanso. «El objetivo es darles aire fresco y reducir el agotamiento de los empleados de larga duración», dice Kim Owen, la que fuera vicepresidente de Recursos Humanos en la empresa.

---

266. Morningstar, «Morningstar Benefits for US Employees», http://corporate1.morningstar.com/us/Careers/Benefits/ (visitada el 29 de abril del 2015).

267. Terri Lee Ryan, «Morningstar: The Company That Works!» ChicagoNow, 18 de marzo del 2011, http://www.chicagonow.com/get-employed/2011/03/morningstar-the-company-that-works/ (visitada el 29 de abril del 2015).

Bajo coste y grandes beneficios

Ofrecer una excedencia a los empleados, aunque sea sin pagarles podría parecer desproporcionado, pero las experiencias de las empresas que ofrecen períodos sabáticos pagados, o incluso obligan a aceptarlos, muestran que hay un coste general bajo y una amortización del gasto muy alta. Aparte de las experiencias mencionadas, cada vez existe un mayor número de estudios que demuestran los beneficios de los períodos sabáticos.

Dado que estas excedencias tienen su origen en el mundo académico, la mayoría de las investigaciones realizadas pertenecen a este campo. Uno de los estudios más rigurosos al respecto fue llevado a cabo por un grupo de investigadores de Estados Unidos, Israel y Nueva Zelanda. Doce profesores colaboraron recientemente para estudiar los efectos de los períodos sabáticos en los compañeros de trabajo de las diez universidades a las que pertenecían.[268] James Campbell Quick, uno de los autores del estudio, profesor de comportamiento organizacional en la Universidad de Texas en Arlington, se unió al equipo de investigación tras tomar una especie de período sabático. Quick sirvió durante tres meses en la reserva de la Fuerza Aérea de Estados Unidos. «Me percaté de que el tiempo que pasé en la Fuerza Aérea me proporcionó una regeneración muy necesaria, así como una experiencia del mundo real complementaria que podría utilizar en las aulas», dijo Quick.[269] Cuando regresó del servicio estaba decidido a estudiar

---

268. Oranit B. Davidson, Dov Eden, Mina Westman, Yochi Cohen-Charash, Leslie B. Hammer, Avraham N. Kluger, Moshe Krausz, Christina Maslach, Michael O'Driscoll, Pamela L. Perrewé, James Campbell Quick, Zehava Rosenblatt, y Paul E. Spector, «Sabbatical Leave: Who Gains and How Much?», *Journal of Applied Psychology* 95, n.° 5 (2010), 953.

269. Alexandra Levit, «Should Companies Offer Sabbaticals?», *Fortune*, 3 de enero del 2011.

los efectos de los períodos sabáticos en esos mismos aspectos que él había experimentado.

Quick y el resto del equipo encuestaron a 129 profesores que tenían derecho a tomarse un período sabático durante el siguiente semestre académico. Tras esto los compararon con otro grupo de 129 miembros de facultad que ostentaban similares calificaciones, experiencia laboral e información demográfica. Se encuestó varias veces a los participantes de ambos grupos, un mes antes de que se tomaran el período sabático, a mediados del semestre y al final de este. Estas encuestas estaban diseñadas para medir un conjunto de factores, entre los que se incluían los niveles de estrés percibidos, los recursos psicológicos e incluso su satisfacción vital.

Una vez que los que se tomaban el período sabático regresaron y los del grupo de control hubieron finalizado el semestre, el equipo de investigación descubrió que en el primer grupo sin duda se advertía un descenso de los niveles de estrés y un aumento de sus recursos psicológicos y el bienestar general.[270] En resumen, que el período sabático les proporcionaba realmente ese descanso y reposición que los líderes empresariales solían advertir en el personal.

Es más, los efectos de esos cambios positivos solían extenderse más allá de su regreso al trabajo, lo cual sugiere que tanto ellos como las organizaciones para las que trabajaban obtuvieron grandes beneficios de esta ausencia. «Descubrimos que los períodos sabáticos te permiten tener la oportunidad de adquirir habilidades interpersonales y profesionales que de otro modo no podrías obtener», explica Quick.[271]

El equipo de investigación estudió también las diferencias entre los diferentes tipos de períodos sabáticos. Descubrieron que

270. Davidson et al., «Sabbatical Leave», p. 953.

271. Levit, «Should Companies Offer Sabbaticals?».

aquellos que se alejaban completamente de sus campus de trabajo y se saltaban las reuniones, no pisaban el despacho y apenas mantenían comunicación con la universidad, eran los que salían más beneficiados. Además, quienes pasaban su período sabático en otro país disfrutaban de un mayor bienestar que los que simplemente trabajaban en diferentes proyectos pero continuaban en sus puestos de origen.

En general, los resultados del estudio sugieren que la inversión en excedencias genera grandes beneficios a cambio, no solo para quienes se ausentan, sino también para la empresa que les concede el permiso para hacerlo. Los períodos sabáticos promueven el bienestar, reducen el estrés y proporcionan oportunidades para adquirir nuevos conocimientos y habilidades. Esto es justamente lo que han descubierto los líderes empresariales que ofrecen excedencias a sus empleados.

El período sabático como desarrollo del liderazgo

¿Qué podemos decir de los efectos que tiene una excedencia laboral en el desarrollo de las capacidades de liderazgo y la sucesión? Resulta que esa pregunta también ha sido sometida a estudio y los resultados sugieren que los períodos sabáticos no solo son buenos para los futuros líderes, sino también para los que se toman el descanso.

Deborah Linnell y Tim Wolfred estudiaron los efectos de las excedencias en los líderes de organizaciones sin ánimo de lucro.[272]

---

272. Deborah Linnell y Tim Wolfred, *Creative Disruption: Sabbaticals for Capacity Building and Leadership Development in the Non-profit Sector*, Third Sector New England and CompassPoint, Boston, 2010.

La pareja de investigadores sondeó a sesenta y un líderes de cinco fundaciones que disponen de programas de excedencia sabática. Aunque cada una de las organizaciones tenía un programa diferente con requerimientos diversos para optar a ellos, como la antigüedad o el puesto que ocupaban los líderes, las cinco tenían varias características en común. Todas exigían que el período de descanso total durara entre tres y cuatro meses y desaconsejaban que los líderes visitaran las oficinas. Todas les pedían una reflexión tras su periplo vacacional, y todas habían sido creadas como medida para aliviar el estrés y las exigencias del papel de liderazgo.

Aunque los resultados reflejan claramente que las excedencias suponen un alivio para el estrés, también realizaron importantes hallazgos respecto a los efectos de ese período de ausencia en la función propia del liderazgo. Los investigadores descubrieron que a su regreso la mayoría de los líderes encuestados tenían una mayor confianza en el desarrollo de sus funciones y sentían que ese período sabático les permitía pensar de un modo diferente y generar nuevas ideas para efectuar cambios y captar fondos para sus organizaciones. Además, la mayoría de ellos se veían más capacitados para cristalizar la visión existente de la organización y crear una nueva que fuera más poderosa aún. También afirmaban trabajar mejor con el consejo de administración, ya que los estadios de planificación y aprendizaje del proceso necesario para tomarse el tiempo sabático mejoraban la eficiencia de los miembros del consejo.

Lo más intrigante es que los investigadores advirtieron que la mayoría de líderes consideraba que los que ocuparon su lugar como interinos en su ausencia eran más eficientes y responsables a su regreso. Muchos de estos líderes interinos adoptaban incluso un papel de mayor colaboración con sus jefes después de este período. No cabe duda de que la excedencia proporcionaba una oportunidad para que la segunda unidad desarrollara nuevas destrezas y capacitaciones. «En ciertos casos, el período sabático ayudó a dejar claro a la organización que se había tomado la decisión correcta al nombrar a la persona que había ejercido de director ejecutivo en funciones —escribieron en su estudio Linnell y Wolfred— Un grupo presentó una oferta de empleo a nivel nacional, pero acabó contratando a la ayudante del director que ejercía de interina, ya que habían presenciado su liderazgo en acción. Otra organización vivió una experiencia inversa en la que tanto la persona nombrada como el jefe interino decidieron mutuamente que no eran la mejor opción para el puesto. Básicamente, el proceso de excedencia permitía que la organización pudiera probar a un candidato para una nueva función».[273]

Cuando se toman los resultados de ambos estudios en conjunto suponen un fiel reflejo de las experiencias vividas en las compañías que ofrecen programas de excedencias. Además de reducir el agotamiento y aumentar el compromiso, estos períodos sabáticos son un añadido sorprendentemente positivo para el desarrollo de posiciones de liderazgo y la planificación de la sucesión en el cargo. En suma, las excedencias hacen que el liderazgo de las empresas mejore y progrese. La experiencia y las pruebas empíricas sugieren que el rendimiento de las inversiones de los períodos sabáticos es muy positivo.

Minisabáticos y vacaciones doblemente pagadas

Aunque para muchas empresas resulte difícil pensar en conceder varios meses de período sabático, algunos líderes innovadores han experimentado con dividir estos mismos beneficios de la exceden-

273. *Ibid.*, p. 24.

cia laboral pagada en ayudas más pequeñas o de menor duración. Básicamente han creado programas sabáticos en miniatura. Full-Contact, la empresa especializada en software para la gestión de contactos establecida en Colorado, «soborna» a sus empleados para que se tomen un período de vacaciones completas. Les ofrecen vacaciones doblemente pagadas.

El programa fue idea del CEO de la empresa, Bart Lorang, que ha descubierto grandes beneficios en él desde su inicio en el año 2012. «Es una inversión en la felicidad a largo plazo de nuestros empleados, que revierte a su vez en el crecimimiento sostenible de nuestra empresa», afirma.[274] Este programa ofrece a los empleados 7.500 dólares al año si se toman unas vacaciones. Durante ese tiempo tienen prohibido trabajar y deben desconectar de la compañía por completo.

A Lorang esta política le parece un remedio contra lo que él llama el «síndrome del héroe fallido» que sufren los empleados cuando piensan que tienen que estar en contacto con la empresa todo el tiempo y que sin ellos el barco se irá a pique. «Es como si pensar que te necesitan las veinticuatro horas del día supusiera una inyección de adrenalina», explica.[275]

Al principio estos empleados trabajan a destajo, pero cuando el resto de parcelas de su vida comienza a desmoronarse acaban generando más pérdidas que beneficios. El propio Lorang sintió los devastadores efectos del síndrome del héroe fallido durante varios años y no le fue demasiado bien. Tras varias relaciones fracasadas y el pago de un alto precio en su vida personal, deci-

---

274. Minda Zetlin, «Five Surprisingly Good Reason to Pay –Yes, Pay! – Employees to Go on Vacation», *Inc.*, 3 de abril del 2015, http://www.inc.com/minda-zetlin/5-surprisingly-good-reasons-to-pay-yes-pay-employees-to-go-on-vacation.html (visitada el 29 de abril del 2015).

275. Sue Shellengarger, «Companies Deal with Employees Who Refuse to Take Time Off by Requiring Vacations, Paying Them to Go», *Wall Street Journal*, 12 de agosto del 2014.

dió proteger a sus empleados (y a sí mismo) de los delirios de la adicción al trabajo. El propio Lorang ha disfrutado de varios períodos vacacionales desconectado desde que comenzaron esta política.

The Motley Fool, una empresa de asesoría de finanzas e inversiones, lleva un tiempo organizando un programa de sabáticos tradicional con el que sus empleados obtienen entre cuatro y seis semanas de excedencia pagada por cada diez años de trabajo en la empresa. Los directores de la empresa vieron tantos beneficios en ello que decidieron crear una versión en miniatura para ofrecer la misma ayuda a empleados que aún no se han ganado este derecho. Su nuevo experimento consiste en seleccionar un trabajador al azar cada mes y otorgarle dos semanas de vacaciones al mes siguiente durante las cuales se desconectará completamente del trabajo.[276] Como incentivo para aceptar ese descanso también les ofrecen 1.000 dólares. Esto, igual que sucede con el programa sabático tradicional, ayuda a los líderes a revisar su organización y asegurarse de que ningún departamento o proyecto dependa de una sola persona.

Según Sam Cicotello, que se encargó de supervisar el programa cuando trabajaba en la empresa, casi la mitad de los empleados que ganan ese premio, tal vez víctimas del síndrome del héroe fallido, intenta rechazar las vacaciones en un primer momento. «Casi todos están locos por ganarlo hasta el momento en que lo consiguen», dice Cicotello. La mayoría de ellos acaba aceptando el descanso y cuando lo hacen, no solo tienen la oportunidad de descansar, sino también de darse cuenta de que la empresa puede continuar sin ellos, aumentando las posibilidades de que desconecten más y mejor en un futuro.

Los minisabáticos y los períodos de descanso personales pueden tener un efecto tan positivo en la reducción del desgaste y la mejora

---

276. Rachel Feintzeig, «Cure for Office Burnout: Mini Sabbaticals», *Wall Street Journal*, 28 de octubre del 2014.

de la selección de personal y el rendimiento que algunos empresarios han experimentado con trasladarlo al mismo inicio de la andadura de un empleado en la empresa. Jason Freedman, fundador y CEO de 42Floors, un portal inmobiliario con sede en San Francisco, ha instaurado lo que el llama «precaciones».[277] La idea se le ocurrió mientras entrevistaba a un nuevo empleado. «El resto de las empresas con las que había contactado le decían: "¿Cuándo puedes empezar?"», recuerda Freedman. El empresario advirtió el cansancio y agobio que mostraba el candidato. Quería que ese hombre trabajara para ellos, pero no si estaba quemado desde el principio.

De modo que le hizo una oferta de empleo con una extraña condición. Tendría que tomarse dos semanas de vacaciones antes de su primer día de trabajo. 42Floors le pagaría las vacaciones y el nuevo empleado no podría comenzar hasta que hubiera descansado y estuviera repuesto. No solo consiguió al empleado que quería, sino uno mucho más productivo del que habría contratado cualquier otra empresa. Aquello le funcionó tan bien que desde entonces lo convirtió en norma. Todos los nuevos empleados reciben una oferta de trabajo y unas vacaciones. «El día que reciben la carta con la oferta formal es como si llegara la Navidad —afirma Freedman—. Es como decirles: "¡Sí, disfrútalas! ¡Y cuando vuelvas, pon todo tu empeño en el trabajo!"[278]

En una cultura de alto rendimiento como la de la industria tecnológica de San Francisco, estas «precaciones» podrían ser el minisabático perfecto para asegurarse de que los nuevos contratados empiezan en la compañía descansados y dispuestos a rendir al

277. Will Oremus, (2014). «You Deserve a Pre-cation: The Smartest Job Perk You've Never Heard Of», *Slate*, 30 de septiembre del 2014, http://www.slate.com/articles/business/building_a_better_workplace/2014/09/precation_perks_companies_offer_employees_vacation_before_they_start.html (visitada el 20 de abril del 2015).

278. *Ibid.*

máximo. La voz se corrió al momento y la idea de las «precaciones» no tardó en ser imitada por otras compañías.

Atlassian, una empresa de software con oficinas en Sídney y San Francisco, puso el listón más alto incluso. Además de ofrecerles a sus nuevos empleados unas vacaciones pagadas, les dan un vale de viajes y los obligan a hacer alguna escapada antes de iniciar su nuevo periplo en la empresa. Jeff Diana, director de personal de Atlassian, señala que comenzaron con el programa en 2010 como estrategia para la guerra que supone la selección de personal entre las compañías, en un intento de invertir menos dinero en cazatalentos y más en sus futuros empleados. «Cambiar de trabajo es un paso importante y queremos dar tiempo al empleado para que cargue las pilas y pase tiempo con su familia —dice—. Porque en cuanto empiezas en un trabajo nuevo, tienes que echar el resto en él».[279]

Otro giro interesante sobre el tema de los minisabáticos lo encontramos, muy apropiadamente, en la sede central de TED, donde Stefan Sagmeister presentó su experiencia en el 2009. TED, como muchas otras organizaciones, cierra sus puertas desde el día de Navidad hasta el de Año Nuevo. Pero la organización sin ánimo de lucro establecida en Nueva York también ha decidido cerrar dos semanas en julio. La empresa ofrece un minisabático para todos sus empleados cada año. «Cuando tienes un equipo de personas apasionadas, tan dedicado y excelso, no necesitas obligarlos a que trabajen más, sino ayudarlos a descansar. Al tomar conjuntamente esas dos semanas de vacaciones, nos aseguramos de que todos las tomen», explica June Cohen, productora ejecutiva de las charlas TED.[280]

279. *Ibid.*

280. Emily McManus, «Why TED Takes Two Weeks Off Every Summer», TED Blog, 17 de julio del 2014, http://blog.ted.com/why-ted-takes-two-weeks-off-every-summer/ (visitado el 20 de abril del 2015).

La organización acometió este cambio para normalizar un descanso que antes era habitual para ellos. Originalmente el único producto de TED era la conferencia anual. Pasaban todo el año planeando esa conferencia y cuando finalizaba el espectáculo todos se tomaban una semana de descanso antes de regresar frescos, relajados y preparados para planificar el siguiente año. Pero cuando empezaron a publicar las conferencias en Internet, el programa de trabajo se convirtió en una tarea a la que dedicar todo el año. Los líderes de TED, tal vez después de oír el laudatorio que dedicaba Sagmeister a los sabáticos, instauraron un programa para canonizar aquello que habían perdido al transformar su modelo de negocio. «Planear unas vacaciones es difícil y la mayoría de nosotros nos sentiríamos culpables por ausentarnos durante dos semanas si nadie lo programara por nosotros. Seguramente lo cancelaríamos en cuanto sucediera algún imprevisto —dice Cohen—. Esto nos otorga un período de descanso obligado, lo cual es muy importante para la productividad y la felicidad».

Períodos sabáticos, minisabáticos, «precaciones», vacaciones obligatorias, todos estos programas tienen algo en común: representan pequeñas inversiones que generan grandes beneficios. Al ofrecer a los empleados un tiempo estructurado para descansar y revigorizarse, se desata un nuevo potencial de creatividad y alto rendimiento. Su duración y distribución, los puntos en que todos estos programas difieren, representan un beneficio para los líderes que quieran sacar partido a las ausencias. Todas estas empresas han experimentado con una forma de obtener rendimiento del descanso sin que eso suponga una alteración del modelo de negocio. Para muchas de ellas consistía en un programa sabático formal, en tanto que en otras se trataba de excedencias más cortas y frecuentes. Independientemente de esto, el efecto positivo experimentado por estas empresas supera con creces los costes y la investigación empírica apoya estos programas. Pasar tiempo alejado del trabajo mejora nuestra labor.

12

DESPIDE A LOS JEFES

Algunas de las compañías más exitosas han optado por despedir a sus jefes. Otros han encontrado la forma de que las funciones de dirección pasen a los empleados subalternos. Los estudios sugieren que los empleados son más productivos y muestran mayor implicación cuando son ellos los que controlan su destino, y no los jefes.

Los empleados de Valve Software no tienen que cumplir las órdenes que dicta su «jefe».

La razón para ello es que en esta empresa ubicada en Bellevue, Washington, no hay jefes.

En efecto, Valve es una compañía sin jefes. No creen en los jefes, ni en las descripciones de los puestos de trabajo. Cuando un nuevo empleado llega a la empresa va rotando por diversos proyectos, habla con un sinfín de personas y después decide a qué proyecto (o proyectos, en caso de que decida contribuir en múltiples áreas) quiere dedicarse a tiempo completo.

«Por lo que he observado, los nuevos tardan unos seis meses en aceptar que nadie va a decirles qué tienen que hacer, que no habrá jefe que los evalúe, que no existen los ascensos, ni las categorías, ni siquiera una función laboral fija —escribió en el blog de la empresa Michael Abrash, empleado de Valve—. La responsabilidad de descubrir qué hacer para rentabilizar mejor su productividad para la empresa y organizar la materia prima más valiosa de la compañía, su tiempo, es exclusivamente suya».[281]

Valve no está formada por un pequeño montón de programadores que trabajan en un garaje. La empresa fue fundada en 1996 por Mike Harrington y Gabe Newell.[282] Ambos fueron empleados de Microsoft y decidieron asociarse. Constituyeron la empresa justo el mismo día de la boda de Newell. La empresa creció rápidamente gracias al éxito de *Half-Life,* una serie de juegos aclamada por la crítica. Esta saga de seis juegos causó un gran impacto en la industria y ganó más de cincuenta de los galardones a mejor juego del año.[283]

A este logro le siguieron otras franquicias de gran éxito y la salida de Steam, un portal de venta de juegos por Internet, una especie de iTunes para videojuegos que representa aproximadamente el 70 por ciento de las ventas mundiales en este soporte.[284] Aunque la empresa no cotiza en bolsa, tiene un valor estimado de entre 3.000 y 4.000 millones de dólares. La compañía ha crecido exponencialmente desde la creación de la sociedad hasta llegar a estar formada por más de 400 personas.

---

281. Michael Abrash, «Valve: How I Got Here, What It's Like, and What I'm Doing», Ramblings in Valve Time, 13 de abril del 2012, http://blogs.valvesoftware.com/abrash/valve-how-i-got-here-what-its-like-and-what-im-doing-2/ (visitada el 12 de mayo del 2015).

282. Valve, *Handbook for Employees,* Valve Press, Kirkland 2012.

283. Leerom Segal, Aaron Goldstein, Jay Goldman y Rahaf Harfoush, *The Decoded Company: Know Your Talent Better Than You Know Your Customers*, Portfolio, Nueva York, 2014).

284. Samuel Walreich, «A Billion-Dollar Company with No Boss Exists», *Inc.*, 4 de marzo del 2013, http://www.inc.com/samuel-wagreich/the-4-billion-company-with-no-bosses.html (visitada el 12 de mayo del 2015).

Lo normal en este tipo de crecimiento es que se necesite una jerarquía bastante rígida para dirigir a todos los empleados y que remen hacia un mismo lado. Pero Harrington y Newell no lo consideran así. «Reflexionamos sobre lo que la empresa necesitaba hacer bien —afirma Newell—. Nos percatamos de que nuestro trabajo aquí consiste en crear cosas que antes no existían. Los jefes son buenos para institucionalizar procedimientos, pero en nuestra línea de trabajo eso no siempre es bueno.»[285]

De modo que Harrington y Newell decidieron desdeñar las formas de organización tradicionales y crear algo novedoso que permitiera prosperar a personas innovadoras con gran talento. Ellos suelen decir que la suya es una estructura horizontal, pero en realidad se trata de una estructura cambiante con equipos de varios tamaños que trabajan en aquello en lo que ellos mismos deciden que hay que centrarse con más urgencia. Según el manual del empleado de Valve:

> Cuando eres una empresa de entretenimiento que ha pasado la última década haciendo todo lo posible por encontrar el personal más inteligente, innovador y talentoso de la Tierra, decirles que se sienten a un escritorio y hagan lo que se les dicte anula el 99 por ciento de su valor. Queremos innovadores y para ello hay que mantener un entorno que les permita florecer.[286]

De hecho, aquello en lo que trabajan los empleados de Valve cambia tan a menudo que los escritorios de todos los empleados

285. Claire Suddath, «Why There Are No Bosses at Valve», *Bloomberg BusinessWeek*, 27 de abril del 2012, http://www.bloomberg.com/bw/articles/2012-04-27/why-there-are-no-bosses-at-valve (visitada el 15 de mayo del 2015).

286. Valve, *Manual del empleado*, p. 4.

están equipados con ruedas y organizados de tal manera que solo haya que desconectar dos cables para trasladarlos al lugar que sea necesario. «La movilidad dentro de la empresa es una gran ventaja y todos lo reconocen», dice Yanis Varoufakis, un economista de la Universidad de Atenas que trabajó en Valve en calidad de economista residente.[287] Varoufakis se refirió también a lo que mencionaba Abrash sobre el tiempo que necesitan los empleados para adaptarse. Es una cultura de empresa no apta para todos los públicos. «Los nuevos están desconcertados, porque no hay nadie que les diga lo que tienen que hacer».[288]

No obstante, sí tienen muchas personas que les dicen lo que *podrían* hacer. Dado que en Valve no hay jefes, siempre es un empleado individual en el que comienza un proyecto, o un grupo de individuos el que decide implicar a la empresa en una idea y crear un equipo. Si el proyecto hace que rueden los escritorios suficientes para formar un buen equipo se inicia el proyecto. A veces se pueden referir a un empleado individual como el «líder» del proyecto, pero todos en la empresa saben que eso simplemente significa que esta persona es la que se encarga de que toda la información quede registrada y se organicen las tareas, no que dicte lo que hay que hacer.

También hay multitud de personas que orientan a los empleados sobre el trabajo que realizan. En la empresa no hay jefes, pero sí existe un sistema de gestión del rendimiento conocido como revisión conjunta. Un grupo de empleados se encarga de entrevistarse con todo el personal de la empresa y les pregunta con quién han trabajado desde la última sesión de revisión conjunta. Les

287. Walreich, «A Billion-Dollar Company with No Boss Exists».

288. Jacob Morgan, *The Future of Work: Attract New Talent, Build Better Leaders, and Create a Competitive Organization*, Wiley, Hoboken, NJ, 2014. p. 47-48.

preguntan cómo ha sido la experiencia de trabajar con cada compañero. Esos comentarios se recogen bajo anonimato y cada empleado recibe un informe sobre la opinión que tienen sus compañeros respecto a trabajar con él.

También hay un sistema similar que funciona independientemente para determinar las bonificaciones. A cada grupo de los que forman un proyecto se les pide que clasifiquen a los miembros de ese equipo según cuatro factores: nivel técnico, productividad, contribución al grupo y contribución al producto. Una vez que se recopila toda esta información Valve aplica una serie de valores que sitúa a cada empleado dentro de una horquilla de compensaciones.

Valve también anima a todos sus empleados a que tomen decisiones de contratación, lo cual describen como «lo más importante del universo».[289] Valve atribuye el éxito de su diseño organizacional al hecho de contratar a las personas más inteligentes, innovadoreas y talentosas que se puedan encontrar. Asegurarse de que siguen contratando solo a personal del máximo calibre es vital para mantener el funcionamiento del sistema. El manual de la empresa recuerda a sus empleados que «Siempre que entrevistas a un potencial empleado, no solo tienes que preguntarte si tiene el suficiente talento o capacidad de colaboración, sino si sería capaz de dirigir esta empresa literalmente, porque eso es lo que hará».[290]

El éxito de que goza Valve sin necesidad de jefes ni jerarquías podría parecer un caso aparte, comparado con la norma imperante en la mayoría de organizaciones. Sin embargo, su estructura organizacional no es una simple moda, ni nada que no haya sido probado anteriormente. A medida que la naturaleza del trabajo

---

289. Valve, *Manual del empleado*, p. 44.

290. *Ibid.*, p. 6.

ha ido cambiando, también lo han hecho los medios para mantener la organización y productividad del trabajo. Tradicionalmente, el trabajo del jefe incluía planificación, organización, tareas de mando, control, ordenación y evaluación. Con el cambio en la naturaleza del trabajo, otras empresas como Valve han descubierto los beneficios de deshacerse de la estructura de dirección tradicional y permitir a sus empleados el control de muchas de estas facetas, dirigirse a sí mismos, o cuanto menos dar forma a la gestión que se encarga de dirigirlos. Junto a esta creciente tendencia de empresas sin directivos, se ha producido una oleada de estudios psicológicos que nos dan pistas acerca de los motivos por los que los trabajadores rinden más cuando no hay jefes.

Los orígenes de la autogestión

Dos investigadores llevan varias décadas dedicados a intentar descubrir qué genera la motivación en los seres humanos, y en particular qué produce la motivación intrínseca (el impulso para que el comportamiento no esté motivado por la recompensa externa, sino por un deseo individual). Edward Deci y Richard Ryan, profesores ambos de la Universidad de Rochester, comenzaron a investigar la motivación y sus causas en la década de 1970. Su trabajo fue catalogado como «teoría de la autodeterminación» y multitud de estudiosos han debatido sobre ella en todo el mundo.

Un principio fundamental de la teoría de la autodeterminación es que uno de los primeros impulsores de la motivación intrínseca es la autonomía, una necesidad universal de controlar las posibilidades de nuestras vidas y trabajos. De hecho, a medida que progresaba su investigación, Deci y Ryan comenzaron a pensar en la dicotomía entre motivación intrínseca y motivación extrínseca como una cuestión entre motivación autónoma y motivación controlada.[291] «La motivación autónoma supone comportarse con un sentido absoluto de volición y elección, en tanto que la motivación controlada implica un comportamiento regido por la experiencia de la presión y la exigencia hacia un resultado determinado que procede de fuerzas que se perciben como algo ajeno al yo», escribieron.[292]

En una de sus investigaciones, Deci y Ryan (junto a Paul Baard, de la Universidad Fordham) estudiaron a un grupo de empleados que atendían al cliente en cierto importante banco de inversiones americano. El estudio requirió la asistencia de 528 empleados a una reunión de departamento en la que se midieron diversos parámetros. Entre ellos se incluía qué percepción tenían de la ayuda a la autonomía, un índice que indicaba hasta que punto tenían en cuenta los jefes su punto de vista, si ofrecían comentarios útiles y les daban opciones acerca de qué hacer y cómo hacerlo. A los empleados también se les pedía que enviaran su evaluación de rendimiento más reciente. Los investigadores descubrieron una relación muy significativa entre el rendimiento global y su percepción de la autonomía en el trabajo. En resumen, cuanto más cedían los jefes en relación a qué hacer y cómo hacerlo, mejor rendían los trabajadores.

Diversos investigadores de todo el mundo se han basado en el trabajo de Deci y Ryan para demostrar los beneficios de la autonomía, ya sea en el tipo de trabajo del conocimiento que tiene lugar en Valve o en labores industriales como la manufactura. En un estudio de las prácticas de gestión y las condiciones de trabajo en las plantas donde Nike manufactura sus productos, un equipo de investigadores dirigidos por Richard Locke comparó dos fábri-

---

291. Daniel H. Pink, *Drive: La sorpendente verdad sobre qué nos motiva*, Gestión 2000, Barcelona, 2010.

292. Edward L. Deci y Richard M. Ryan, «Facilitating Optimal Motivation and Psychological Well-being Across Life's Domains», *Canadian Psychology/Psychologie canadienne* 49, n.º 1 (2008), p. 14.

cas de camisetas de México con idénticas características. Ambas plantas tenían prácticamente todo en común, desde los productos que fabricaban y el entorno social, económico y político, al número de trabajadores sindicalizados de cada una de ellas. Lo único que difería en estas dos plantas era el nivel de autonomía que se daba a los empleados. En la Planta A los trabajadores tenían libertad para organizarse en equipos, crear horarios de trabajo, planificar los objetivos de producción y dividir las diferentes tareas. En la Planta B los trabajadores estaban más controlados y se les dirigía férreamente mediante la progamación de la producción y la gestión de las funciones a realizar. Locke y su equipo advirtieron que la Planta A era prácticamente el doble de productiva que la otra y creaba una media de 150 camisetas al día, frente a las 80 que producía la Planta B. Además, la Planta A, a pesar de pagar salarios más altos, generaba esta producción reduciendo los costes en un 40 por ciento.[293]

Al otro lado del Atlántico, varios investigadores del Reino Unido liderados por Kamal Birdi, de la Universidad de Sheffield, estudiaron 308 empresas de manufactura durante un período de tiempo asombrosamente largo, veintidós años, y descubrieron que la autonomía marca una gran diferencia en términos de productividad. Los investigadores analizaron una variada gama de programas para potenciar la productividad, tales como la atribución de poder al empleado, la colaboración directa con la cadena de suministros, la «gestión de la calidad total» o el «sistema justo a tiempo». Durante esas dos décadas se observó un incremento paulatino en la adopción de estas prácticas de gestión. Al final, muy pocas de ellas tenían efecto sobre el rendimiento por sí solas. El rendimiento solo mejoraba cuando se adoptaban prácticas que

293. Richard M. Locke y Monica Romis, «Improving Work Conditions in a Global Supply Chain», *MIT Sloan Management Review* (enero del 2007).

otorgaban autonomía a los empleados, tales como el empoderamiento o el trabajo en equipo. Las políticas relacionadas con la autonomía rendían un incremento del 9 por ciento sobre el valor añadido por cada empleado.[294]

El investigador Muammer Ozer, de la Universidad de Hong Kong, descubrió que la autonomía no solo tiene un efecto positivo en el rendimiento de los empleados, sino que también puede convertirlos en trabajadores más responsables y comprometidos con la organización. Ozer recopiló encuestas realizadas a 266 trabajadores del gremio de joyeros y también a un compañero y un encargado de cada uno de ellos. Los trabajadores respondieron a preguntas diseñadas para calcular hasta qué punto poseían el control de sus trabajos y qué disposición tenían para implicarse en los comportamientos habituales de un sistema organizacional, como serían ayudar a los compañeros u ofrecer ideas para mejorar el rendimiento de la empresa. A los compañeros de los encuestados se les preguntaba por la solidez de sus relaciones personales y a los supervisores se les pedía que evaluaran su rendimiento. Tras recopilar y analizar toda la información, Ozer advirtió que la autonomía influía significativamente en la disposición de los trabajadores a ser buenos ciudadanos organizacionales y que también fortalecía los vínculos entre los miembros de los equipos, lo cual suponía un importante efecto positivo sobre el rendimiento. En suma, cuando los individuos son más autónomos se comportan como mejores ciudadanos, amigos y trabajadores.[295]

---

294. Kamal Birdi, Chris Clegg, Malcolm Patterson, Andrew Robinson, Chris B. Stride, Toby D. Wall y Stephen J. Wood, «The Impact of Human Resource and Operational Management Practices on Company Productivity: A Longitudinal Study», *Personnel Psychology* 61, n.° 3 (2008), 467-501.

295. Muammer Ozer, «A Moderated Mediation Model of the Relationship Between Organizational Citizenship Behaviors and Job Performance», *Journal of Applied Psychology* 96, n.° 6 (2011), 1328-1336.

Este hallazgo sobre las relaciones personales es importante, ya que la autonomía no es lo mismo que la independencia. Autonomía significa poseer el control sobre tu forma de trabajar, pero eso no quiere decir que tengas que hacerlo solo. «Autonomía sgnifica actuar volitivamente, con el sentido de tener elección —escriben Deci y Ryan—. En tanto que independencia significa funcionar solo y no apoyarse en los demás».[296] De modo que es posible ser autónomo al tiempo que se mantienen relaciones de interdependencia con los compañeros de trabajo, confiando en su labor como forma de apoyo a nuestro propio esfuerzo. De hecho, el deseo de autonomía (al contrario que el de individualismo) parece ser un concepto universal no relacionado con la cultura. Los investigadores han confirmado la relación entre la autonomía, el bienestar y el rendimiento en todas partes, desde Estados Unidos a Rusia, pasando por Turquía, Corea del Sur y Bangladesh.[297]

Autonomía tampoco equivale a anarquía. En el entorno laboral supone otorgar una libertad responsable a los empleados, pero cada empresa experimenta con diferentes niveles de cesión del control. Algunas industrias y organizaciones han descubierto que, aunque no puedan eliminar la dirección por completo, sí pueden devolver a los individuos un cierto nivel de control que en principio podría extrañarnos. «Un analista financiero me preguntó en una ocasión si tenía miedo de perder el control de nuestra organización —escribió Herb Kelleher, quien fuera CEO de Southwest Airlines, describiendo una objeción al poder que otorgaban a los

296. Deci y Ryan, «Facilitating Optimal Motivation», p. 15-16.

297. Valery Chirkov, Richard M. Ryan, Youngmee Kim y Ulas Kaplan, «Differentiating Autonomy from Individualism and Independence: A Self-determination Theory Perspective on Internalization of Cultural Orientations and Well-being», *Journal of Personality and Social Psychology* 84, n.° 1 (2003), 97-110; Joseph Devine, Laura Camfield e Ian Gough, «Autonomy or Dependence or Both? Perspectives from Bangladesh», *Journal of Happiness Studies* 9, n.° 1 (2008), 105-138.

empleados para resolver varios problemas de atención al cliente sin necesidad de consultar los manuales ni a sus supervisores—. Le dije que nunca había ostentado el control y que jamás había querido hacerlo. Si creas un entorno en el que las personas participan de verdad, no necesitas tener el control».[298] Las palabras de Kelleher concuerdan con la experiencia de los líderes de Valve y corroboran las décadas de investigación dedicadas al estudio del poder de la autonomía. Poco importa que tengas muchos jefes o pocos, si la plantilla siente que no tiene el control de su propio trabajo, acabará redundando en su rendimiento.

Trabaja sin jefes y tendrás tantos como quieras

Valve no es la única empresa de sistemas informáticos que experimenta con una estructura en la que no existen los jefes. La plataforma de escritura Medium adoptó un sistema de autogestión para potenciar su crecimiento al poco tiempo de su gestación. En lugar de usar una estructura puramente horizontal como pusieron en práctica los líderes de Valve, Medium se organiza mediante equipos autogestionados, círculos de individuos que trabajan en diversos proyectos.[299]

Por ejemplo, hay un círculo que aborda temas relacionados con el acceso de los usuarios a los contenidos («Lectura y Descubrimiento») y otro que se centra en cómo se crean esos contenidos

---

298. Herb Kelleher, «A Culture of Commitment» *Leader to Leader* 4 (1997), 20-24.

299. First Round Review, (15 de julio del 2014). «Can Holacracy Work? How Medium Functions Without Managers», *Fast Company*, 15 de julio del 2014, http://www.fastcompany.com/3032994/can-holacracy-work-how-medium-functions-without-managers (visitada el 13 de mayo del 2015).

(«Creación y Crítica»). Cada uno de los círculos o equipos tiene un propósito específico que contribuye al objetivo global de la empresa, pero todos ellos pueden moldear el proyecto a su antojo para cumplirlo. Si a algún equipo le queda grande un proyecto se asigna a otra persona de la empresa o se contrata a alguien externo. Las decisiones de contratación, como el resto, se toman entre los individuos y los equipos sin necesidad de que lo apruebe la dirección. No hay jefes.

Las jerarquías horizontales o estructuras autogestionadas son una tendencia en aumento en el mundo de la tecnología, donde el producto se desarrolla a partir del intelecto de los empleados. Pero ¿qué sucede en compañías más tradicionales, donde el producto se genera a partir de materias primas o brota en la tierra?

Morning Star Company lleva haciendo justamente eso desde hace más de cuarenta años.[300] Se trata de la empresa de procesamiento del tomate más grande del mundo y factura prácticamente un tercio de la producción del tomate procesado cada año en Estados Unidos. Fundada por Chris Rufer en 1970 como empresa transportista, la compañía ha crecido hasta mover más de 2 millones de toneladas de tomate al año que están en manos de empleados autónomos que no precisan la dirección de un jefe. Rufer permanece en su papel de presidente de la compañía, pero no da órdenes. Todos los trabajadores son responsables de escribir su propia misión de empresa, una declaración escueta sobre cómo contribuirán al objetivo de la compañía de «producir productos tomateros y servicios que alcancen siempre la calidad y las prestaciones que esperan nuestros clientes».[301]

---

300. Gary Hamel, «First, Let's Fire All the Managers», *Harvard Business Review* 89, n.° 12 (2011), 48-60.

301. *Ibid.*, p. 52.

Una vez que escriben esa declaración, los empleados negocian con todos los compañeros que se verán afectados por sus funciones y redactan una Carta de Entendimiento entre Compañeros (CLOU según sus siglas en inglés). Estas CLOU, unas 3.000 en total, se renegocian y rescriben cada año. Son flexibles, pero representan en esencia el organigrama de la empresa. «Las CLOU crean la estructura —afirma Rufer—. Es un orden espontáneo que otorga mas fluidez».[302] Cada unidad de negocio individual también negocia sus propias convenios CLOU con todos sus clientes y proveedores. Todo se basa en que las CLOU proporcionan un mejor sistema para el rendimiento de la gestión que los propios jefes, ya que resulta más fácil conciliar los objetivos y los incentivos mediante los acuerdos a los que llegan entidades individuales que a través de los jefes. «Si las personas son libres harán lo que les gusta realmente, al contrario que cuando se les empuja a hacer lo que les dicen que tiene que gustarles», afirma Rufer.[303]

Una vez establecidos los acuerdos, los empleados son libres de cumplir su misión y objetivos de la forma que les plazca. No existe un departamento de adquisiciones para aprobar las peticiones de equipamientos. Si un empleado necesita algo, simplemente lo compra. Si alguien se siente sobrecargado de trabajo, contrata a otra persona para que le ayude a sacarlo adelante.

Aunque todos son libres para gastar el dinero de la compañía, también son responsables ante la empresa del modo en que gastan esos recursos.

Cada empleado debe consultar a los colegas afectados y probar que se amortiza la inversión. Además, durante la negociación de las CLOU, los empleados señalan unos pasos a dar que sirven como medio para seguir los progresos a lo largo del año. La em-

302. *Ibid.*

303. *Ibid.*, p. 54.

presa también publica informes financieros detallados cada dos meses que están a disposición de quien quiera leerlos. Aun así, no hay persona alguna que diga a los empleados el presupuesto que hay que cumplir o especifique los objetivos a alcanzar. «No quiero que nadie de Morning Star sienta que no puede tener éxito porque carece del equipamiento necesario o de compañeros competentes», afirma Rufer.[304] Ese éxito se expresa de diversas formas. Rufer y sus colegas de Morning Star sienten que su sistema permite al empleado tener más iniciativa y ser más crítico, al tiempo que mejora los conocimientos específicos y las relaciones de colegialidad entre los empleados. En los cuarenta años que lleva funcionando la empresa, Rufer ha gozado de índices de crecimiento diez veces más altos que el grueso de la industria.[305]

Pero no todas las empresas que intentan funcionar sin jefes o crear una estructura autogestionada tienen un éxito absoluto. La autonomía total no está hecha para todos. En el 2015 Tony Hsieh anunció que Zappos convertiría su empresa de 1.500 trabajadores en una organización completamente autogestionada.[306]

Antes de realizar este anuncio, Hsieh había experimentado con la eliminación de jefes y el empoderamiento de los empleados en determinadas áreas de la compañía a modo de prueba para una posible puesta en marcha de un sistema que prescindiera de los jefes.

Hsieh, que reconoció que probablemente su plan no sería recibido con entusiasmo por todos sus empleados, particularmente los jefes, quienes estaban a punto de regresas a su papel de cola-

304. *Ibid.*

305. *Ibid.*, p. 52.

306. John Paul Titlow, «210 Zappos Employees Respond to Holacracy Ultimatum: We're Out», *Fast Company*, 8 de mayo del 2015, http://www.fastcompany.com/3046121/fast-feed/210-zappos-employees-respond-to-holacracy-ultimatum-were-out (visitada el 14 de mayo de 2015).

boradores individuales, redactó una larga circular interna para explicar a los empleados lo que harían y las razones para ello. Poco después, pusieron esta circular a disposición del gran público, revelando los detalles de una versión actualizada de «la oferta» (ver capítulo 4). Hsieh dijo que cualquier empleado bien considerado que estudiara el formato propuesto sin que les convenciera y decidiese abandonar, recibiría una paga de tres meses a modo de finiquito. «La autogestión y la autoorganización no es para todos y no todos tienen por qué querer seguir adelante», escribió Hsieh en la circular. Y tenía razón. De las 210 personas que se marcharon 20 eran jefes. El 14 por ciento de la empresa decidió que aquel sistema no iba con ellos, un porcentaje muy superior al de los nuevos empleados a los que se les había ofrecido 4.000 dólares si deseaban marcharse.

Pero tal vez aquello no fuera tan malo para ellos. Al crear una compañía de 1.500 empleados y después cambiar todo su diseño organizacional, Zappos estaba pidiendo a todos sus trabajadores que empezaran en una nueva empresa. Es posible que los trabajadores que se marcharon de Zappos disfrutaran los niveles de autonomía anteriores y no creyeran que el modo más apropiado de gozar de mayor libertad fuera eliminar a los jefes.

No todas las organizaciones que se benefician de la maximización de la autonomía pueden conseguirlo mediante la eliminación de los jefes. En la planta de ensamblaje de motores de aviación de General Electric en Durham, Carolina del Norte, la dirección sigue estando presente en cierto número: una persona.[307] Solo hay un jefe de planta para las instalaciones y sus cientos de empleados responden todos ante él.

---

307. Charles Fishman, «How Team Work Took Flight», *Fast Company*, 1999, http://www.fastcompany.com/38322/how-teamwork-took-flight (visitada el 4 de mayo del 2015).

Tal vez de manera individual los empleados responden entre sí recíprocamente. Aparte de las responsibilidades limitadas del jefe de planta, las instalaciones de GE en Durham funcionan mediante la autogestión. Cada motor es construido por un único equipo, que también se encarga de planificar la producción. Solo reciben una orden del mando superior: la fecha en que cada motor tiene que estar listo para su entrega. Aparte de eso, el equipo coordina todo lo demás: la planificación del trabajo, las asignaciones de tareas, las vacaciones, la formación y la mediación de conflictos.

La dinámica de autogestión en la organización de GE/Durham es una extensión lógica de una idea de menor calibre. En 1993, cuando Robert Henderson recibió el encargo de poner en funcionamiento una nueva fábrica de General Electric, se le ocurrió una idea poco habitual: que todos los empleados de las instalaciones tuvieran que ser mecánicos graduados en la Federal Aviation Administration (FAA). «Eso significaba que contaríamos con personal de mayor cualificación desde el principio y no tendríamos que perder tiempo en formación elemental», dijo Henderson.

En una factoría de motores de aviones con cadena de montaje al uso no todos tenían que contar con una licencia de ese tipo y, al haber personal con distintos grados de formación, se necesitaban diferentes niveles de dirección, porque cada uno tenía capacitaciones distintas. Pero si todos comenzaban con el mismo nivel necesitarían una estructura de gestión mucho más reducida y los equipos podrían encargarse de dirigir más áreas. La extensión lógica de este concepto era prescindir de la cadena de montaje. Así que en GE/Durham un único equipo se encarga de montar todos los elementos del motor. Un grupo se ocupa de todas las tareas necesarias para componer un motor compuesto por 10.000 piezas y 8.500 kilos de peso. Ese motor les pertenece y lo cuidan con tanto cariño que algunos equipos incluso revisan las plataformas de los camiones de dieciocho ruedas que los transportan, para asegurarse de que no suceda ningún imprevisto durante el trayecto.

Todos los miembros del equipo son tratados en condiciones de igualdad y todos conocen el salario de cada uno. Solo existen tres categorías de técnicos basadas en su capacitación y un sueldo para cada una de ellas. Aunque el jefe de planta sea el único jefe del organigrama tradicional, la cultura de empresa está tan integrada que todos se responsabilizan de lo que hace el resto del equipo. Todos son jefes. Existe un consejo formado por miembros de cada equipo que toma las decisiones más importantes, como las relativas a recursos humanos, políticas de seguridad y procedimientos.

La contratación, igual que sucede en Valve, es una parte vital para proteger la cultura de autogestión de GE/Durham. Además de poseer la licencia FAA, los nuevos empleados tienen que encajar en esa cultura. Las entrevistas pueden extenderse durante ocho horas en las que cinco individuos interpelan a cada candidato y se organizan actividades de grupo diseñadas para observar a los candidatos en acción.[308]

Los individuos altamente cualificados que no parecen capaces de funcionar en un entorno de equipo son descartados. Esta prioridad ayuda a mantener una cultura de equipo fuerte que también se refleja en otros aspectos. Todos llevan el mismo uniforme. Las herramientas y piezas se dejan al descubierto y sin protección como reconocimiento de la confianza y se celebran reuniones de equipo a diario. Cada uno de ellos realiza dos turnos que se solapan para permitir un encuentro a las dos y media de la tarde en el que puedan encontrarse y compartir información sobre los progresos o abordar los problemas en conjunto, y también para revisar la moral del conjunto, posibles conflictos o problemas de planificación.

---

308. *Ibid.*

Los resultados hablan por sí solos. Una media del 75 por ciento del total de motores enviados por GE/Durham son literalmente perfectos. El 25 por ciento restante suele tener una sola falla (un arañazo o algún cable desplazado). Es un índice de perfección bastante alto, teniendo en cuenta que diseñar y construir el motor de un avión es toda una ciencia. Cada tornillo del motor tiene que estar perfectamente ajustado con llaves dinamométricas y el margen de error entre piezas es del grosor de un cabello humano.

GE/Durham no solo fue capaz de mantener el estándar de calidad al poco tiempo de empezar a funcionar, sino que abarató los costes del ensamblaje de motores de aviones en un 50 por ciento. Henderson reflexiona sobre su experiencia con el diseño de las instalaciones y cree que el éxito de la planta no depende de tener un cierto número de jefes, sino de otorgar el máximo de autonomía. «Tendemos a no exigir demasiado de las personas —afirma—. Y pueden hacer mucho más de lo que nosotros creemos. Insistimos en mantener un control férreo, pero en realidad no lo necesitamos».[309]

New Belgium Brewing ha estado experimentando últimamente con ceder algo de ese férreo control. La cervecera artesana con sede en Fort Collins, Colorado, ha ido entregando cada vez más poder a los empleados desde sus inicios, en 1991. Fundada por Kim Jordon y su exmarido Jeff Lebesch, ha crecido hasta convertirse en la cuarta mayor cervecera artesana de Estados Unidos y la octava cervecera del mundo en términos generales.[310] La empresa se ha ganado una reputación por ser pionera en métodos de elaboración y gestión alternativos. Los líderes de la empresa lo llaman una «cultura de propietarios muy implicados». Y aunque si-

---

309. *Ibid.*

310. Darren Dahl, «Kim Jordon on Why Employee-Owned New Belgium Brewing Isn't Worried About a Craft Beer Bubble», *Forbes*, 5 de mayo del 2015.

guen existiendo jefes tradicionales en el organigrama, el control y la autonomía fluyen en todas las direcciones.

Al final de su primer año en New Belgium todos los empleados reciben una bicicleta de paseo *cruiser* personalizada delante de toda la empresa. La bici en sí es un símbolo de lo que inspiró la fundación de la compañía, el recorrido en bicicleta de Bélgica que realizó Lebesch en 1989. El viaje influiría en la elaboración de Fat Tire, la cerveza insignia de la empresa, y en el logo con una bicicleta roja que aparece en ella. Esa bicicleta personalizada viene acompañada de algo más: participaciones de empresa. Todos los empleados, sean copropietarios o no, tienen acceso tanto a los datos financieros de la empresa como a formación en economía básica para entender las declaraciones de pérdidas y ganancias, indicadores financieros, flujos de caja. Esto resulta vital para la propiedad, ya que la empresa contrata a personal de enorme diversidad, desde microbiólogos a artistas para el carnaval.[311] «Creo que si no sabes lo que sucede entre bambalinas pierdes el poder de sentirte realmente propietario», asegura Jordon.[312]

Esta propiedad va de la mano con el poder en la toma de decisiones. Los empleados ayudan a dar forma a la dirección y las decisiones importantes de la empresa, que se reúne a menudo para votar o llegar a un consenso antes de comenzar una nueva iniciativa. A finales de los noventa, la empresa tenía la posibilidad de cumplir su objetivo de ser sostenible para el medioambiente mediante la adquisición de un parque eólico de Wyoming que proporcionaría todo el suministro de energía, pero solo si se podía firmar

311. Leigh Buchanan, «It's All About Ownership», *Inc.*, 18 de abril del 2013, http://www.inc.com/audacious-companies/leigh-buchanan/new-belgium-brewing.html (visitada el 15 de mayo del 2015).

312. Michelle Goodman, «How to Build an Employee-Owned Business», *Entrepreneur*, 23 de febrero del 2015, http://www.entrepreneur.com/article/241522 (revisada el 15 de mayo del 2015).

un contrato de diez años y pagar por adelantado. «Teníamos el dinero en el banco, pero lo habíamos prometido a nuestros compañeros como participación de las ganancias», dijo Katie Wallace, subdirectora del área de sostenibilidad de New Belgium.[313] De modo que la compañía se reunió al completo para hablar sobre el tema y, tras presentar la oportunidad y los costes que supondría, los fundadores salieron de la sala. Solo necesitaron cuarenta y cinco minutos de discusión para alcanzar un consenso. Decidieron olvidarse de sus cheques de participación de ganancias e invertir el dinero en que la cervecera funcionara con energía eólica.

New Belgium sigue haciendo uso de una estructura de gestión tradicional; sin embargo, entregar títulos de propiedad y autoridad a los empleados les ha servido para recoger los frutos de la autonomía, pero manteniendo un método tradicional en el cumplimiento de las tareas que suele desempeñar la dirección. Y esta combinación ha funcionado tan bien que la han llevado hasta el extremo. Recientemente la compañía ha pasado a ser propiedad de sus trabajadores exclusivamente, ya que Jordon vendió sus participaciones para devolverlas al plan de propiedad de acciones del empleado. (Lebesch dejó el negocio en 2001 y vendió sus participaciones a New Belgium en 2009). «Cuando hace dos años anunciamos a quién habíamos vendido la compañía, entregamos un sobre a cada uno de los compañeros —dice Jordon—. Dentro de él había un espejo. Era nuestra forma de decirles que ahora los propietarios eran ellos».[314] Aunque no todos los empleados tienen un control absoluto so-

313. Katie Wallace, «The Power of Employee Ownership: New Belgium», *Conscious Company Magazine*, invierno del 2015, http://www.consciouscompanymagazine.com/blogs/press/16248541-the-power-of-employee-ownership-new-belgium (visitada el 15 de mayo del 2015).

314. Dahl, «Kim Jordon on Why Employee-Owned New Belgium Brewing».

bre su trabajo, sí tienen un control total sobre el futuro de New Belgium.

Los líderes de compañías como Valve, Morning Star y New Belgium experimentan con diferentes formas de ofrecer autonomía a sus empleados, pero todos ellos descubrieron el poder que se genera al ceder el control. Cuando los individuos se sienten libres para determinar en qué trabajan y cómo lo hacen, están más motivados, son más leales y más productivos. Décadas de investigación apoyan las iniciativas de estos emprendedores. Para beneficiarse del poder motivador de la autonomía los líderes no tienen por qué ceder todo el control y despedir a todos los jefes, pero sí necesitan reflexionar acerca de cómo su actual sistema de dirección podría estar limitando la percepción de libertad y evitando que la organización alcance todo su potencial.

13

CELEBRA LAS DESPEDIDAS

A medida que la estancia en las empresas se hace más corta, los líderes tienen que despedirse con más frecuencia incluso de sus mejores trabajadores. La forma en que lo hacen, si celebran la partida o los tratan como a proscritos, afecta tanto a los que se marchan como a aquellos que se quedan, así como al rendimiento de la empresa de origen y la de destino.

Todo nuevo consultor contratado en McKinsey & Company piensa en abandonar la empresa. De hecho, la mayoría de sus empleados reflexiona sobre su marcha incluso antes de haber empezado a trabajar en la empresa. Ellos no tienen la culpa. En parte se debe a la naturaleza del negocio de la consultoría. Las compañías que siguen el modelo de sociedades suelen referirse a esto como «*up or out*». Es decir, o consigues un ascenso y llegas a ser socio o buscas una salida.

Los socios de McKinsey se reúnen cada varios años para evaluar si ascienden a sus consultores en el escalafón. A quienes les otorgan pocas posibilidades de ascender se les invita amablemente a dejar la empresa. Cuatro de cada cinco de ellos no llegará a formar parte de la sociedad. Si eligen marcharse es porque ascender no es factible, o bien porque ha dejado de ser una opción deseable. Pero la otra razón por la que los nuevos empleados piensan en la despedida es que mencionar la vida después de McKinsey formaba parte del proceso de selección, parte de la vida antes de McKinsey.

Cuando los cazatalentos de la firma visitan las escuelas de negocios o se reúnen con futuros candidatos, hablan del gran impacto que tiene formar parte de la familia de antiguos trabajadores de McKinsey. «No solo hablaremos de la estupenda formación que recibirás, los grandes problemas que tendrás que resolver o los fenomenales clientes con los que trabajarás, sino también del hecho de que la firma celebra este tipo de contratos durante toda la vida y se encarga de mantener la relación entre nuestros antiguos trabajadores», afirma Sean Brown, director global de relaciones entre antiguos trabajadores en McKinsey & Company.[315] Algunos egresados de la firma han llegado a trabajar como CEO en multinacionales, han emprendido sus propias aventuras empresariales o han pasado a formar parte del sector de las ONG o del gobierno. Según afirman los responsables de contratación, McKinsey ha ofrecido apoyo a su gente en todo ese proceso. Una página del portal de empleo de la firma dice claramente: «Por más estimulante que pueda ser trabajar en McKinsey, nuestros empleados se marchan. Nos parece bien. De hecho, estamos orgullosos de sus logros como líderes globales... Nos parece estupendo que haya mucho de McKinsey en lugares ajenos a nuestra empresa».[316]

---

315. Daniel Cohen y Sean Brown, «Global Leaders Summit 2014: Sean Brown» (archivo de video), 3 de diciembre del 2014, https://www.youtube.com/watch?v=kHU2kt7mQdA (visitada el 3 de abril del 2015).

316. McKinsey & Company, «Alumni – A Community for Life», http://www.mckinsey.com/careers/our_people_and_values/alumni-a_community_for_life (visitada el 2 de abril del 2015).

Tienen mucho de lo que enorgullecerse. En las más de nueve décadas de existencia de la compañía, los consultores de esta firma han influido en todas las grandes corporaciones del planeta y en líderes mundiales de una amplia gama de países. Todo este impacto procede de unos orígenes humildes. McKinsey & Company comenzó como la aventura solitaria de James O. McKinsey en 1926.[317] El propio McKinsey era admirador del «management científico» de Frederick Winslow Taylor y lo practicaba. Al principio, incluso llamaba a sus consultores «ingenieros de gestión».

La empresa siguió operando de ese modo a la muerte de James McKinsey en 1939 y hasta 1950, cuando Marvin Bower fue nombrado director de gestión de la empresa. Bower es reconocido como el responsable de transformar la estructura de la empresa en una que le permitiera crecer internacionalmente y ganar influencia. Fue él quien hizo que los consultores pasaran de llamarse ingenieros de gestión a profesionales de la gestión.[318]

El enfoque de Bower era un tanto diferente. Por ejemplo, insistía en que todos los consultores llevaran sombrero, hasta que el presidente Kennedy dejó de usarlo. Prohibía que los consultores júnior se pusieran calcetines de rombos, porque pensaba que podía distraer a los clientes. Bower ordenó que todas las acciones estuvieran encaminadas a mejorar la imagen y el conocimiento que ofrecía la empresa. Y funcionó.

Gran parte del impacto que la firma ha tenido desde entonces ha surgido de su habilidad para reclutar nuevos empleados de las universidades más importantes del mundo —entre ellos becarios Rodhes de Oxford y becarios Baker de la Harvard Business School— y formarlos para que se incorporan a una de las aseso-

317. Andrew Hill, «Inside McKinsey», *Financial Times*, 25 de noviembre del 2011.

318. Duff McDonald, «The Answer Men», *New York*, 27 de julio del 2009.

rías más prestigiosas del mundo.[319] No obstante, es probable que McKinsey no hubiera recorrido ese camino hacia el prestigio con tanta facilidad sin una práctica definitoria de la empresa, esa misma que a los nuevos empleados puede parecerle tan extraña: «MacKinsey celebra las despedidas».

La primera ocasión en la que celebraron una despedida sucedió bajo la dirección de Bower. En 1957, un pequeño grupo de exconsultores de la firma organizó una fiesta navideña en Nueva York. Aunque Bower prohibió la asistencia a sus propios consultores, la empresa sí guardó los contactos de esos antiguos trabajadores, a los que habían enviado felicitaciones navideñas.[320] Esta pequeña lista no tardó en convertirse en un directorio completo con los nombres de todos los que habían trabajado en McKinsey que circulaba dentro y fuera de la consultoría como medio, no solo para permitir que sus actuales empleados mantuvieran el contacto con antiguos compañeros, sino también para que estos estuvieran conectados entre sí. Desde aquellos tiempos la tecnología se ha ido renovando, pero el objetivo sigue siendo el mismo.

Hoy día, el nodo de relaciones sociales entre egresados de McKinsey es una página web privada a la cual pueden acceder todos los antiguos trabajadores y los empleados actuales de McKinsey. Esta página muestra el directorio de egresados de McKinsey, en el que a veces se incluyen las direcciones y los teléfonos personales de antiguos trabajadores que hoy lideran empresas del grupo Fortune 500. También sirve como plataforma para anunciar los eventos McKinsey. La firma organiza todos los años varios eventos divulgativos *online* y también conferencias y acontecimientos en vivo destinados a sus antiguos trabajadores, para que estos sepan

---

319. Hill, «Inside McKinsey».

320. Duff McDonald, *The Firm: The Story of McKinsey and Its Secret Influence on American Business*, Simon & Schuster, Nueva York, 2014.

lo que sucede en McKinsey y reciban una información actualizada que pueden necesitar para seguir siendo competitivos en la industria. «Es algo por lo que suspiran incluso los más veteranos, porque los contenidos que mostramos no se refieren solo a nuestras propias prácticas, sino también a McKinsey como institución global», aseveró Sean Brown.[321] Él mismo es técnicamente un egresado de la consultoría, aunque actualmente está empleado en ella. Se licenció en la Escuela de Administración y Dirección de Empresas Sloan del MIT y trabajó para McKinsey como consultor durante varios años, hasta que se marchó al MIT para ocupar el puesto de director de relaciones de exalumnos. Cuando McKinsey lo llamó años después para que cumpliera esa misma función en la consultora, Brown regresó para supervisar los esfuerzos de la compañía por mantener una red social próspera.

La inversión que McKinsey realiza en el mantenimiento de esta red es digna de admiración. La empresa cuenta como mínimo con una persona encargada de las relaciones con los extrabajadores prácticamente en todas sus oficinas. El directorio, los actos de divulgación y las conferencias mundiales se realizan gracias a la financiación de McKinsey, que cree que la inversión merece la pena, y no solo por la razón que cabría esperar. La red social de McKinsey proporciona nuevos clientes a la firma, pero esa no es la mayor de las recompensas. «Eso es lo que suele pensarse —afirma Brown—. En realidad nos centramos mucho más en el impacto que tiene en el cliente y en los individuos».[322] La empresa cree que al construir una red social de antiguos consultores a nivel mundial, está mejor preparada para servir a las necesidades de sus clientes actuales. Está mejor equipada para contratar al personal de mayor talento, pero también mejor posicionada para obtener

321. Cohen y Brown, «Global Leaders Summit 2014: Sean Brown».

322. *Ibid.*

el conocimiento necesario que les permita seguir ofreciendo un servicio excelente a sus clientes. Y hay numerosas pruebas que confirman esta creencia.

Redes sociales y economía incrustada

Las empresas que mantienen una red social de antiguos empleados se encuentran en una posición ventajosa para contrarrestar lo que los sociólogos llaman el principio de la «economía incrustada». Toda industria es una red de conexiones: empresas, clientes, proveedores, competidores y socios. La incrustación se refiere al posicionamiento de una empresa en la red social global. Y ese posicionamiento es importante. Los estudios muestran que la fortaleza de los vínculos que una empresa mantiene con otras entidades de la industria afecta directamente a la fortaleza económica de la compañía.

El primero que descubrió este efecto fue Brian Uzzi (el mismo que realizó el estudio sobre Broadway) en una investigación que llevó a cabo al comienzo de su carrera. De hecho, fue su tesis doctoral. Uzzi decidió estudiar la industria textil de Nueva York, un complejo entramado social con el que ya estaba familiarizado. «Cuando mi familia llegó aquí [a Estados Unidos] desde Italia, todos se dedicaron al negocio de la costura. Mi abuelo era sastre y mi madre fue a la escuela de corte y confección», recordaba Uzzi.[323] Sabía que la industria textil de Nueva York suponía una red de conexiones perfecta para el estudio y también que cada uno de los líderes de las diferentes compañías se relacionaban a su manera. Lo que quería averiguar era si su forma de relacionarse con el conjunto de la red influía de algún modo en sus empresas.

323. Brian Uzzi, entrevista personal con el autor, 23 de marzo del 2015.

Uzzi estudió a veintitrés compañías dedicadas a la manufactura de vestuario en la ciudad de Nueva York y realizó entrevistas con cada uno de los CEO y con los ejecutivos más importantes. Recopiló un total de 117 horas de entrevistas a cuarenta y tres personas. También observó las interacciones con los empleados de la empresa y los distribuidores, clientes, proveedores y competidores. Adicionalmente, también recogió información sobre las transacciones de empresa a través del Sindicato de Trabajadoras del Textil (ILGWU), un organismo al que pertenecían el 80 por ciento de las mejores firmas de ropa de Nueva York. El sindicato poseía datos sobre el volumen de intercambios entre diferentes empresas de la industria. Uzzi también comparó la probabilidad de fracaso de las firmas en la industria con el estudio que había hecho de estas, basándose en el número de empresas que habían fracasado durante el ejercicio laboral del año en que realizó su investigación. Cuando analizó todos sus datos y comparó las interacciones sociales de una firma con su probabilidad de fracaso, Uzzi descubrió algo sorprendente.

Tal como sospechaba, cada empresa interactuaba con la industria de manera diferente y esta diferencia era clave. «Las organizaciones que se alojan dentro de una red social obtienen cierta ventaja competitiva sobre los acuerdos de mercado», escribió Uzzi en su artículo sobre la investigación.[324] Había firmas que solo hacían negocios con proveedores de mucha confianza (algo que Uzzi denominó «vínculos estrechos»), en tanto que otras dividían su negocio, al repartir pequeños trabajos entre diversas firmas (vínculos a distancia). Lo que descubrió fue que mantener vínculos estrechos aumentaba las posibilidades de supervivencia

324. Brian Uzzi, «The Sources and Consequences of Embeddedness for the Economic Performance of Organizations: The Network Effect», *American Sociological Review* 61, n.º 4 (1996), 674-698.

de la firma, pero solo hasta cierto punto en el que estar demasiado conectado con unas pocas empresas empezaba a tener un impacto negativo.

Las firmas que tenían más éxito en la industria eran las que mantenían un buen equilibrio entre los vínculos estrechos y a distancia, eligiendo selectivamente cuándo tenían que usar un tipo de vínculo u otro. «Los vínculos a distancia aportan equilibrio, porque, aunque no profundizan tanto en la relación, te permiten tener una perspectiva más amplia del mercado —explicaba Uzzi—. Al mismo tiempo, la energía que se emplea en un vínculo estrecho puede dividirse entre varias relaciones a distancia. Eso te permite conseguir información desde muchos puntos de vista diferentes e integrarlos para obtener los efectos más beneficiosos».[325]

Una empresa que guarde demasiada distancia con el resto de firmas de la industria no puede contrarrestar los beneficios que otorga la confianza ni conseguir ayuda para resolver los problemas que tenga que afrontar. Del mismo modo, tener una relación muy estrecha solo con unas pocas firmas impide que una empresa individual consiga suficiente información de mercado nueva y se adapte a los cambios de la industria.

El equilibrio entre vínculos estrechos y a distancia es justamente lo que aporta a la empresa una buena red de relaciones entre exempleados. Los empleados y clientes actuales son esos vínculos estrechos con los que la empresa interactúa frecuentemente. Al mismo tiempo, los antiguos trabajadores de la empresa, repartidos en diferentes industrias y sectores, proporcionan los lazos a distancia que pueden proporcionar información y contactos importantes. «Si yo dirigiera una empresa —resumía Uzzi— querría mantener vínculos estrechos con algunas

325. Uzzi, entrevista personal con el autor, 23 de marzo del 2015.

firmas. Pero también querría disponer de muchos otros vínculos menos intensos que podrían proceder de mis relaciones con los extrabajadores de la compañía. No son necesariamente personas a las que quiero acceder para conseguir nuevos negocios, sino para usarlas como una especie de sondeo de mercado. Así podría averiguar lo que está pasando en su empresa o en su nicho de mercado, una suerte de información general. Me gustaría contar con esa mezcla de fuentes para obtener información de mercado».[326]

Sean Brown sabe por su experiencia propia en McKinsey que esto es cierto. «Cuando trabajaba como consultor teníamos que hacer un estudio sobre atención sanitaria —recuerda—. Necesitábamos hablar rápidamente con ejecutivos de diferentes empresas del ramo. Resultó que teníamos antiguos empleados en las cinco que queríamos consultar. Los llamé y todos ellos me dedicaron su tiempo. Yo era un simple subalterno con dos años de experiencia, pero sacaron el tiempo necesario para hablar conmigo sobre los problemas que intentábamos solucionar para nuestro cliente».[327]

Brown también ha estado del otro lado. «Cinco años después estaba en la Sloan School y un grupo de estudio de McKinsey, que trabajaba con una universidad europea que quería comenzar su propio programa de antiguos alumnos, se puso en contacto conmigo. Les dediqué mi tiempo —dice—. Tenía mucho trabajo, pero saqué tiempo para ellos porque en el pasado hubo alguien que había hecho lo mismo por mí. Sientes que esa relación de ayuda mantiene viva la red de contactos».[328] Es obvio que McKinsey obtiene nuevos negocios a través de esos antiguos trabajadores

326. *Ibid.*

327. Cohen y Brown, «Global Leaders Summit 2014: Sean Brown».

328. *Ibid.*

que dirigen otras firmas, pero lo más importante es que su red de egresados funciona a modo de cordón umbilical con el mundo exterior de la consultoría y genera el nivel óptimo de incrustación que permite a la firma acceder a nueva información rápidamente, adaptarse al momento y seguir siendo competitivos.

La extensión y diversidad de las redes de antiguos empleados

Los descubrimientos de Uzzi tienen gran influencia en la competitividad incluso en industrias que no guardan ninguna relación con la consultoría. Cualquier empresa puede beneficiarse del uso de una red de extrabajadores que le ayude a mantener el posicionamiento justo en la red global de su industria. Según un estudio, el 67 por ciento de las empresas que han tenido antiguos empleados organizan redes de extrabajadores. Y el 15 por ciento de esas redes ha sido fundada por la empresa de origen.[329] En resumen, cada vez hay más compañías que están despertando y siguiendo la estela de firmas como McKinsey, empresas que celebran las despedidas.

Uno de los mayores defensores de la celebración de las despedidas es Reid Hoffman, fundador de LinkedIn, el sitio donde los egresados de diferentes organizaciones estructuran sus propias redes de contactos. LinkedIn ya había cumplido varios años funcionando antes de que pudiera surgir una red de antiguos trabajadores, en gran parte debido al rápido crecimiento de la compañía, ya que había muchísimos más incorporaciones que empleados

329. Joe Laufer, «Corporate Alumni Programmes: What Universities Can Learn from the Business Experience», 5 de noviembre del 2009, http://www.slideshare.net/joeinholland/what-universities-can-learn-from-corporate-alumni-programs (visitada el 23 de abril del 2015).

antiguos y LinkedIn tuvo que centrarse en la savia nueva.[330] No obstante, a medida que la empresa fue madurando, el número de extrabajadores también iba aumentando y los líderes de la empresa eran conscientes de que seguiría creciendo.

Hoffman decidió actuar antes de que el número de extrabajadores resultara imposible de controlar, tal vez debido a su experiencia viendo cuantos usuarios de LinkedIn se organizaban en redes informales de extrabajadores. «Parecía claro que establecer una red de antiguos trabajadores sería una buena inversión a largo plazo», explica Hoffman.[331] La red social que Hoffman y su equipo han creado es prácticamente única. Tiene dos niveles. En el primero de ellos está todo incluido: cualquiera que haya trabajado en la empresa puede acceder a un grupo especial de LinkedIn, su red social. Los extrabajadores también reciben una membresía de por vida que les asegura una cuenta y tener una relación de proximidad relativa con el producto.

En este grupo los empleados actuales publican noticias sobre la empresa, incluyendo información que solo se encuentra en las circulares internas. También hay alguien que se encarga de nutrir el tablón de mensajes del grupo con preguntas y ejerce de moderador de los debates que se van generando. La empresa envía un boletín informativo cuatrimestral a este grupo en el que no solo figura información de LinkedIn, sino también noticias sobre los logros de los antiguos trabajadores más destacados e invitaciones para realizar encuestas que proporcionen información valiosa que ayuda a la empresa a conocer los movimientos del mercado.

---

330. Reid Hoffman, Ben Casnocha y Chris Yeh, *La alianza. Cómo gestionar el talento en la era de Internet*, Universidad Internacional de La Rioja, Logroño, 2016.

331. *Ibid.*, p. 140 del original.

La entrada al segundo nivel de esta red se realiza únicamente a través de una invitación. Estas invitaciones se envían a los exempleados más valorados, ya sea por la función que desempeñaron en la empresa o por sus logros una vez fuera de ella (o también por sus contribuciones a la red básica de extrabajadores). «Esto permite que un jefe pueda ofrecer un servicio mejorado a nuestras antiguas estrellas a cambio de un nivel de compromiso más alto», comenta Hoffman.[332] Quienes mandan estas invitaciones son los directores ejecutivos de la compañía personalmente. Tener esa distinguida red de egresados permite un nivel de interacción más alto entre los líderes de la empresa y los extrabajadores, a los que incluso se anima a participar en actos organizados en la sede de LinkedIn, desde asistir a programas divulgativos a juzgar los hackatones (sesiones de colaboración maratonianas en las que los programamdores se centran en nuevos trabajos creativos). Cuando la empresa comenzó a cotizar en bolsa, Hoffman invitó a un cierto número de extrabajadores para que formaran parte de la celebración y tuvo el detalle de destacar su contribución para llegar a ese gran momento. Hoffman incluso había hecho estatuillas personalizadas de muchos de los primeros empleados, y cuando llegó el momento de que la empresa saliera a bolsa, una gran parte de ellos eran ya extrabajadores.

Dado que gran parte de la información compartida con los egresados es un renvío de las circulares internas de la empresa y que muchos de los programas son extensiones de actos corporativos, el coste de mantener la red de exempleados es mínimo. Pero Hoffman cree que la amortización de la inversión es enorme, ya sea en forma de referencias para los nuevos candidatos o información de alto nivel que costaría cientos de miles de dólares si hubiera que pedirla a analistas o consultoras. Ese sistema

---

332. *Ibid.*, p. 144.

de dos niveles permite que la red de extrabajadores combine los vínculos estrechos y los vínculos a distancia para formar una combinación perfecta junto al resto de redes sociales de la compañía que la mantenga siempre bien posicionada en el entorno de su propia industria.

Los extrabajadores de Microsoft no solo se unen para retomar el contacto entre ellos y con la empresa, sino también para construir un mundo mejor. Desde hace tiempo los egresados de Microsoft se organizan en dos grupos diferentes. Microsoft Alumni Network es un programa de extrabajadores más tradicional que ofrece la posibilidad de volver a entrar en contacto con la compañía y tener acceso a ventajas especiales, y Microsoft Alumni Foundation reúne a antiguos empleados interesados en la filantropía.[333]

Recientemente ambos grupos se han aliado para convertirse en una red de más de 10.000 antiguos empleados y obtener más apoyo incluso de los líderes de Microsoft.[334] De hecho, los miembros de esta red tienen que pagar una cuota para entrar en ella. Hay dos niveles de membresía y formar parte de la red supone una serie de ventajas que van desde comprar al mismo precio que los empleados en la tienda de la empresa o recibir una suscripción gratuita de Microsoft Office 365 (el producto de software principal de la empresa) a acceder a programas en período de prueba y múltiples descuentos en seguros, viajes o restaurantes.

Además, las cuotas de sus miembros (y cualquier donación adicional) se destinan a apoyar diversas causas filantrópicas, que

333. Microsoft Alumni Network, «About Us» https://www.microsoftalumni.com/about-us (visitada el 21 de abril del 2015).

334. Todd Bishop, «Microsoft Alumni Groups Combine, Aim to Expand, Led by Former Exec Jeff Raikes», *GeekWire*, 26 de junio del 2014, http://www.geekwire.com/2014/microsoft-alumni-groups-combine-aim-expand-led-former-exec-jeff-raikes/ (visitada el 21 de abril del 2015).

en algunos casos parten de iniciativas de otros extrabajadores. Microsoft Alumni Network dirige el programa «Integral Fellows», que galardona a los exempleados que se implican directamente en trabajo filantrópico o sin ánimo de lucro. La red social también organiza actos de voluntariado para los egresados y una reunión anual. Aunque esta red funciona de manera independiente a la empresa, lo hace con el consentimiento expreso de Microsoft. Los líderes ejecutivos asisten a muchos de los actos y se implican en el apoyo a la administración de esta red social. Además, Microsoft les ofrece acceso al portal de noticias interno de la compañía, lo cual les permite estar al día de los acontecimientos de la empresa como cuando estaban trabajando en ella. También existe un directorio de extrabajadores con información de contacto para todos los que fueron empleados, y al igual que sucede con el directorio de McKinsey, la base de datos les permite mantener el contacto entre ellos y también que la compañía se ponga en contacto con los exempleados para compartir información.

Tal vez el origen de la red de extrabajadores de Proctor & Gamble sea el más interesante de todos. Recordemos que cuando hablábamos de las cláusulas de no concurrencia (capítulo 6) decíamos que antes de que A.G. Lafley llegara al mando de P&G los empleados que se marchaban eran prácticamente desterrados. «Hasta el año 2000 cuando salías de Proctor eras repudiado», dice Ed Tazzia, quien fuera ejecutivo de Proctor & Gamble durante diez años y preside actualmente la junta de la red de antiguos empleados.[335] Poco después, cuando Lafley asumió el control de P&G y anunció su intención de colaborar con personal ajeno a la empresa para incentivar la innovación, los propios extrabajadores de P&G comenzaron a reunirse entre ellos.

---

335. Emily Glazer, «Leave the Company, but Stay in Touch», *Wall Street Journal*, 20 de diciembre del 2012.

En el 2001 se fundó formalmente Proctor & Gamble Alumni Network.[336] Hoy en día esta red social cuenta con representación en decenas de ciudades de todo el mundo. También celebra dos reuniones anuales, una mundial y una conferencia de la división regional asiática, todo un testimonio de su alcance global. La red de exempleados de P&G es una organización sin ánimo de lucro que se centra en mantener el contacto y la colaboración entre sus miembros. De manera similar a Microsoft, una de las principales formas de conexión entre exempleados es a través de la filantropía. Y del mismo modo que ellos, también cuentan con una fundación que opera bajo la red social matriz y consigue fondos para entregar premios a diversas causas sociales.

Los 25.000 miembros de la red social de antiguos trabajadores de P&G han donado más de 700.000 dólares a organizaciones que promueven el empoderamiento económico en todo el mundo. Al contrario que su equivalente en Microsoft, P&G Alumni Network también dirige una oficina de conferenciantes que incentiva la actuación de sus antiguos empleados en actos corporativos, ponencias relativas a su sector y reuniones organizacionales. Los conferenciantes también acceden a donar sus honorarios a la fundación de la red social. Y el listado de la oficina está repleto de líderes influyentes. Su red ha podido identificar a más de 130 empleados que han llegado a trabajar como CEO, presidentes o miembros de las juntas directivas de empresas a gran escala, como Unilever o Microsoft (mera coincidencia). El grupo incluso publicó un libro en el año 2012, una colección de ensayos de los antiguos empleados sobre cómo trabajar en P&G ha supuesto una plataforma que los ha catapultado a posteriores éxitos.

336. P&G Alumni Network, «About» http://www.pgalums.com (visitada el 21 de abril de 2015).

Aunque la red de extrabajadores funciona con total independencia de Proctor & Gamble, recibe el apoyo de la empresa. Incluso les concedieron permiso para usar la marca registrada de la compañía en su nomenclatura oficial. Además, la página web de la red social tiene un enlace que les permite acceder al portal «Conecxión y Desarrollo» y les permite continuar colaborando con su antigua empresa.

La consultora Accenture cuenta con más de 100.000 antiguos empleados solo en Estados Unidos; la mayoría de ellos fueron consultores que, como sucede en McKinsey & Company, mantienen el contacto con su anterior compañía a través del portal *online* de sus miembros y obtienen acceso tanto al directorio de exempleados como a un segundo directorio de negocios que surgió por iniciativa de los propios egresados.[337] También reciben notificaciones sobre actos sociales y educacionales exclusivos e información sobre ofertas de trabajo, con alguna que otra genial vuelta de tuerca. Además de los anuncios de puestos vacantes en Accenture, la red de exempleados también anima a otras firmas a que publiquen ofertas para las que les gustaría contar con antiguo personal de Accenture.

Tal vez lo más interesante sea que el objetivo de la información sobre vacantes no es simplemente que los extrabajadores de Accenture encuentren trabajo en otras firmas, sino también para ayudar a que Accenture consiga nuevos fondos de talento. De hecho, la empresa ofrece bonificaciones a los antiguos trabajadores que proponen candidatos para los puestos vacantes en Accenture, o incluso por cualquier trabajador en general que pueda encajar en la empresa.[338] Casi una tercera parte de los nuevos contratados

337. BigFourFirmsNetwork,«AccentureAlumniNetworkIsaWin-WinProposition», http://www.big4.com/news/accenture-alumni-network-is-a-win-win-proposition/ (visitada el 20 de abril del 2015).

338. Jennifer Salopek, «Employee Referrals Remain a Recruiter's Best Friend», *Workforce*, 6 de diciembre del 2010, http://www.workforce.com/articles/employee-referrals-remain-a-recruiters-best-friend (visitada el 20 de abril del 2015).

de Accenture llegaron por recomendación, y una parte significativa de ellos fueron recomendados por antiguos empleados, no por los actuales. Hay muchas empresas que ofrecen bonificaciones a los empleados en activo que encuentran a nuevos trabajadores, pero Accenture es la única que ofrece dinero a sus extrabajadores para que encuentren a la futura generación de egresados de la compañía. Y las recompensas compiten cuantitativamente con las que reciben los empleados, con cantidades que van desde los 2.000 hasta más de 7.000 dólares.

Esas bonificaciones proporcionan una razón de peso para permanecer en contacto con la red de antiguos empleados de Accenture y las ofertas de empleo. Al ofrecerlas, la empresa equilibra sin saberlo las fuerzas entre los vínculos cercanos y a distancia, no solo para permanecer informados respecto al mercado, sino también para mantenerse al día del mercado de los recursos humanos, una estrategia única y exitosa en la guerra por encontrar personal con talento. A veces el resultado de la publicación de esas ofertas es que los antiguos trabajadores vuelven al seno de la empresa. La compañía está encantada de volver a tenerlos de nuevo con ellos, pero esos empleados bumerán seguramente no estarían tan dispuestos a hacerlo si no existiera ese productivo colectivo de antiguos trabajadores.

Finalmente, el gigante de la energía Chevron lleva un paso más allá el concepto de las redes de antiguos empleados y el efecto bumerán. Además de la preceptiva red social de egresados y la página web, la compañía también ha puesto en marcha lo que llaman el programa «Chevron Bridges» para autónomos.[339] Este programa permite que los antiguos empleados vuelvan a la empresa como trabajadores independientes para realizar encargos técnicos, o como conferenciantes, mentores o consejeros.

---

339. Chevron, «Join Chevron Alumni and Bridges for Contract Positions», http://alumni.chevron.com (visitada el 20 de abril del 2015).

Prácticamente todos los antiguos trabajadores pueden formar parte del programa, siempre que hayan cumplido un mínimo de seis meses sin trabajar en la empresa. Los empleados cualificados para ello se registran en la página de la red social de antiguos trabajadores, a través de la cual las agencias de contratación externa con las que Chevron trabaja suelen contactar con ellos para ofrecerles empleo. La empresa recibe un descuento de las agencias cuando se contrata a algún extrabajador, ya que no tuvieron que realizar un gran esfuerzo para encontrar al candidato idóneo. Pero esa no es la única ventaja para Chevron. «Lo que nos interesa es el conocimiento y la valía que aportan cuando regresan», afirmó D'Renda Syzdek, que fue supervisora del programa Bridges.[340] Estas palabras recuerdan a la propuesta de valor que encontró Brian Uzzi en la combinación adecuada de vínculos cercanos y a distancia. De hecho, el programa Chevron Bridges es anterior a la creación de la red social de antiguos trabajadores de Chevron. Se inició en el año 2000, pero en realidad no despegó hasta el 2008, cuando se introdujo en la página web de la red social, una prueba más del valor que tienen la redes de antiguos trabajadores.

Las empresas que se implican o crean este tipo de redes sociales siguen siendo minoría, pero van en aumento. A medida que cambia la naturaleza del trabajo y de la gestión, se transforma incluso la forma en que se gestiona a los antiguos trabajadores de una empresa. Los beneficios que las empresas obtienen de las redes sociales, así como los estudios realizados sobre la importancia que tiene encontrar la combinación perfecta de interrelación, apoyan indudablemente la idea de mantener el contacto con los antiguos empleados. Cualquier intento de mantener la relación

---

340. L. M. Sixel, «Chevron Woos Ex-employees Back as Contractors», *Houston* Chronicle,10 de febrero de 2010.

con los que fueron nuestros trabajadores rendirá probablemente grandes dividendos, independientemente de que los esfuerzos de la empresa en este sentido sean tan vigorosos como los de las redes de trabajadores egresados de McKinsey & Company o Microsoft. Hay un valor real en la celebración de las despedidas y en asegurarse de que ese «adiós» se convierta en un simple «hasta la vista».

EPÍLOGO:
Reinventar el motor de la gestión

Obviamente, mientras escribía este libro y recopilaba historias acerca de empresas y personas que habían abandonado la forma de pensar tradicional respecto a los sistemas de gestión, me encontré con muchos escépticos. No todos están dispuestos a aceptar que el éxito de esas prácticas radicales signifique que nuestras viejas herramientas ya no sean efectivas.

Recuerdo una objeción en particular muy recurrente que solían verbalizar quienes habían pasado el grueso de sus carreras en un entorno que favorecía el sistema de gestión de la cadena de mando y control. «Si esos sistemas son una tradición es por algo —decían los escépticos—. Si se usan desde hace tanto tiempo es porque funcionan».

Siempre que me topo con este tipo de razonamientos recuerdo la misma analogía: el motor de combustión interna. Se trata de un sistema que lleva mucho tiempo en funcionamiento y continua proporcionando energía a la mayoría de coches que se conducen en todo el mundo, así como a un sinfín de maquinarias diferentes. Funciona, por eso sigue usándose.

Pero los ingenieros y mecánicos te dirán que la eficiencia energética del motor de combustión interna solo es del 25 o 30 por ciento.[341] Cuando la gasolina entra en el motor y lo pone en marcha parte de la energía almacenada se usa para hacer avanzar los pistones. Pero una porción significativa de la misma sirve para superar la inercia y la fricción, en tanto que otra parte se destina a bombear aire, así como a impulsar el siguiente flujo de gasolina que entra en la cámara. Al final, solo se usa un 30 por ciento de la energía potencial que entra en el sistema y se canaliza para alcanzar el objetivo último de este proceso: propulsar el movimiento del coche.

El motor de combustión interna funciona y ha funcionado bien desde hace 150 años. Pero solo si estás dispuesto a aceptar que una eficiencia energética del 30 por ciento es «funcional». Es cierto que cumple con el objetivo que se le pide como sistema, pero lo hace desperdiciando gran parte de su energía potencial. No hemos tenido más remedio que aceptar ese bajo umbral de eficiencia hasta hace muy poco. No podíamos diseñar un sistema mejor, de modo que hemos calificado ese sistema como «funcional».

La mayoría de las mejoras que se han hecho del sistema de automoción a través de los años se basaban en conseguir que ese 30 por ciento de energía generase más movimiento. La eficiencia del combustible no consistía en aprovechar al máximo la energía que se generaba, sino en la distancia que podía recorrer un coche con ese 30 por ciento de energía por cada litro utilizado. Ni la persona más cínica podría negar que usar un 30 por ciento del total no es precisamente eficiencia energética.

Pero ha habido ingenieros que nunca se conformaron con este estándar. Ciertos innovadores continuaron experimentando con las fronteras de la combustión interna o exploraron sistemas comple-

341. Yunus A. Cengel y Michael A. Boles, *Termodinámica,* McGraw-Hill, Barcelona, 2012.

tamente diferentes. Gracias a su experimentación se han creado motores nuevos y se sigue jugando con otras alternativas. Pero cada uno de estos experimentos nos desvela pequeñas pistas que podrían conducir a la fabricación de un motor mejor, y más eficiente.

Ese 30 por ciento de eficiencia tiene una analogía perfecta en el sistema de las organizaciones. A las empresas se les pide que reciban insumos de materias primas, capital y energía humana para producir bienes que tengan éxito en el mercado. Las organizaciones son los sistemas encargados de transformar los insumos en bienes y de convertir los recursos y la energia en rentabilidad. Cuando Frederick Winslow Taylor entró en la Bethlehem Iron Company su objetivo era sacar el máximo rendimiento a la energía humana. Su propósito era que el esfuerzo de los obreros (la energía) fuera lo más eficiente posible. Durante un tiempo las herramientas que desarrolló sirvieron precisamente para eso. La manufactura de bienes por hora trabajada (la eficiencia del motor) aumentó significativamente gracias a sus métodos. No necesitaba los cerebros de los obreros, sino que se interesaba principalmente por la eficiencia de sus cuerpos.

Pero cuando el mundo laboral dejó de basarse en el trabajo industrial para fundamentarse en el trabajo del conocimiento, el combustible del sistema también cambió. Las empresas ya no necesitaban simplemente la labor manual de su fuerza laboral para producir productos estandarizados en masa. Lo que necesitaban ahora era la energía mental de toda su plantilla para resolver problemas y diseñar productos completamente nuevos. El combustible que mantiene el funcionamiento de la mayoría de organizaciones no es la fuerza bruta, sino la energía mental.

Y en general, la mayoría de organizaciones actuales sigue trabajando con la misma eficiencia que un motor de combustión interna a la hora de utilizar un sistema que capte eficazmente esa energía mental.

Según un estudio global y extensivo de la organización Gallup, solo el 13 por ciento de los trabajadores del mundo se implican realmente en sus trabajos.[342] En Estados Unidos esta cifra es algo más elevada, alrededor del 30 por ciento.[343] La «implicación» representa cuánto compromiso mental e individual dedican los individuos a la organización y sus objetivos. A los empleados implicados en su cometido les importa enormemente su trabajo, sus compañeros y la misión de empresa. Los empleados comprometidos aportan cada día más energía mental a su trabajo. No es un equivalente perfecto de la eficiencia de un motor, pero se acerca. Un 13 o un 30 por ciento supone solo una mínima parte de la energía mental que las empresas podrían captar de sus plantillas. No resulta sorprendente que las organizaciones que consiguen que haya más personas comprometidas con su trabajo obtengan una rentabilidad mucho más alta que las de sus competidores.

Cuando entrevisté a Dane Atkinson, el CEO de SumAll que decidió hacer públicos los salarios de toda su plantilla, dijo algo que me pareció brillante. Fue un comentario aislado, apenas se percató de que lo había hecho, pero sintetiza a la perfección lo que estos nuevos jefes y empresas están haciendo al experimentar y esforzarse por mejorar. Estábamos hablando sobre por qué daba la impresión de que muchas compañías de éxito estaban abandonando la formá típica de gestionar sus negocios.

---

342. Steve Crabtree, «Worldwide, 13% of Employees Are Engaged at Work», Gallup, 8 de octubre del 2013, http://www.gallup.com/poll/165269/worldwide-employees-engaged-at-work.aspx (visitada el 26 de mayo del 2015).

343. Amy Adkins, «Majority of US Employees Not Engaged Despite Gains in 2014», Gallup, 28 de enero del 2015, http://www.gallup.com/poll/181289/majority-employees-not-engaged-despite-gains-2014.aspx (visitada el 26 de mayo del 2015).

Lo que dijo fue: «Los grandes líderes no innovan en el producto, innovan en las fábricas».[344]

Los líderes de nuestros días son los Frederick Winslow Taylor de las fábricas del conocimiento. En lugar de reflexionar sobre cómo crear un sistema o una empresa en la que se maximice la fuerza bruta de los obreros, se han centrado en crear un sistema en el que los individuos se entreguen por completo al trabajo y la empresa capte un gran porcentaje de su energía mental. Cuando la naturaleza del trabajo ya no se fundamenta en la industria, sino en el conocimiento, cuando las empresas necesitan que sus empleados resuelvan problemas y diseñen nuevos productos, queda patente que el empleado tiene que pasar al centro del nuevo sistema de gestión. Los grandes líderes se han concentrado en este obvio principio y han reinventado las fábricas para maximizar la deseada eficiencia. Estas compañías han encontrado una forma de funcionar más efectiva trabajando bajo una nueva gestión. Las personas que están detrás de estas ideas paradójicas son innovadores de planta: están mejorando el motor. Y el resultado que obtienen es una optimización de la empresa y una optimización de la gestión.

Las prácticas de liderazgo y las políticas de empresa perfiladas en este libro son el resultado de experimentar en la reinvención de la fábrica, es decir, de rediseñar el motor. Sí, las viejas tradiciones de gestión, esas que llevan ahí desde hace tanto tiempo, siguen funcionando. Pero funcionan prácticamente con la misma eficacia que el motor de combustión interna. Los grandes líderes no se conforman con niveles de eficiencia tan bajos. Lo que hacen es experimentar, innovar y encontrar un método mejor, como Dane Atkinson.

Tal vez sus nuevos métodos parezcan contraproducentes, pero no deberían parecerlo. Estos métodos deberían verse como lo que

344. Dane Atkinson, entrevista personal con el autor, 26 de febrero del 2015.

son: intentos sinceros de mejorar el motor. Puede que no funcionen, o tal vez no lo hagan igual de bien en todas las organizaciones. Pero el éxito que tienen en sus propias empresas debería verse como una validación para que el resto de líderes empiece a experimentar con sus compañías. Es posible que sus esfuerzos no alcancen la perfección, pero los viejos métodos tampoco lo hacían. Si pueden conseguir que la eficiencia o el compromiso aumenten en cierto grado, merecerá completamente la pena continuar con el experimento. Si colocan a sus empleados en el centro del sistema y hacen que todo el diseño gire a su alrededor, merecerá la pena continuar con el experimento. Solo a través de la experimentación constante encontraremos un motor más eficiente y una forma de liderar que suponga una mayor implicación.

Solo trabajando bajo una nueva gestión podremos mejorar.

El siguiente paso

Para quien quiera profundizar en el estudio de este nuevo mundo del trabajo, las mejoras en la administración de empresas y la investigación en la que se apoyan estas nuevas prácticas de liderazgo, he creado una colección de recursos ampliada que incluye entrevistas completas con diferentes líderes que aparecen en este libro, videos, lecturas recomendadas y guías para la discusión. Todos estos recursos están disponibles de manera gratuita en www.davidburkus.com/resources.

Agradecimientos

Todo libro supone un trabajo de equipo y *Bajo una nueva gestión* ha contado con un equipo insuperable:

Rick Wolf, mi editor, que captó mi visión y me ayudó a hacerla realidad, así como Rosemary McGuinness, Taryn Roeder, Katrina Kruse, Bruce Nichols y todos los que trabajan en Houghton Mifflin Harcourt.

Giles Anderson, mi agente, que me hizo ver las malas ideas y las transformó en ideas geniales.

Tom Nielsen, Les Tuerk y todos los chicos de BrightSight Group.

Tim Grahl, Joseph Hinson y Becky Robinson.

El gran grupo de expertos y líderes que se pusieron a mi disposición para que los entrevistara y mantener charlas informales conmigo: Liann Eden y Dena McCallum, Sean Brown, Lenny Mendonca, Andrew Dickson, Jelly Helm, Zac Carman, Dane Atkinson, Matt Mullenweg, Brian Uzzi y Julian Birkinshaw.

Mis amigos, que escucharon mis ideas y me dieron consejos, tanto acerca del libro como de su publicación: Nilofer Merchant, Ron Friedman, Peter Sims, Ori Brafman, John Richard Bell, Tim Sanders, Todd Henry, Heidi Grant Halvorson, Mitch Joel, Joshua Wolf Shenk y Tom Rath.

Mis ayudantes de investigación, Jack Lucido y Rachel Guttman y toda la facultad de la Universidad Oral Roberts, especialmente mis compañeros más cercanos del College of Business.

Y quizá los miembros más importantes del equipo, a mi esposa Janna y a nuestros dos chicos, Lincoln y Harrison, por permitir que me escondiera cuando oía la llamada de la escritura y por acudir rápidamente a mi encuentro cuando no lo hacía.

Información sobre el autor

David Burkus es un autor superventas, ha recibido premios por su labor como locutor en Internet y es profesor de administración de empresas. En el 2015 fue designado uno de los líderes intelectuales emergentes con más probabilidades de influir en el futuro de los negocios por Thinker50, el organismo clasificador más importante de teóricos de la gestión.

David contribuye habitualmente en las revistas *Harvard Business Review* y *Forbes*. Sus trabajos han aparecido en *Fast Company Inc., Financial Times, Bloomberg Business Week y CBS This Morning. The Myths of Creativity: The Truth About How Innovate Companies and People Generate Great Ideas,* su anterior libro, confronta las ideas equivocadas que las empresas tienen sobre la creatividad con estrategias de innovación basadas en experiencias reales.

Las ideas de David sobre el liderazgo, la innovación y la estrategia le han llevado a recibir invitaciones para dirigirse a líderes de diversas organizaciones. Ha dado conferencias fundamentales y seminarios para compañías de la lista Fortune 500 como Microsoft, Google y Stryker. Ha participado en conferencias muy solicitadas, tales como SXSW y charlas TEDx, y ha hablado ante líderes gubernamentales y militares de la US Naval Academy y la Naval Postgraduate School. También es el conductor del galardonado programa *Radio Free Leader.*

Cuando no está ocupado dando conferencias o escribiendo, David trabaja como profesor adjunto de administración de empresas en la Universidad Oral Roberts, donde imparte cursos sobre comportamiento organizacional, creatividad, innovación y estrategias de liderazgo. Recientemente fue nombrado uno de los «Top 40 Under 40 Professor Who Inspire». Forma parte de la junta directiva de Fuse Corps, una organización sin ánimo de lucro dedicada a realizar cambios transformadores y reproducibles en los gobiernos locales.

David vive en Tulsa con su esposa y sus dos hijos.